虞　洪
赵利梅
胡俊波
林超群
刘宗敏◎著

天府粮仓：

粮食安全的理论与实现路径研究

西南财经大学出版社
中国·成都

图书在版编目(CIP)数据

天府粮仓:粮食安全的理论与实现路径研究/虞洪
等著.--成都:西南财经大学出版社,2025.3.
ISBN 978-7-5504-6650-0

Ⅰ.F326.11

中国国家版本馆 CIP 数据核字第 2025UY1002 号

天府粮仓:粮食安全的理论与实现路径研究
TIANFU LIANGCANG:LIANGSHI ANQUAN DE LILUN YU SHIXIAN LUJING YANJIU
虞 洪　赵利梅　胡俊波　林超群　刘宗敏　著

责任编辑:刘佳庆
责任校对:廖术涵
封面设计:墨创文化
责任印制:朱曼丽

出版发行	西南财经大学出版社(四川省成都市光华村街55号)
网　　址	http://cbs.swufe.edu.cn
电子邮件	bookcj@ swufe.edu.cn
邮政编码	610074
电　　话	028-87353785
照　　排	四川胜翔数码印务设计有限公司
印　　刷	成都市火炬印务有限公司
成品尺寸	170 mm×240 mm
印　　张	19
字　　数	369 千字
版　　次	2025 年 4 月第 1 版
印　　次	2025 年 4 月第 1 次印刷
书　　号	ISBN 978-7-5504-6650-0
定　　价	88.00 元

序　言

"民以食为天，食以安为先。"粮食具有多重属性，既是人类生存必需品，也是特殊性商品，同时又是影响一国安全与稳定的重要物资。粮食安全是国家安全的重要组成部分，是经济发展的基础，也是社会稳定的重要保障。在全球化的今天，任何一个国家的粮食安全都不是孤立存在的，它关乎全球每一个人的生活质量和未来发展。习近平总书记强调，"地方各级党委和政府要扛起粮食安全的政治责任，实行党政同责，'米袋子'省长要负责，书记也要负责"，对落实粮食安全责任提出了新的要求。在新的形势下，研究如何落实粮食安全责任具有非常重要的理论与实践意义。

本书是四川省哲学社会科学乡村振兴重大项目"四川落实粮食安全责任的实践研究"（项目编号：SC22ZDTX03）的主要研究成果，有三个子课题，分别为"四川省'藏粮于地'战略实施研究与路径探析""四川落实'藏粮于技'战略的实践研究""四川落实粮食安全的政策实践与未来选择"。理论层面，本书从"粮食安全责任"的内涵界定到粮食安全政策演进的内在逻辑，一方面，精准阐释粮食安全责任的内涵特征并进行分类，有利于全面、科学、系统地认识和落实粮食安全责任。理论界对粮食安全责任的认知存在分歧，有专家学者认为粮食安全是政府的事情甚至只是中央政府的事情，对地方政府、农户和新型农业经营主体粮食安全责任认识不足。本书将粮食安全责任的内涵进行清晰界定，并对其特征、类型进行归纳总结，注重分析与其他产业发展责任的差异性，有利于全面、科学、系统地认识和落实粮食安全责任。另一方面，进行粮食安全责任落实实证测度，有利于构建粮食安全责任科学界定和分解机制。对产粮大县和非产粮大县，平原、丘陵、山区和高原粮食安全进行测度，尤其是子课题对藏粮于地、藏粮于技贡献的测度有助于找准落实粮食安全责任的着力重点区域、重点领域，为优化粮食安全责任分解落实体系提供理论指引。

实践层面，以具有一定的代表性和特殊性的四川省为例，围绕建设新时代更高水平"天府粮仓"，从"粮食安全测度与责任落实评价""四川省耕地利用效率及时空演化特征"等方面对落实粮食安全责任相关问题进行实证分析。四川省是我国战略发展腹地，有着"天府之国"盛名，自古以来就是农业大省，也是产粮大省。四川省粮食安全责任落实绩效出现先上升后下降的趋势，且存在一定的波动。从2014年开始粮食安全状况持续好转，上升到粮食主产区省份的中上游位置，但是在2020年出现了一定程度的下滑，位于中下游位置。四川省粮食安全责任落实绩效处于十三个主产区省份的中等偏上位置。从总体绩效的得分情况看，四川省粮食安全责任落实绩效得分基本在4~7名波动，表明四川省的粮食安全政策仍然存在一定的提升空间。

本书的创新性主要有以下三点：

将落实粮食安全责任与资源要素、经济发展、政策机制和微观主体进行结合阐述，形成系统应对策略。立足粮食安全政策演进的内在逻辑，将粮食安全责任的落实置于国民经济发展全局和全球粮食安全视野之中，从资源要素角度突出"藏粮于地""藏粮于技"的基础支撑，从经济发展角度突出落实粮食安全责任投入增长与财政收支困难、防止耕地"非粮化"与促进农民增收等困难和挑战的破解，从政策机制角度突出了粮食主产区利益补偿机制、粮食产销区产销协作机制等机制的优化，从主体角度突出各级政府与市场主体的协同作用，从而形成涵盖粮食生产、储备、流通、消费全过程的系统化应对策略。

对粮食安全责任落实进行多维度对比分析，得出了更具差异性、精准性的判断，从而为分类施策奠定坚实基础。本书通过分析各方主体在粮食安全责任、粮食安全责任义务、粮食安全责任落实等方面的差异性，阐述了其承担粮食安全责任的理论依据和落实粮食安全责任的现实动因，为打破耕地撂荒、"非粮化"等制约粮食安全责任有效落实的瓶颈提供更具差异性、精准性的判断，为分类施策推进粮食安全责任落实奠定坚实基础。

在多目标合一性下重构粮食安全责任落实机制，破解多目标下的"两难困境"。耕地具有多功能性，消费需求的多元化特征不断增强，在大粮食观下，粮食安全责任落实不仅仅是粮食产量多少的问题，更是多重考量、多元目标协同的问题。本书在党政同责的背景下，充分考虑粮食安全责任落实中经济目标与非经济目标、公共目标与私人目标、全国目标与区域目标、数量目标与质量目标、短期目标与长期目标等，在多目标合一性下重构粮食安全责任评价机制，形成"非粮化"与"趋粮化"平衡的内生动力机制、粮食调出与粮食调入地区之间的区域联动机制，并通过"粮食种植+"构建稳粮增收共赢机制，打破种粮主体种粮比例越高利润率越低、地方政府越抓粮财政越弱等"两难困境"。

在本书撰写过程中，课题组始终坚持深入学习贯彻习近平总书记的系列重要讲话精神，秉持着严谨求实态度，广泛搜集资料，深入剖析问题，力求每一个观点都有据可依，每一份数据都准确无误。本书主要采用整体驾驭与微观解剖相内契的系统分析法，力求论证逻辑明了清晰；采用以纵向推演与横向融通相统一的比较研究法，力求内容阐述厚重深入；采用以学科借鉴与专业传承相关照的经验总结法，力求延展视角更加宽泛；运用案例分析法，对"社会事实"的起因、过程及结果等整体全貌与具体细节作了细致描述，进而为理论解释与演绎提供充分的依据。

本书在写作过程中几经斟酌和校阅，尽管如此，金无足赤，书中难免有疏漏和不足，若蒙读者诸君不吝告知，将不胜感激。

本书课题组
2024 年 5 月

目　录

总报告　落实粮食安全责任的理论与实现路径研究

子课题二　四川落实"藏粮于技"战略的实践研究

子课题三　四川落实粮食安全的
政策实践与未来选择

总报告

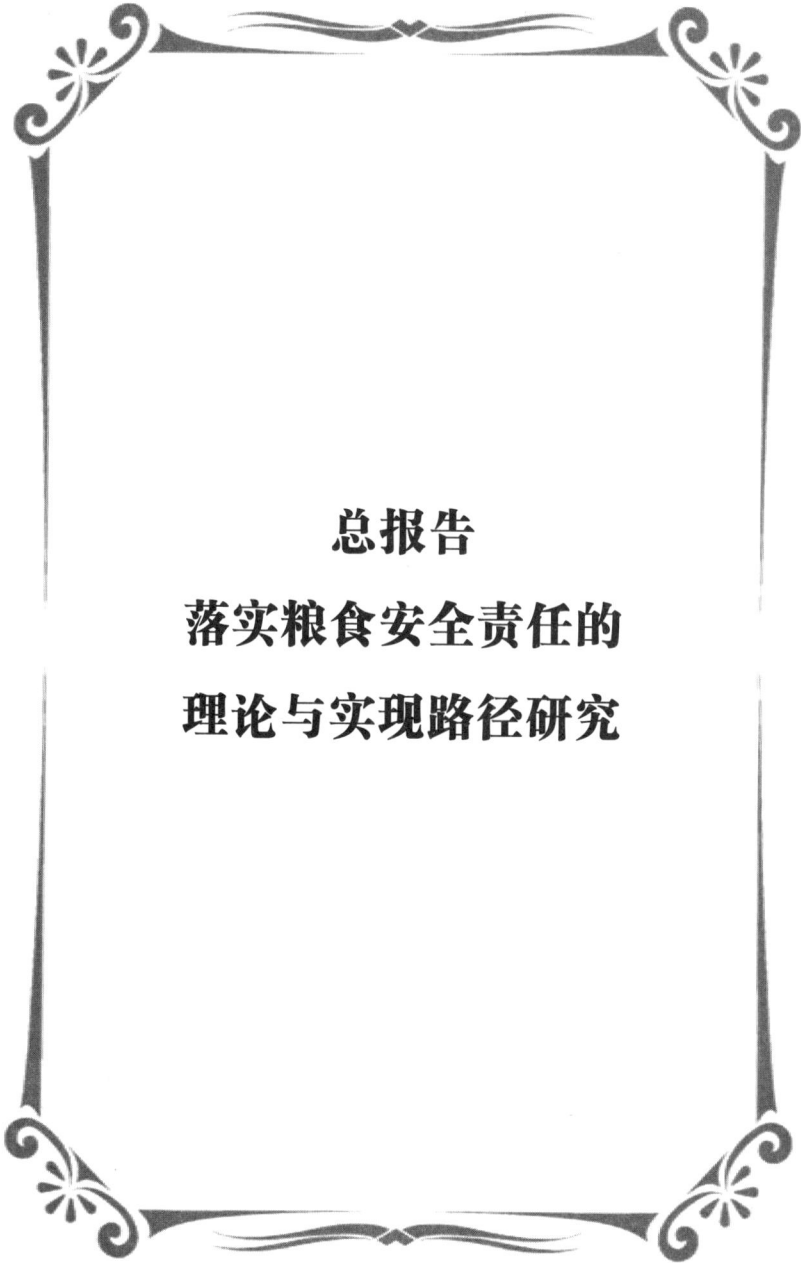

落实粮食安全责任的理论与实现路径研究

第一章 文献缕析：粮食安全与粮食安全责任

　　粮食安全是"国之大者"，保障粮食安全是事关国家前途、民族命运、人民幸福的重大战略问题①，是确保国家安全的应有之义。粮食安全涉及粮食生产、流通、储备、粮食运输、消费等方方面面，是一个复杂的系统性工程，因而粮食安全需要一套完善的责任体系来保障。习近平总书记在2022年"两会"期间强调，要全面落实粮食安全党政同责，严格粮食安全责任制考核，主产区、主销区、产销平衡区要饭碗一起端、责任一起扛。

一、粮食安全

（一）国外学界对粮食安全的研究

　　国际上常用的与粮食安全相关两个概念分别是食物（food）和谷物（grain），联合国粮农组织（Food and Agriculture Organization of the United Nations，简称FAO）界定的"谷物"主要包括稻谷、麦类和粗粮类等谷物以及补充主食用的薯类和豆类。国外提出的"Food Security"更多地是指"食物安全"。国外关于粮食安全的研究较为全面，可以分为粮食安全的内涵及保障粮食安全的对策及措施研究两方面。

　　1. "粮食安全"内涵研究

　　粮食安全不仅面向着社会的迫切需要和期望，还是一个更广范围内的公共、公民的经济行为问题（Deblonde, R. de Graaff & F. Brom, 2007）。

---

　　① 田天亮. "粮食安全的主动权必须牢牢掌控在自己手中"：学习习近平关于粮食安全重要论述［J］. 党的文献，2022，（4）：33-42.

从关注粮食供给数量到关注食物获取、食物营养和食物的持续稳定性，"粮食安全"的内涵逐渐丰富并不断发展。世界粮食大会于 1974 年首次对"粮食安全"作出定义，即"在抵消粮食产量和价格波动对粮食消费影响的情况下，世界上任何人在任何时候都能得到充足供应的粮食以满足生存和健康所需要"[①]，主要强调的是满足粮食供给需求。1983 年，FAO 将"粮食安全"的概念界定为"确保世界上所有人在任何时候都能在物质和经济上获取他们需要的基本食物"[②]，该定义更加突出了家庭和个人的"粮食获取"问题。1996 年，《世界粮食安全罗马宣言》首次将"营养"纳入粮食安全的内涵。同年，FAO 再次对"粮食安全"的定义进行了诠释，即"只有当所有人在任何时候都能够在物质上和经济上获得足够、安全和富有营养的粮食来满足其积极和健康生活的膳食需要及食物喜好时，才实现了粮食安全"。"粮食安全"的内涵和外延进一步拓宽。2015 年，联合国《2030 年可持续发展议程》更是将"消除饥饿、实现食品安全和营养改善"列为可持续发展目标之一。2021 年，FAO 对"粮食安全"的概念作了更新，即"粮食安全是所有人在任何时候都能通过物质、社会和经济手段获得充足、安全且富有营养的食物，满足膳食需要以及食物偏好，过上积极和健康的生活"[③]，这是国际上最具权威性的粮食安全概念，并且具有广泛的适用性，强调了粮食的"稳定性"。可见，粮食安全并不仅仅是粮食供给数量充足，它还与区域可达性、食品质量以及政治与社会经济的稳定性等因素相关[④]。

2. 保障"粮食安全"的对策及措施研究

可持续发展是确保粮食安全的有效途径。Ismail Cakmak（2002）认为，随着世界人口的增加，未来的粮食耕地会增加一倍，但由于自然条件的限制和城市化、工业化用地的需求增多，改善耕地质量、改进生产技术

---

① 参见：UN, Reportof theWorldFood Conference. https://digitallibrary. un. org/record/701143/files/E CONF.65 20-EN.pdf.

② 参见：https://www.fao.org/3/AK626E/ak626e02. htm#03.

③ 参见：FAO. "The State of Food andAgriculture 2021：MakingAgri-food Systems More Resilient to Shocks and Stresses". https://www.fao.org/3/CB4476EN/online/CB4476EN.html.

④ 马恩朴，蔡建明，林静，郭华，韩燕，廖柳文. 2000—2014 年全球粮食安全格局的时空演化及影响因素 [J]. 地理学报，2020（2）：332-347.

是粮食安全保障的关键[①]。Heucher（2019）[②] 以及 Bah 和 Kpognon（2021）[③] 指出，关于粮食安全的治理，一系列政策措施（相关的粮食政策、社会保护政策以及在基础设施建设、经济发展、技术创新等公共领域方面的政策措施）是保障粮食安全的治理工具和手段。例如，收入性补贴能够激励农户在粮食生产中投入更多劳动，并且在一定程度上缩小了农户务农和非农就业的收入差距，同时有助于提高农户作物生产的多样性[④]。另外，O'Donoghue E（2014）认为，完善的农作物保险和补贴制度可以有效保护农民的利益。

（二）国内学界对粮食安全的研究

1. "粮食" 概念界定研究

"民以食为天，食以粮为源"，研究粮食安全问题，首先得对 "粮食" 概念进行合理界定。《辞海》将 "粮食" 界定为 "供食用的谷物、豆类和薯类的统称"[⑤]。国家统计局统计指标口径中的粮食作物主要指谷类、豆类和薯类三类作物[⑥]，其中，谷物类作物主要包括稻谷、小麦、玉米和高粱等作物，豆类作物主要包括大豆、红小豆和绿豆等作物，薯类作物则包括马铃薯和甘薯等作物。目前，国内学界的研究成果中也普遍认为 "粮食" 主要包括谷类、薯类和豆类三大类。食物的内涵相比粮食更丰富，主要包括粮食、蔬菜、水果、肉类、奶类等可供食用的农产品及食品[⑦]。党的十八大以来，习近平总书记多次强调要树立 "大农业观" "大食物观"，保障粮食安全和重要农产品稳定安全供给。2019 年，习近平总书记在《走中国

---

① ISMAIL CAKMAK. Plant nutrition research：Priorities to meet human needs for food in sustainable ways［J］. Plant and Soil, 2002, 247（1）：03-24.

② HEUCHER A. Reconsidering Overlap in GlobalFood Security Governance. Food Security, 2019（11）：555-558.

③ BAH M, K KPOGNON. Public Investment and Economic Growth in ECOWAS Countries：Does Governance Matter African Journalof Science［J］. Technology, Innovation and Development, 2021, 13（6）：713-726.

④ CILERO, M. M., F. THORNE, M. WALACE, et al. The Efects of Direct Payments on Technical Eficiency of lrish Beef Farms：A Stochastic Frontier Analysis［J］. Journal of Agricultural Economics, 2018, 69（3）：669-687.

⑤ 资料来源：《辞海》（第七版）。

⑥ 国家统计局. 中国统计年鉴（2021）. http:StatS.2OV.i/ndsi/2021/indexch. htm.

⑦ 张云华. 关于粮食安全几个基本问题的辨析［J］. 农业经济问题, 2018（5）：27-33.

特色社会主义乡村振兴道路》中指出，"现在讲粮食安全，实际上是食物安全"[①]。2023年中央一号文件指出：树立"大食物观"，加快构建粮经饲统筹、农林牧渔结合、植物动物微生物并举的多元化食物供给体系，分领域制定实施方案。习近平总书记在《求是》杂志2023年第6期刊发的重要文章《加快建设农业强国 推进农业农村现代化》中对"大食物观"作了阐释："'吃饭'不仅仅是消费粮食，肉蛋奶、果菜鱼、菌菇笋等样样都是美食"。

2. "粮食安全"内涵研究

国内学者也对粮食安全的内涵进行了不同视角的界定。我国政府结合国内外粮食学者的观点和世界粮食安全问题，于1992年对我国的粮食安全进行了界定，即"能够合理有效地对全体国民供应质量达标、结构合理、数量充足的粮食及食物"。马九杰 等（2001）认为，完整的粮食安全概念与内涵包含宏观、微观多个层次，我国粮食安全的相关研究重点关注的是宏观层面[②]，更多地倾向于国家粮食安全和区域粮食安全研究。王国敏、张宁（2015）认为，现代国家粮食安全是一个极为复杂的系统，保证国家粮食安全应从保证粮食数量安全、质量安全和生态安全三方面着手，粮食的生产和供给要充足，粮食的食用不会对人体的健康造成危害，粮食的生产不能危及国内的生态环境[③]。辛翔飞 等（2020）认为，我国粮食安全应当涵盖实现粮食数量、质量、生态和产业四个安全[④]。2021年，《粮食安全干部读本》指出"我国的粮食安全概念主要包括三个方面：粮食的数量安全、质量安全和产业安全"[⑤]。何可、宋洪远（2021）则认为，粮食安全还应包括粮食的品种结构、营养结构以及粮食供应的有序性和持续性，同时，粮食产业要积极地拓展生态、养老康养等多功能性[⑥]。仇焕广 等

---

① 中共中央党史和文献研究院. 习近平关于"三农"工作论述摘编［M］. 北京：中央文献出版社，2019：98.

② 马九杰，张象枢，顾海兵. 粮食安全衡量及预警指标体系研究［J］. 管理世界，2001，（1）：154-162.

③ 王国敏，张宁. 中国粮食安全三层次的逻辑递进研究［J］. 农村经济，2015（4）：3-8.

④ 辛翔飞，刘锐，王济民. 破除自给率越高粮食越安全的迷误［J］. 农业经济问题，2020，490（10）：19-31.

⑤ 《粮食安全干部读本》编写组. 粮食安全干部读本［M］. 北京：人民出版社，2021：9-10.

⑥ 何可，宋洪远. 资源环境约束下的中国粮食安全：内涵、挑战与政策取向［J］. 南京农业大学学报（社会科学版），2021，21（3）：45-47.

（2022）指出，新时期保障粮食安全，需要统一协调考虑数量和营养安全、生态和能力安全多元目标，需要提高粮食综合生产能力、满足居民消费结构升级需求，与此同时，还需要注重资源环境的保护，保障粮食的长期性、持续性供给能力①。

3. 保障"粮食安全"的对策及措施研究

现有研究主要从粮食供给、需求、储备、贸易和流通等方面对"粮食安全"问题进行了深入分析和讨论，并就如何调节粮食供求关系、保证粮食消费稳定、促进粮食贸易流通等，提出了诸多建议及措施。马强（2006）从粮食自给率、粮食产量波动方差、粮食库存水平、人均粮食占有量和低收入人群的粮食占有量5个角度构建了中国粮食安全评价指标体系，他认为粮食自给率≥95%为基本自给，粮食产量波动方差越小越有利于粮食安全的保障，粮食库存占年度总消费量的17%~18%为粮食安全库存水平，人均粮食占有量应尽量持续增长，低收入人群的粮食占有量需得到有力保障②。从供给侧的生产端保障国家粮食安全，需要基于粮食播种面积的稳定③，着力提高全要素生产率④，而收入性补贴在这一过程中起着重要作用⑤。夏青（2014）指出，粮食收储政策对我国粮食生产的刺激作用最大，为保障我国粮食安全，未来应以合理的方式确定每年粮食收储规模，推动粮食储备由粮食主产区向粮食主销区转移，更好地发挥粮食储备政策的作用⑥。王宏广（2020）在《中国粮食安全：战略与对策》中指出，目前我国粮食安全性不足，保障粮食安全的难度较大，为落实新的粮食安全观，要实施、做好保障粮食安全的"四大战略"和"七项措施"，尤其是要实施好"进口大豆替代工程"和"8亿吨粮食安全工程"两项措施⑦。

---

① 仇焕广，雷馨圆，冷淦潇，等. 新时期中国粮食安全的理论辨析［J］. 中国农村经济，2022（7）：2-17.

② 马强. 中国粮食综合生产能力与粮食安全问题研究［J］. 农经，2006（8）：3-5.

③ 龚斌磊. 中国农业技术扩散与生产率区域差距［J］. 经济研究，2022（11）：102-120.

④ 朱喜，史清华，盖庆恩. 要素配置扭曲与农业全要素生产率［J］. 经济研究，2011，46（5）：86-98.

⑤ 高鸣，姚志. 保障种粮农民收益：理论逻辑、关键问题与机制设计［J］. 管理世界，2022，38（11）：86-102.

⑥ 夏青. 现代仓储与粮食安全［J］. 农业经济，2014（10）：18-24.

⑦ 王宏广. 中国粮食安全战略与对策［M］. 北京：中信出版社，2020.

二、粮食安全责任

（一）国外学界对粮食安全责任的研究

1994 年，莱斯特·布朗发表了《2030 年问题：谁来养活中国》，认为到 2030 年中国将有大量的耕地用于工业和城市用地，耕地面积严重萎缩，而与此同时，人口大量增加，单产在可预期内无法大幅度提高，中国将面临严重的粮食短缺，引发粮食危机。全球粮食安全观念的不断深化，国外对粮食安全责任问题的研究越来越重视。

国外关于粮食安全责任的研究主要集中在粮食资源的可持续利用、粮食生产的基础设施的完善和技术进步等方面。V. D. Goncharov 和 V. V. Rau（2007）认为，粮食安全责任主要是市场经济条件下粮食生产的系统结构问题[1]。此前，Anne C. Bellows 和 Michael W. Hamm（2001）提出，为促进本土化的粮食生产，应建立当地自治的全球粮食系统框架[2]。对此，Christoph Dittrich（2009）在分析粮食生产可持续发展的本土化趋势后，指出粮食安全的责任在于保障本土化可持续利用的耕地面积[3]。B. M. Mirkin 和 R. M. Khaziakhmetov（2000）指出，农业资源的保护是粮食安全的关键因素，而农业资源的有效保护必须是政府和社会的共同责任[4]。Debdatta Sengupta（2006）[5] 和 Danielle Resnick 等（2018）[6] 提出，国家的粮食安全必须依靠政府进行协调，私人部门则应积极参与、配合，这样才能共担粮

[1] V D. GONCHAROV, V. V. RAU. Perfecting the structure of the Russian food industry [J]. Studies on Russian Economic Development, 2007, 18 (5): 165-204.

[2] ANNE C. BELLOWS, MICHAEL W. HAMM. Local autonomy and sustainable developmentr Testing import substitution in more localized food systems [J]. Agriculture and Human Values, 2001, 18 (3): 271-284.

[3] CHRISTOPH DITTRICH. The Changing Food Scenario and the Middle Classes in the Emerging Megacity of Hyderabad [J]. India. Springer Netherlands, 2009: 269-280.

[4] B. M. MIRKIN, R. M. KHAZIAKHMETOV. Sustainable development—Food security—Agroecology [J]. Russian Journal of Ecology, 2000, 31 (3): 162-166.

[5] DEBDATTA SENGUPTA, SURESH BABU. Policy Reforms and Agriculture Development in Central Asia [J]. Springer, 2006, 28: 205-218.

[6] DANIELLE RESNICK, STEVEN HAGGBLADE, et al. The Kaleidoscope Model of policy change: Applications to food security policy in Zambia [J]. World Development, 2018: 109.

食安全的责任。国外的粮食安全特别强调耕地的本土化保护和可持续利用，注重粮食生产的技术进步等公共责任行为，并逐渐认识到保障粮食安全需要上升到落实粮食安全的责任层面。

（二）国内学界对粮食安全责任的研究

国内学者关于粮食安全责任落实的研究是近年来粮食安全问题进一步研究的重要课题，其理论研究主要形成了以下几个方面：

1. 粮食安全责任的定义研究

为深入贯彻落实中国粮食安全战略的一系列决策部署和加快构建国家粮食安全保障体系，落实维护国家粮食安全的责任。2015 年，国务院正式发布实施《关于建立健全粮食安全省长责任制的若干意见》，围绕全面加强粮食生产能力、储备和流通能力建设，明确了各省级人民政府须承担起保障本地区粮食安全的主体责任，包括：强化粮食安全意识和责任、巩固和提高粮食生产能力、切实保护种粮积极性、管好地方粮食储备、增强粮食流通能力、促进粮食产业健康发展、保障区域粮食市场基本稳定、强化粮食质量安全治理、大力推进节粮减损、健康消费、强化保障措施和监督考核[①]。此前，陈敏（2005）将粮食安全责任分为危机管理和常规调控责任两类进行讨论[②]。刘满仓（2005）认为，粮食主产区必须按照稳定面积、改善品质、增加效益等要求，通过实施种子工程、沃土工程等措施促进粮食稳定增长，落实粮食安全责任[③]。毛新伟（2007）指出，粮食安全的责任主要在于政府对农村耕地资源的有效保护[④]。庞增安（2009）认为，"责任意识、责任目标、责任机制"是粮食安全责任的三个内容，政府是我国粮食安全责任的主体[⑤]。罗光强（2011）认为，粮食安全责任包括粮食生产和粮食市场安全责任，粮食大省的粮食安全责任是粮食大省为保障本区域粮食安全以及最大限度地促进整个国家粮食安全应担当的行为[⑥]。罗光

---

① 参见《关于建立健全粮食安全省长责任制的若干意见》，https://www.gov.cn/gongbao/content/2015/content_2814772.htm，2015 年 1 月 22 日。

② 陈敏. 粮食安全与政府责任研究 [D]. 杭州：浙江大学，2005.

③ 刘满仓. 粮食安全责任重于泰山 [J]. 中国国情国力，2005（10）：63-64.

④ 毛新伟. 农村耕地资源保护与政府责任 [J]. 襄樊学院学报，2007（9）：11-15.

⑤ 庞增安. 我国粮食安全的政府责任 [J]. 湘潭大学学报（哲学社会科学版），2009，33（6）：46-50.

⑥ 罗光强. 粮食大省粮食安全责任及其实现机理研究 [D]. 长沙：湖南农业大学，2011.

强、邱淑（2013）则进一步指出，区域粮食安全责任包括粮食产出总量和粮食产出增量安全责任，中央政府在统一协调粮食市场安全前提下，应要求各地区粮食产出总量达到一定的静态安全数量，产出增量达到一定的动态安全比率①。

2. 落实粮食安全责任的必要性研究

粮食安全的落实既能防范来自自然的风险，也能承担对社会的责任。肖国安（2005）通过分析粮食耕地面积不断减少的矛盾和自然、市场、入市等具体风险得出粮食具有弱质性的结论，并提出由于粮食的供求总是存在市场的非均衡性，因此，必须依靠政府承担粮食安全的主体责任②。同时，曾福生（2005）强调了粮食大省在保障粮食安全中的地位、责任以及创建粮食主产区与主销区购销协作新体系的重要性③。宋廷明（2008）认为，因为粮食行业承担着巨大的社会责任，所以需要政府大力扶持，以保护农民种粮的积极性并提高粮食综合生产能力④。陈冬贵（2021）认为，自2020年以来，极端天气盛行、自然灾害频发、新冠病毒感染疫情全球化、大国贸易摩擦等对全球粮食生产、加工、物流运输和消费贸易等环节产生了严重冲击，我们应从世情国情粮情出发，切实增强办好"头等大事"的思想、政治和行动自觉，落实粮食安全责任⑤。郭晓鸣、虞洪（2021）指出，在新冠疫情的影响下，"财政收入来源收窄、支出需求加大"的叠加式影响，使得在农业尤其是粮食产业继续保持高强度的投资将面临较大困难⑥。因此，我国必须在全力稳定粮食保供能力基础上，更加注重从国家战略高度构建保障粮食安全的长效机制。

3. 粮食安全责任落实机制研究

为全面落实粮食安全责任，全国各地区对粮食安全保障工作做出了探索实践，并形成了一定的实践经验和提供了问题解决方法。各地区严格落实粮食安全责任制，建立健全相应的机制体制，确保了耕地面积基本稳

① 罗光强，邱淑.中国粮食安全责任分解与评价研究 [J].农业技术经济，2013（2）：40-50.

② 肖国安，粮食直接补贴政策的经济学解析 [J].中国农村经济，2005（3）：12-17.

③ 曾福生.粮食大省的粮食安全责任及实现途径分析 [J].湖南农业大学学报（社会科学版），2005（3）：1-6.

④ 宋廷明.粮食安全是构建和谐社会的基石 [J].党政论坛（干部文摘），2008（5）：20.

⑤ 陈冬贵.扛牢保障粮食安全的政治责任 [J].新湘评论，2021（24）：48-49.

⑥ 郭晓鸣，虞洪.需要高度关注中国粮食安全的中长期挑战 [J].中国乡村发现，2021（1）：100-106.

定、提高财政投入比例、落实粮食收购政策、增强粮食仓储能力等，并完善粮食调控和监管体系，健全粮食应急保障体系，构建产后服务体系。

一是深入推进"藏粮于地"战略。陈印军等（2016）提出，实施"藏粮于地"战略的关键在"地"，核心则在"藏"，数量充足且质量高的耕地是基础，同时必须具备完好的"养地"和"用地"机制，因此，应强化"护地、建地、养地、用地"，走"护、建、养、用"结合之路①。杜兴瑞、吕火明（2021）认为，实施"两藏"战略，可以使土壤退化、水土流失、污染加重等的耕地得到"休养生息"的机会，要通过发展资源节约型、环境友好型的生产技术缓解农业资源环境压力，实现农业的可持续发展②。胡萍（2021）近年来紧扣"耕地"与"种子"两个要害，通过实施耕地质量提升、要素资源整合、种子产业建设和建设路径创新四项行动，大力推进新阶段高标准农田建设，坚定扛起扛稳粮食安全责任③。二是大力实施"藏粮于技"战略。郑乃红（2020）认为，河南省立足打造全国的粮食生产核心区必须走创新发展之路，要在"藏粮于技"上创新，需要在农业机械化水平、农业灌溉技术、病虫害防治、粮食优良品种研究推广、大数据应用等方面着力，对接绿色发展要求和农业现代化要求，完善农田水利等基础设施，加快改造升级中低产农田，努力提高粮食单产④。河南省商水县通过大力开展中医药防治、炭基肥利用等有机种植，扩大优质专用小麦等标准化种植，推进土地深耕和地力培育，有效提升了农副产品附加值。方言（2020）针对性地指出粮食主产区是落实"藏粮于技"战略的重点地区，品种突破、节水技术是落实藏粮于技战略的关键环节，应当加快农作物良种研发，集中资金人力，发挥团队精神，科研院所通力合作，争取在短时间内取得重大突破。梁鑫源（2022）分析总结了粮食技术应用于实践存在的困难，得出分析成果：技术体系应向粮食加工、储备、运输、消费等价值链下游环节拓展，提升价值链中各环节利益相关者满足粮食安全的能力。三是严格压实粮食安全责任。沈庆强（2020）指出，山东

---

① 陈印军，易小燕，陈金强，等. 藏粮于地战略与路径选择 [J]. 中国农业资源与区划，2016，37（12）：8-14.

② 杜兴端，吕火明. 四川实施"藏粮于地、藏粮于技"战略探析 [J]. 四川农业科技，2021（3）：5-7.

③ 胡萍，丁伟. 安徽淮北深入推进高标准农田建设 坚定扛稳粮食安全责任 [J]. 中国农业综合开发，2021（5）：35-36.

④ 郑乃红. 关于河南省扛稳粮食安全责任的思考 [J]. 河南农业，2020（34）：41-42.

省临沂市建立健全督查督办机制重点工作每周一调度，及时跟进督办未完成的任务指标，抽调成员单位专家组成督导组，深入重点项目现场开展实地检查，坚持问题导向，组织开展考核预评打分，形成问题清单，下发督办单，限期整改落实①。邓雪霏（2022）认为，黑龙江作为产粮大省，应以维护国家粮食安全为目标，逐步健全分级责任体系，层层传导压力，逐级落实责任，强化并发挥考核"指挥棒"作用。同时，根据各地实际情况，把耕地保有量、粮食产量、地方粮食储备情况等纳入经济社会发展综合考核，丰富考核内容，合理确定考核重点，灵活考核形式，完善目标考核体系②。

4. 落实粮食安全责任的策略研究

国内关于落实粮食安全责任的研究主要集中在粮食生产的政府行为以及粮食生产能力提升等行政责任问题和财政支持方面。曾福生（2005）通过分析国内的粮食供应状况，指出粮食主产区对保障粮食安全起着关键作用，提出应加强对粮食主产区的政策投入③。陈前恒、李军培（2006）认为，政府在贫困地区有更重要的粮食安全责任，因为贫困地区的耕地面积少、人口多、粮食产量低、购粮能力弱④。张英（2007）指出，发达国家承担粮食安全的政府责任主要表现在价格支持、生产补贴和委托代储等方面，政府在宏观经济管理中保障粮食安全尤为重要⑤。聂振邦（2009）⑥和陈锡文（2009）认为，应发挥中央和地方的积极性作用，加快推进"供给稳定、储备充足、调控有力、运转高效"的粮食安全保障体系构建，进一步落实各地区的粮食安全责任。刘松（2019）则认为，推进粮食安全责任制考核落实，应认真理解粮食安全责任考核的实质要求，准确把握我国在粮食生产和粮食安全责任考核目标方面的地域、区位、行业及单位差异显著等特点，坚持立足当地，着眼长远发展，有效分级分区，制定目标重

① 沈庆强. 关于临沂市粮食安全责任考核的实践和思考 [J]. 中国粮食经济, 2020 (7)：44-46.

② 邓雪霏. 心系"国之大者"扛稳粮食安全重大责任 [J]. 奋斗, 2022 (1)：37-40.

③ 曾福生. 粮食大省的粮食安全责任及实现途径分析 [J]. 湖南农业大学学报 (社会科学版), 2005 (3)：1-6.

④ 陈前恒, 李军培. 贫困地区农民粮食安全状况与政策选择：基于西北 A 省、B 自治区两个贫困县农户调查问卷的分析 [J]. 中国农村经济, 2006 (12)：20-24.

⑤ 张英. 国外部分国家承担粮食安全的政府责任分析 [J]. 粮食问题研究, 2007 (3)：38-41.

⑥ 聂振邦. 2008 中国粮食发展报告 [M]. 北京：经济管理出版社, 2009：25-26.

点，逐步完善考核体系，扎实推动粮食安全责任考核①。此外，钟海涛（2021）强调，政府及其相关部门要压实地方责任和义务，调动农民务农种粮、地方重农抓粮的积极性，确保在认真落实"藏粮于地、藏粮于技"战略、稳定和发展粮食生产、推进粮食收储制度改革、加强粮食质量安全管理、加快推动粮食产业高质量发展和增强粮食应急保障能力等方面取得更大成效，为保障国家粮食安全、社会大局稳定、经济健康发展打下坚实基础。邱敏等（2022）则从促进耕地保护以保障粮食安全的角度，提出应健全农地市场公共服务管理、优化农地产权的制度结构、合理实现耕地生态产品价值等对策②。

综上所述，国内相关研究已凸显出粮食安全责任行为的重要性，尤其是加强并落实粮食主产区的粮食安全责任是促进中国粮食安全的有效方式。

三、粮食安全与粮食安全责任内涵分析

结合国家统计指标口径、学界研究成果以及研究实际需要，本书对粮食和重要农产品作了区分。本书的"粮食"是指可供食用的谷类、豆类和薯类的统称，不同于"大食物观"下的"食物"。

本书所指的粮食安全包括粮食数量、粮食质量、粮食生态和粮食能力安全四个基本内容。其中，粮食数量安全是底线基础，确保"谷物基本自给，口粮绝对安全"的粮食数量目标；粮食质量安全是根本，确保广大人民群众"吃得好""吃得健康"，是坚持以人民为中心的具体体现；粮食生态安全是方向，确保粮食生产要绿色生态可持续③；粮食能力安全是保障，确保粮食生产、加工、存储、运输和消费等全链条的内外联通和安全。

① 刘松. 粮食安全责任考核贵在高效落地"三分"责任 [J]. 粮食问题研究, 2019 (1)：14-17.

② 邱敏, 何灏, 曹银贵等. 基于产权效应的耕地保护决策行为分析 [J]. 中国农业资源与区划, 2022, 43 (7)：74-84.

③ 陈楠楠. 中国政策性农业保险支持粮食安全问题研究 [D]. 长春：吉林大学, 2023：30-35.

粮食不仅是生存必需品，也是关乎国家安全和社会稳定的特殊商品①，具有一般商品和准公共物品的双重属性。因此，保障国家粮食安全，既需要发挥市场在粮食资源配置中的决定性作用，又需要政府承担起粮食安全保障的主体责任②。本书的粮食安全责任是指政府为保障粮食安全，在粮食生产、储备、流通、消费等各环节、全方位应履行的职责。各级政府应通过各主体之间的权责划分、权责制衡来解决粮食安全问题。粮食安全责任所涉及的内容多、范围广，承担着社会共同利益，它不仅是政府应担当的，也是全社会的共同责任，需要全社会的共同努力。在政府主体责任方面，粮食安全是指包括粮食生产、流通、运输、储存、消费等内容体系的全面安全③，因此，政府在粮食安全方面的责任主要表现为粮食生产、粮食流通、粮食储运、粮食价格、粮食突发性事件的控制和粮食加工质量的监管等安全责任④。在经营主体责任方面，作为粮食经营主体（包括粮农），在粮食生产、储运、流通等过程中应自觉遵守粮食生产与经营相关法律法规，严格履行粮食质量安全检验职责，保障粮食质量安全。在消费主体责任方面，消费者在食物消费全周期中应自觉遵守一系列社会共识和准则，使自身消费行为对食物系统经济、社会和环境可持续性的破坏最小化⑤。消费者作为粮食消费主体，应在思想、行动方面形成自觉，节约粮食、防止浪费，落实粮食安全，承担微观主体责任。

---

① 钟钰，巴雪真，陈萌山. 新时代国家粮食安全的理论构建与治理进路 [J]. 中国农村经济，2024（2）：2-19.

② 刘明月，普蓂喆，钟钰. 粮食安全省长责任制的党政同责机制构建研究 [J]. 湖南师范大学社会科学学报，2021，50（5）：29-37.

③ 张晓山. 中国的粮食安全问题及其对策 [J]. 经济与管理研究，2008（8）：28-33.

④ 罗光强，邱淑. 中国粮食安全责任分解与评价研究 [J]. 农业技术经济，2013（2）：40-50.

⑤ 杨鑫. 大食物观下消费者粮食安全社会责任的内涵及强化路径 [J]. 中国食物与营养，2023，29（10）：10-16.

第二章 历史逻辑：我国粮食安全政策的演进分析

　　天府粮仓的建设目的是要确保粮食安全责任的落实，为此非常有必要对我国粮食安全政策的演进过程进行阶段性分析。通过梳理每个阶段的背景、采取的政策措施，取得的政策绩效，归纳政策演进的逻辑，从而汲取经验教训并为未来的政策制定提供借鉴。新中国成立以来，为保障粮食安全，国家在经济发展的各个阶段对粮食生产、储备、流通、消费等各个环节提供了多种制度保障。总结而言，保障粮食安全就是要在生产环节生产足量的粮食以供消费；在储备环节建设可靠的仓储系统以应对潜在的粮食短缺风险；在流通环节建立合理的调配机制以确保粮食能顺利转移到消费者手中；在消费环节确保消费者都能负担合意的粮食。本部分将以新中国成立为起点，以各个时期的政策文件为依据，梳理我国过往保障粮食安全的政策，并将粮食安全政策的历史演进划分为五个阶段——"统购统销政策"阶段、"双轨制政策"阶段、"保护价收购政策"阶段、"种粮补贴政策"阶段、"粮食安全党政同责"阶段。本章行文逻辑：首先是简单介绍每一阶段的时代背景；其次，细数每一阶段我国在粮食产业各个环节落实的各类粮食安全政策措施；再次，对每一阶段所取得的成果以及遇到的新问题简要概述；最后，分析各个阶段可能存在的共通之处，以探究粮食安全政策演进的底层逻辑。

一、"统购统销政策"阶段（1949—1978 年）

　　1953 年 10 月 16 日，中共中央出台了《关于实行粮食的计划收购和计划供应的决议》，决定把粮食这种最重要的生活物资纳入计划经济体制。

同年 11 月 19 日，政务院下达了《关于实行粮食的计划收购和计划供应的命令》（以下简称《命令》），决定在全国范围内有计划、有步骤地实行粮食的统购和统销，并规定了具体实施办法，由此粮食的统购统销制度正式确立。此后粮食统购统销政策不断完善，对我国的经济社会体制产生了广泛而深远的影响。

（一）历史背景

新中国成立初期，我国粮食流通主要遵循自由购销的原则，但在各种因素综合作用下，国内很快出现了严重的粮食短缺情况，导致这种粮食自由流通的局面仅维持了短短的几年。首先，1953 年我国基本完成了农村的土地改革，农民的生产积极性得到解放，农村人口也进一步增长，这自然推动了农村粮食消费量的迅猛增长。其次，随着国家对农业、手工业以及资本主义工商业改造的逐渐完成，新中国的工业化建设开始步入正轨，大量农村人口向城市转移投入了工业化建设的浪潮，导致城镇人口急速增长，也带来了城镇粮食消费量的快速上升。最后，在社会主义改造初期，原有的由地主、富农阶级主导的粮食归集和分配制度被消灭，而新的粮食流通制度尚未建立起来，从而造成了粮食市场的混乱，种粮农民存粮惜售，粮食中间商贩囤货居奇，导致粮食难以顺利转移到消费者手中。粮食供求矛盾日益突出，粮食买卖市场愈发混乱，新的粮食安全政策的出台刻不容缓。

（二）政策措施

1953 年发布的《关于实行粮食的计划收购和计划供应的命令》（以下简称《命令》）虽然规定了实行统购统销，但具体办法还不太明确，随着认识和实践的不断深化，具体的实施办法才逐渐趋于完善并形成了统购统销"三板斧"。其一是将公粮征收和余粮统购统一起来同时进行，降低了统购工作的难度，使统购政策得到了有效的贯彻落实。其二是将统购统销与合作化结合起来，既保障了统购统销的工作效率，又在一定程度上促进了合作化的发展。其三是实行"三定"，1955 年 8 月国务院颁布了《农村粮食统购统销暂行办法》，规定了粮食生产及流通必须"定产、定购、定销"，定产规定了农户粮食产量应按照粮田单位面积常年产量计算，并且三年不变；定购指国家征购余粮时，每户征购量应为余粮的 80%~90%；

定销则规定了对缺粮户的粮食供应,应遵从何时缺粮何时供应的原则。此外,在《命令》颁布的几年内,国家逐渐扩大了农产品统购的范围,起初仅把各种粮食品种加入了统购范畴,随后水产品、农副产品甚至药材等经济作物都被列入了统购名单。1957 年和 1958 年国务院又先后通过了《关于由国家计划收购(统购)和统一收购的农产品和其他物资不准进入自由市场的规定》和《中华人民共和国农业税条例》,明确了统购政策的国家强制性,标志着统购政策基本完善。相较于统购政策,统销政策基本成型的标志则是粮票粮本制度的出台。在《命令》发布后的两年内,国家都没找到适合统销政策的具体实施办法,直到 1955 年 8 月颁布了《关于市镇粮食定量供应暂行办法》,规定城镇居民通过粮票和粮本来确定每个月的粮食购买配额,标志着"统购"和"统销"的步伐达成一致,完成了"统"的核心要义。

统购统销政策也并非一成不变的,为适应特殊的历史环境,也做出过相应的调整。其一,从 1959—1961 年,各地弥漫着一股农业生产的浮夸风,再加上国家正面临三年困难时期,全国粮食严重短缺,人民群众温饱难以保障。在这种严峻情况下,国家及时对统购统销政策进行调整。一方面,在统购侧通过调减统购数量、提高统购价格以及缩小统购范围这三项措施来保证统购工作的顺利进行;另一方面,在统销侧通过适当开放粮食集贸市场来激活粮食流通,对粮食的统购统销做出了重要补充,在统购、统销两侧的共同变革下,粮食供求的紧张局势形势有所缓解,粮食产量从 1961 年的 14 750 万吨提升到 1965 年的 19 453 万吨。其二,从 1966 年开始,粮食供需缓和的局面又被打破,如果说从 1959—1961 年这一时期是粮食产量不足导致供求失衡,那么 1966—1976 年这一时期则是粮食流通体制存在的弊端导致了粮食供不应求。实际上从 1966—1976 年粮食产量从 21 400 万吨提升到了 28 630 万吨,但政治和经济体制的原因导致了粮食流通不畅。其中,最主要的两个原因就是征购政策过于死板以及过分限制粮食集贸市场,同时,国有粮食企业的低效率以及农村集体储备粮制度的存在也导致了这一时期粮食征购工作困难重重。这些问题直到 1977 年仍未彻底解决,彼时,我国又迎来了改革开放的伟大时刻,保障粮食安全的政策即将开启新篇章。

(三) 政策绩效评述

统购统销政策是在特殊历史环境下建立起来的一种带有浓厚社会主义

色彩的粮食流通体制，是历史的必然产物，对于它的评价不能是片面的、武断的，而应该把它放在大的历史背景下加以辩证考察。首先，在粮食流通方面，不可否认的是统购统销政策在特殊时期为平抑粮食价格、整顿粮食市场特别是缓解粮食供求压力作出了重大的贡献。以实行统购的第一年为例，从 1953 年 7 月 1 日到 1954 年 6 月 30 日的这一粮食年度内，全国实际收粮 784.5 亿斤[1]，超过当年全国粮食会议收粮计划的 29%。其次，统购统销政策也助推了我国的工业化进程。社会主义体制决定了我国不可能采取殖民和剥削的方式来完成工业资本的原始积累，只得依靠农业农村来完成工业化的大规模资金积累，对粮食的统购统销使工业发展有了稳定、廉价的原材料来源，使我国的工业体系得以平稳地建立起来。此外，统购统销政策将我国普遍存在且极其分散的小农经济纳入了计划经济的轨道，是我国向计划经济体制转轨的最早尝试之一，对于加速社会主义改造产生了积极作用，我国小农经济由此也走上了社会主义道路。

然而，随着时间的推移，统购统销这一特殊的时代产物弊端初显，特别是在施行中后期，其所取得的进步相对有限，并且使我国粮食工作遭遇了严重阻碍。粮食的供求矛盾未能有效解决，人民的温饱问题依旧难以保障。统购统销政策给工业化、城镇化进程提供了大量廉价的原材料，但农业农村却未能及时地得到反哺，导致城乡二元割据的局面愈发严重，至今仍是限制我国经济社会发展的顽疾。此外，统购统销政策依靠国家强制力量剥离了市场的作用，国家代替市场执行粮食购销的职能，使价值规律难以在粮食市场中发挥价格调节和资源配置的作用，造成了市场效率的低下。具体表现在农民种粮积极性降低，居民买粮数量受限，国家对粮食流通的补贴过高等方面。

二、"双轨制政策"阶段（1979—1992 年）

1979—1984 年，为应对日益严峻的粮食供求问题，我国借鉴 1959—1961 年这一时期的政策措施，开始适度放开市场，实行"计划""市场"双轨并行，取得了较为显著的成效。1985 年中共中央国务院发布了《关于

---

① 1 斤 = 0.5 千克，下同。

进一步活跃农村经济的十项政策》，明确指出"国家不再向农民下达农产品统购派购任务，按照不同情况分别实行合同定购和市场收购，取消统购派购以后，农产品不再受原来经营分工的限制，实行多渠道直线流通。"由此，标志着"统购统销"制度开始退出历史舞台，也标志着"双轨制"政策的正式施行。

（一）历史背景

十一届三中全会的顺利召开，标志着中国开始了全面改革开放的进程。改革开放带来了各类经济特区、沿海重要城市、内陆中心城市的快速建设，城镇居民对各种商品的需求日益增长，对粮食的需求量达到了历史之最。在农村，家庭联产承包责任制在全国如火如荼地铺开，但陈旧僵化的粮食流通体制限制了粮食产量的进一步提高，农业领域亟待引入新的变革因素以改变粮食供需仍旧失衡局面。根据当时我国的社会形势和经济条件，要全面放开粮食购销与价格，实现粮食的完全商品化和真正意义上的等价交换，其所必须具备的条件还不成熟，只能有计划地、有限度地、分阶段地放开粮食购销市场。1978—1984 年，我国迎来了第二次大规模城市人口扩张，使得粮食供求矛盾进一步加剧，在此背景下，国家在原来的统购统销政策上初步引入了市场化因素，不仅有效地提高了农民的种粮积极性和粮食产量，而且为粮食"双轨制"的推行奠定了基础。

（二）政策措施

在粮食生产环节，一方面，是对生产关系的改造，其中卓有成效的变革毫无疑问是在全国范围内推广家庭联产承包责任制，家庭逐渐替代生产队作为生产与收入分配的新单位，极大地调动了农民的生产积极性，带来粮食产量的显著提升；另一方面，为促进生产力，将改革开放前的奖售化肥政策进一步改进为奖售工业品政策，同时在 1987 年出台了第一部《中华人民共和国土地管理法》，把对耕地的保护提上了日程。在储备环节，除了沿袭改革开放前用于备战备荒的"甲字粮"制度和"506 粮"制度，1990 年国务院还发布了《关于建立国家专项粮食储备制度的决定》，要求必须以不得低于粮食保护价的价格敞开收购农民余粮。同时，国家财政支持地方粮库的新建和维修，为稳定粮食价格，促进粮食生产作出了巨大的贡献。

在粮食流通环节，以 1985 年 1 月 1 日为分界线，在那之前被称为"双轨制准备期"，重点工作是对统购统销工作进行一系列调整改革，以减轻农民负担，搞活粮食流通，采取了以下几项卓有成效的措施：一是调减征购基数，各省对产量较低地区采取征购优惠政策，帮助其摆脱困境，为他们调整农业布局创造条件；二是提高收购价格，党中央统一部署，把粮食统购价格提升了 20%，有效地改变了粮价偏低，粮食作物、经济作物价格失调的问题；三是开放粮食集市，在党中央正确引导下，全国各地的大大小小的集市陆续开放，这对于活跃农村经济、方便群众生活和促进农副业生产起到了积极作用；四是恢复议购议销，议购议销价格随行就市，购销灵活，既保护了生产者和消费者的利益，国家也能通过议购议销价补充粮源；五是实行多渠道经营，1983 年，县级单位完成国家征购任务后，允许供销社和农民多渠道经营粮食，可以出县出省不受限制。上述措施同农村推行的家庭联产承包责任制相结合，极大地调动了农民的生产积极性，粮食产量得以快速增长。1985 年 1 月 1 日，中共中央国务院正式发布了《关于进一步活跃农村经济的十项政策》，以此为界，之后被称为"双轨制调整期"。文件要求从当年起国家取消粮食统购派购，实行合同定购，由商业部门在播种季节前与农民协商，签订定购合同。其中国家定购粮食按"倒三七"比例计价（即三成按原统购价，七成按原超购价），定购以外的粮食可以自由上市。如果市场粮价低于原统购价，国家仍按原统购价敞开收购，保护农民利益。政策出发点是好的，也为粮食的生产、流通领域注入了新的活力，但由于经验不足，在施行初期走了一些弯路，最主要的就是对于粮食的增产部分，国家调低了其征购价格，农民的生产积极性受到损害，致使粮食产量一直徘徊不前。在这种情况下，为使国家收购足够粮食以保证平价粮供应，许多地方在合同定购部分采取调低购粮目标、加大粮食定购优惠、以工补农、采用封锁市场或其他强制性行政手段来落实定购合同。1985 年底，国家重新赋予合同定购以"国家任务"的性质，要求逐步缩小合同定购数量，扩大市场议购数量。1990 年，国家在大幅度提高粮食合同定购价格的基础上，把"合同定购"正式改为"国家定购"，在实质上提高了定购价格，粮食产量才有所回升。

（三）政策绩效评述

这一时期，我国坚持将"计划"与"市场"相结合，逐步扩大了市场调节部分，粮食工作的改革有了重大进步，从粮食统购转变为实行粮食经营和价格的"双轨制"，对农业结构调整、保护粮农的生产积极性和农业农村发展等方面都起到了积极作用。总的来说，这一阶段最大的成就是极大地提高了粮食产量，实现了粮食供需的低水平均衡，粮食产量从1977年的28 273万吨增长到了1992年的44 266万吨，人均粮食占有量从1977年的298公斤[①]增长到了1992年的377公斤，基本解决了全国范围内的温饱问题，这是我国粮食工作的重大胜利，具有里程碑式的意义。除此之外，国家专储粮制度的建立也是这一阶段的另一重要贡献，为后续我国多层次储备粮体系的建立奠定了基础，对于调控粮食价格、保障粮食安全具有重大意义。

然而，在国家不断提高征购价格时，销售端的粮价并没有相应提高，本该由消费者增加的购粮负担转移到了国家财政，本质上对消费者形成了隐性补贴，其带来的结果就是粮食产量提升的同时国家财政压力不断上升。从1978年到1984年，国家在粮食征购端的补贴净额从31.7亿元飙升到209.2亿元，1984年补贴的净额甚至占到了当年GDP的3%，严重影响了整个国家的经济运行[②]。实行"双轨制"的初衷就是在保证粮食产量的前提下，减轻国家财政压力，但直至将合同订购改为"比统购还统购"的国家订购，粮食购销倒挂仍然存在，并且粮食市场上违规赚取差价和骗取政府补贴的现象层出不穷，这也为后续改革提供了方向。

三、"保护价收购政策"阶段（1993—2003年）

为促进粮食流通系统减负，减轻国家财政压力，1993年2月15日，国务院发布了《关于加快粮食流通体制改革的通知》，指出"要把握有利时机，在国家宏观调控下放开价格，放开经营，增强粮食企业活力，减轻国家财政负担，进一步向粮食商品化，经营市场化方向推进"。同年2月20日，国务院发布了《关于建立粮食收购保护价格制度的通知》，对特定粮食种类实行价格保护，标志着我国粮食体系改革开始在流通环节进行探索。

---

① 1公斤=1千克，下同。

② 钱煜昊，曹宝明，武舜臣. 中国粮食购销体制演变历程分析（1949—2019）：基于制度变迁中的主体权责转移视角 [J]. 中国农村观察，2019（4）：2-17.

（一）历史背景

1978 年至 1992 年的改革经验证明，保障粮食安全的各项政策措施在施行过程中始终存在粮食产量和国家财政压力之间的矛盾——如果减少对粮食征购价格的补贴，势必会引发粮食减产；维持高水平的征购价格则会加大粮食流通系统的负担和各级政府的财政压力，影响整个经济社会的运行。如何在保障粮食产量的前提下减轻财政负担，成为摆在党中央面前亟待解决的难题。1992 年，随着党的十四大的顺利召开，我国确立了社会主义市场经济体制改革的目标，市场化改革的步伐进一步加快，这为农业以及粮食流通领域的市场化发展奠定了政治基础。1993 年，全国范围内进行了第二次工资制度改革，极大地优化了工资制度，城镇居民可支配收入显著提高，为在销售端放开粮价提供了社会条件，粮食体制的市场化改革势在必行。

（二）政策措施

在市场化改革的推进过程中，国家在粮食领域建立和完善了一系列重大的改革制度，特别是在粮食的流通环节做出了突出的努力，其中最瞩目的莫过于出台了粮食保护价收购政策。1993 年我国颁布了《中华人民共和国农业法》，明确规定对粮食以及其他事关国计民生的农产品进行价格保护，同年，国务院发布了《关于建立粮食收购保护价格制度的通知》，要求对于原国家定购和专项储备的粮食品种，由地方政府来制定最低收购价或最高销售价来防止粮价波动。此后几年，全国各地物价飞速上涨，抑制粮价成为粮食工作的重中之重，原定 1994 年执行的"保量放价"政策还未落地就夭折了。直到 1997 年国家才重新启动了粮食保护价收购政策，同年 8 月，国务院发布《关于按保护价敞开收购议购粮的通知》，要求粮食部门在完成定购粮收购任务后，要按保护价敞开收购农民议购粮以保护农民的种粮积极性。1998 年 5 月，为达成促进农民增收和实现政府减负的双重目标，国务院发布《关于进一步深化粮食流通体制改革的决定》，强调必须坚持"三项政策，一项改革"，即国有粮企按保护价敞开收购余粮、粮食收购资金封闭运行、粮食收储企业顺价销售以及改革国有粮食企业。1999 年我国粮食产量达到了 50 839 万吨，在粮食数量上增加很多，但粮食品质提升却不是很明显。于是，在 1999 年 5 月和 2000 年 6 月，国务院分别发布《关于进一步完善粮食流通体制改革政策措施的通知》和《关于进一步完善粮食生产和流通有关政策措施的通知》，其核心内容都是缩小按保护价收购粮食的范围，在一定程度抑制特定粮食品种的生产，进而优化粮食的种植结构，由此保护价收购粮食政策变成了"选择性保护"。2001年国务院发布的《关于进一步深化粮食流通体制改革的意见》中明确提出，要充分发挥市场机制对粮食购销和价格形成的作用，逐步建立适应社会主义市场经济发展要求和我国国情的粮食流通体制。至此，我国粮食系统才算彻底摆脱了"计划"的范畴。

在谈论保护价收购粮食政策时，就不得不提及与其相配套的粮食储备制度的进步。首先，随着粮食产量的提升，国家专项储备粮不断壮大，在1994年达到了预计规模，为平抑粮价波动甚至其他商品价格波动作出了巨大贡献。其次，1995年，国务院印发《关于粮食部门深化改革实行两条线运行的通知》，要求粮食主产区建立三个月粮食消费量的地方规模储备，粮食主销区为六个月，这推进了地方粮食储备体系制度化，标志着我国粮食储备体系由过去中央"一条腿走路"转变为了中央、地方"双脚并行"。最后，为解决地方受托代管中央储备粮的道德风险问题，2000年1月国务院组建成立了中国储备粮管理总公司，并在各省建立分公司接手中央储备粮监管工作，2003年8月国务院又颁布了《中央储备粮管理条例》，明确规定了动用中央储备粮的几种情况，双管齐下保障了中央储备粮能真正用在实处。

（三）政策绩效评述

粮食保护价收购政策是国家彻底取消统购统销政策后，为保障农民利益和稳定粮食生产所做出的初步市场化尝试，表现出了极其明显的过渡性特征，即市场化改革的阶段性后退和总体性前进的并存——1994年为抑制恶性通胀，国务院发布《关于深化粮食购销体制改革的通知》决定恢复粮食的国家订购，以发挥粮食的压舱石作用。最终随着《关于进一步深化粮食流通体制改革的意见》的发布，粮食流通体制彻底完成了由"计划"向"市场"的转轨，这是此阶段粮食政策改革所取得的最重大的成就。同时，粮食保护价收购政策的实施极大地提高了我国保障粮食安全的能力，政策施行初期，我国农业综合生产能力明显进步，粮食产量显著提升，粮食供给能力也显著提高，各种农产品种类更加齐全，中央及各级地方储备粮也更加充裕，消费者多层次、多结构的需求得到了更好的满足。总而言之，粮食保护价收购政策在施行初期为保障我国粮食安全作出了巨大贡献。

仔细分析粮食保护价收购政策最重要的内容"三项政策一项改革"，不难发现其希望达到目标共有三重：一是提升种粮农民积极性，保障粮食供给；二是确保粮食顺价销售，避免购销倒挂；三是加快国营粮企改革，减轻运营负担。但由于目标的复杂性，"三项政策一项改革"没有达到预期的效果——从粮食产量角度来说，1998 年至 2003 年间，粮食种植面积减少了 2.16 亿亩①，产量下降了 1 632 亿斤②。这主要由于按保护价敞开收购干预了市场的均衡价格，人为放大了对粮食的需求，扭曲了粮食市场价格，造成资源配置效率低下，进而降低了农民的种粮积极性。从降低财政压力而言，"三项政策一项改革"也没有起到太大的帮助。一方面，敞开收粮增加了粮食企业的储备费用和各种贴息费用，另一方面，若顺价销售难以实现，大量储备粮则会变质腐坏，所造成的亏损最终还是落在了各级财政上。从改革国营粮企的角度而言，"三项政策一项改革"反而在一定程度上束缚了国营粮企的发展，国营粮企不能行使真正的自主经营权，难以发现自身问题并对症下药地进行改革。

四、"种粮补贴政策"阶段（2004—2020 年）

从 1998 年到 2001 年，我国粮食年产量从 5.12 亿吨下降到了 4.53 亿吨，粮食流通环节的改革不甚理想，于是从 2002 年 9 月开始，我国开始在世贸组织的政策边界内实施粮食直接补贴改革，同时选取了安徽和吉林两省进行改革试点③。经过为期两年的试点评估，2004 年国务院发布《中央财政支持农业发展的若干意见》，明确提出在全国对粮食生产者进行直接补贴，这标志着对农业的补贴正式由流通环节转向了生产环节。

---

① 1 亩≈666.67 平方米。

② 陈祥云，李荣耀，赵劲松. 我国粮食安全政策：演进轨迹、内在逻辑与战略取向 [J]. 经济学家，2020（10）：117-128.

③ 周静. 我国粮食补贴：政策演进、体系构成及优化路径 [J]. 西北农林科技大学学报（社会科学版），2020，20（6）：88-93.

（一）历史背景

2001 年，中国加入了世界贸易组织（WTO），开启了融入全球贸易潮流的进程，农业领域也理所应当地打开了对外开放的大门。根据世界贸易组织《农业协定》的规定，我国以往实施的按保护价收购等政策属于"黄箱政策"，会对粮食价格及粮食贸易产生明显的扭曲，因此 WTO 并不倡导。而对种粮农民的直接补贴不会扭曲贸易与价格，被称为"绿箱政策"，是国际上的通行做法。同时期国内对粮食流通环节的一系列支持政策，例如按保护价收购粮食，并没有达到预期的效果，最直接的体现就是导致了世纪之交我国粮食种植面积的下跌以及粮食产量的不断下降。此外，国家按保护价敞开收购农民余粮时，对国有粮食购销企业给予了大量利息与费用补贴，但市场粮价仍节节下降，农民种粮收益年年走低，国家补贴增加与农民种粮收益下降形成巨大反差，致使人民群众对将补贴流通环节改为补贴生产环节的呼声日渐高涨。在这种背景下，为了遏制粮食的连年减产的势头，以及改变高补贴低收益的反差局面，党和政府也在积极地寻求新的改革方式。

（二）政策措施

面临粮食安全新形势，政策着力点首先是在粮食生产环节，自 2004 年开始，国家陆续出台了一系列鼓励粮食生产的政策。第一，2006 年在全国范围内全面取消了农业税，结束了中国两千年来"交皇粮"的历史，从此农民"种多少粮，入多少仓"，种粮积极性被进一步解放。第二，全面实施粮食直接补贴制度，其补贴的内容主要包括三项：种粮农民直接收入补贴、良种补贴、农资综合补贴，而 2016 年财政部、农业部联合颁布的《关于全面推开农业"三项补贴"改革工作的通知》又将农业"三项补贴"政策调整为"农业支持保护补贴"，政策目标调整为耕地地力保护和支持适度规模经营。第三，为鼓励粮食生产，2005 年发布的中央一号文件指出要提高农业综合生产能力，紧接着财政部农业部联合颁布了《农机购置补贴专项资金使用管理暂行办法》，对购买农机具的农民进行补贴，推进了农业综合生产能力的进步。第四，大力发展农业保险。2019 年 5 月中央出台的《关于加快农业保险高质量发展的指导意见》指出，到 2022 年底基本建成功能完善、运行规范、基础完备，与农业农村现代化发展阶段相适应、与农户风险保障需求相契合、中央与地方分工负责的多层次农业保险体系。第五，党的十八大后，对一些特定粮食品种在供给侧进行补贴，例如改大豆的临时收储政策为目标价格政策。临时收储政策为稳定国内大豆价格做出了显著的贡献，但是同时也给粮食储备系统带来了巨大的收储压力和管理支出。而目标价格政策更好地发挥了市场机制的作用，当大豆的市场价格高于目标价格采取随行就市，当大豆的市场价格低于目标价格时，对大豆生产者进行直接补贴。

该阶段在粮食流通环节也出台了一系列精准有力的政策。2004 年 5 月国务院发布了《关于进一步深化粮食流通体制改革的意见》，一方面明确了粮食价格应该由市场形成，但另一方面也规定了在粮食产需形势有重大变化时，为同时兼顾市场粮食供给和农民种粮收益，可在粮食主产区对短缺的重点粮食品种实行最低收购价政策。2008 年 11 月，国家发展改革委发布的《国家粮食安全中长期规划纲要（2008—2020 年）》对粮食最低收购价政策做出了进一步的完善，指出要理顺粮食价格，使粮食价格保持在合理水平，确保种粮农民获得较多收益。2017 年 11 月国家发展改革委发布的《关于全面深化价格机制改革的意见》指出要进一步完善稻谷和小麦的最低收购价，随后两类粮食品种的最低收购价第一次出现了下降的趋势，进而农民的粮食种植倾向得以调整并变得更为合理。伴随着粮食最低收购价政策的启动和不断完善，国家粮食储备系统的责任进一步扩大，功能也进一步延伸，保护粮食主产区粮农利益、解决粮食过剩时农民"卖粮难"和"价格跌"成为国家粮食储备系统的重要目标。根据《粮食流通管理条例》第二十八条规定，中储粮总公司接受国务院委托，在粮食主产区对指定的品种实施限时收购，由此形成了临时粮食储备制度①。

（三）政策绩效评述

粮食直接补贴制度的建立和全面推行是该阶段最重大的收获，有效减轻了农民负担和提高了农民的种粮积极性，并且补贴效率高、对粮食贸易扭曲影响小，极大地促进了中国农业的发展，使中国的农产品流通体制更好地与世界农业发达国家接轨。总的来说，这一阶段我国农业生产关系和生产结构得到了重大调整，农民的生活质量明显提高，到 2020 年，中国粮

---

① 贾晋. 中国粮食储备体系：历史演进、制度困境与政策优化［J］. 广西社会科学，2012（9）：97-102.

食产量达到 6.7 亿吨，粮食单产为每公顷 5 734 千克，人均粮食占有量达到 474.6 千克，农民年人均可支配收入为 1.71 万元，粮食生产实现了"十七连丰"的伟大成就，对保障粮食安全和社会稳定发挥了重大作用[①]。除此之外，这一阶段取得的另一较为显著的成就是在玉米领域有效解决了"高产量高库存"的问题，为解决其他粮食品种的相同问题提供了重要的借鉴。国家将玉米临时收储政策调整为"价补分离"政策，有效推动了玉米巨大库存量的消耗——从国内来看，各种玉米加工补贴政策的发布极大地推动了玉米产能的消耗，玉米库存压力大的严峻形势日益缓解；从进口来看，通过调整使国内外市场的玉米价格逐渐趋于一致，收缩了玉米非必需进口量的增长空间。为玉米的稳产保供作出了巨大贡献。据统计，2016 年初次试行"价补分离"政策后，年全国籽粒玉米面积调减 3 000 多万亩，较上年减少 507.73 万吨，在价补分离政策下，国内玉米价格降低了 30%，国内外玉米差价缩小，有效缓和了国际进口冲击，2016 年全年玉米进口较上一年减少 33%，仅有 317 万吨[②]。

种粮直接补贴政策在带来粮食产量不断上升的同时，粮食的进口量也连年攀升。一方面，WTO"黄箱"政策存在补贴上限不得超过农产品产值 8.5% 的规则约束，对粮食生产的直接补贴空间越来越有限；另一方面，由于人民生活水平的不断提高，对大豆等高蛋白粮食作物的需求空前强烈[③]。在这种复杂局面下，大量进口粮涌入中国，2014 年我国粮食进口首次突破 1 亿吨，2015 年上半年，我国累计进口包括小麦、玉米、大麦在内的谷物及谷物粉达到 1 629 万吨，同比增长超过 60%。伴随着粮食产量、粮食进口量的双量齐增，粮食储备系统的收储压力也越来越大，2004—2020 年的国内粮食产量年均增长率不到 3%，但库存增长率则超过 8%，部分粮食品种出现阶段性过剩的情况，导致中国的粮食储备系统已濒临无粮库可收粮的地步。粮食产量、进口量、库存量的"三高"问题日益严峻，新一轮的粮食安全政策的改革刻不容缓。

---

① 韩杨. 中国粮食安全战略的理论逻辑、历史逻辑与实践逻辑 [J]. 改革，2022 (1)：43-56.

② 武舜臣. 粮食安全保障与稻麦"三量齐增"应对：中国玉米和日本稻米改革的经验启示 [J]. 经济学家，2018 (4)：96-103.

③ 钱煜昊，曹宝明，武舜臣. 中国粮食购销体制演变历程分析 (1949~2019)：基于制度变迁中的主体权责转移视角 [J]. 中国农村观察，2019 (4)：2-17.

五、"粮食安全党政同责"阶段（2021年至今）

进入乡村振兴新阶段，我国粮食安全又面临新的挑战，一方面国际形势变化莫测，依靠进口来稳住饭碗难的规划以实现；另一方面在国内粮食产量"紧平衡"的情况下，耕地面积不断下降，粮用耕地非农化、非粮化现象时有发生。在这种严峻情况下，习近平总书记在2020年底召开的中央农村工作会议上首次提出："地方各级党委和政府要扛起粮食安全的政治责任，实行党政同责，'米袋子'省长要负责，书记也要负责。"此番论述为保障粮食安全下一步的工作指明了方向，我国保障粮食安全进入了一个新时期。

（一）历史背景

粮食安全党政同责是党中央适应粮食工作发展新形势提出的重要要求，具有深厚的历史渊源。谈及粮食安全党政同责，首先要追溯到20世纪90年代中期实行"米袋子"省长负责制，其规定了每个省级行政单位的行政首长负责本地区的粮食供需平衡和粮价平稳，借此调动了各省生产粮食的积极性，进而有效提高了我国保障粮食安全的能力。但由于"米袋子"省长负责制执行过程中频繁出现道德风险和逆向选择行为，2014年我国又在该制度的基础上建立并实施了粮食安全省长责任制及其配套监督考核机制，要求各省政府履行粮食安全责任，对于考核优秀的省份给予资金和政策的倾斜，对于考核不合格的省份责令整改。2021年我国打赢了脱贫攻坚战，全面开启了乡村振兴的新篇章，党中央把粮食安全工作的重要性也提上了一个新的高度，党的二十大报告明确提出，"全方位夯实粮食安全根基""确保中国人的饭碗牢牢端在自己手中"。新时代新征程，夯实粮食安全根基，要紧密结合中国国情和世界粮情，落实粮食安全党政同责，确保中国人的饭碗越端越牢。

（二）政策措施

改革开放以来，根据各个地区的粮食产需状况，我国粮食供需格局主要包括主产区、主销区、产销平衡区三个部分。习近平总书记强调，保证粮食安全，大家都有责任，党政同责要真正见效。要有合理布局，主产区、主销区、产销平衡区都要保面积、保产量。要全面落实粮食安全党政同责，严格粮食安全责任制考核，主产区、主销区、产销平衡区要饭碗一起端、责任一起扛。从"米袋子"省长负责制，到粮食安全省长责任制，再到省委书记、省长共同承担粮食安全重任，实行党政同责，这有利于把国家粮食安全战略真正落到实处，切实增强粮食安全保障能力。当前，由于种粮比较效益偏低，一些地方抓粮积极性不高，出现基本农田"非粮化"倾向，粮食播种面积出现下降势头，实行粮食安全党政同责是扭转这一不良趋向的有力举措。粮食安全作为与老百姓生命和生存权利息息相关的领域和工作，实行党政同责，更是充分体现了我们党以人民为中心的初心使命和执政理念。自"粮食安全党政同责"提出以来，国家发布了多份相关文件来完善落实该项政策。2021年新修订的《粮食流通管理条例》第一次在国务院的行政法规中明确规定"省、自治区、直辖市应当落实粮食安全党政同责"。同年国务院发布了《"十四五"推进农业农村现代化规划》，提出健全完善粮食安全责任制，细化粮食主产区、产销平衡区、主销区考核指标，推动地方全面加强粮食生产、储备、流通、节粮减损能力建设，共同承担好维护国家粮食安全的政治责任。《2021年政府工作报告》更是首次把粮食产量纳入宏观经济调控指标。并且自2021年起，中央一号文件连续三年都提到了"粮食安全党政同责"：2021年中央一号文件明确提出"实行粮食安全党政同责"；2022年中央一号文件要求"全面落实粮食安全党政同责"，并明确"主产区、主销区、产销平衡区都要保面积、保产量"；2023年中央一号文件再次鲜明强调"严格省级党委和政府耕地保护和粮食安全责任制考核"。

粮食安全实施党政同责，既是中央的政治任务，也是我们的制度优势，更是党管"三农"的有力举措。2022年以来，党中央和国务院着手将耕地保护考核和粮食安全考核这两项考核"合二为一"，并于2022年12月14日发布了《乡村振兴责任制实施办法》，要求全面落实耕地保护和粮食安全党政同责，为强化考核监督等方面作出了规定。2023年年初，中央已经印发耕地保护和粮食安全考核办法，对考核对象、考核内容、考核步骤、考核结果运用等方面作出了全面规定，考核工作的整体制度框架已经基本建立。截至目前，13个粮食主产区均建立了耕地保护的党政同责考核机制，并且大部分省份正在着力构建粮食安全党政同责考核机制。未来，随着粮食安全党政同责更加落到实处，我国粮食安全保障水平将更上一个台阶。

（三） 政策绩效评述

粮食安全党政同责不是对粮食安全省长负责制的颠覆，而是传承、强化和接续推进，进一步增强省级党委、政府保障粮食安全的政治责任。2024 年是实行粮食安全党政同责的第三年，评判其是否落到实处，最重要的两项考察指标就是种粮面积以及粮食产量。2021 年全国粮食播种面积为 17.64 亿亩，粮食产量为 6.83 亿吨，单产分别为 387 公斤/亩。2022 年，全国粮食播种面积为 17.75 亿亩，总产量为 6.87 亿吨，单产分别为 386.78 公斤/亩，两年的粮食平均播种面积、平均产量、平均单产较 2020 年分别增加了 2 349 万亩、1 802 万吨、5.09 公斤/亩。分品种来看，2021—2022 年，全国稻谷、小麦、玉米、大豆的平均播种面积分别为 4.45 亿亩、3.53 亿亩、6.48 亿亩、1.4 亿亩，平均产量分别为 2.11 亿吨、1.37 亿吨、2.75 亿吨、1 834 万吨，除大豆外，几乎所有粮食品种的播种面积以及粮食产量都接近或超过了《"十四五"全国种植业发展规划》制定的目标①。

粮食安全党政同责落实情况初见成效，但进入乡村振兴的新发展阶段后，中国保障粮食安全的政策又面临新的挑战——长期以来粮食利润较于工业品利润的不相匹配、居民对粮食品种消费需求的快速变化与粮食种植结构转变缓慢的现实矛盾、政策出台赶不上国内外粮食市场的瞬息万变等，这些事关国家粮食安全的问题都还需要不断深化改革来逐步解决。未来要进一步推进粮食安全党政同责，并在此基础上构建起适合我国国情的粮食安全政策框架，保障我国粮食安全始终处于较高水平。

六、粮食安全政策演进的内在逻辑

纵观新中国成立以来为保障粮食安全所采取的各项政策措施，表现出了极其明显的阶段差异性，不同阶段的政策目标截然相反，对粮食这一特殊商品的职能追求也截然不同，导致了对粮食的调控手段也不尽相同。经

---

① 刘慧，赵一夫. 粮食安全党政同责落实情况、制度完善与分区域保供路径 ［J］. 中州学刊，2023（1）：52-60.

济社会的迅猛发展导致了各个阶段对粮食安全政策的落实都难以尽善尽美，同一政策或许在施行初期取得了较好的成效，但在实施后期也许就显得力不从心，正是由于这种时滞性的缘故，粮食安全政策的供给始终同现实的粮食供需状况存在"不均衡"的情况。因此为适应经济社会发展，粮食安全政策始终处于一种动态调整的状态中，力求实现从"不均衡"到"均衡"，粮食安全政策便出于这种逻辑不断向前演进，如图 1 所示。

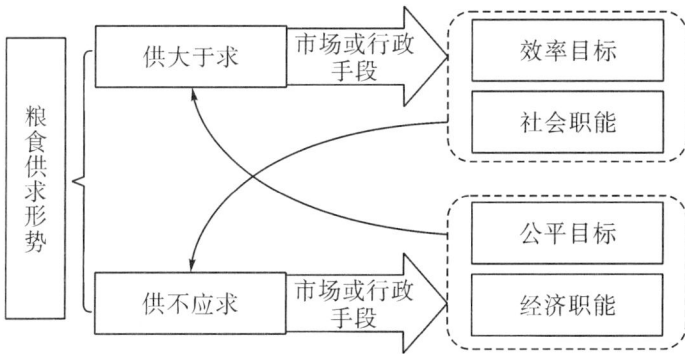

图 1　粮食安全政策演进逻辑

（一）目标均衡：粮食安全政策的效率目标和公平目标在不同时期的交替切换推动粮食安全政策不断向前演进

粮食安全政策的目标并不是一成不变的，不同历史阶段会有不同的政策目标，甚至同一历史阶段的政策目标也并非单一的，这是由于政策的制定和施行都必须适应粮食的供求形势。粮食安全政策目标具有双重性，一般包含效率目标和公平目标。效率目标包括两部分：一是提高粮食产量，保障粮食有效供给；二是稳定粮食价格，保障粮食有效消费。公平目标则是指同时保障粮食生产者、粮食消费者以及政府这三方主体从粮食这种产品中得到的福利。然而，粮食安全政策目标的双重性也蕴含了目标之间的矛盾性。粮食安全作为"国之大者"，提高产量的同时稳定粮价最为重要。然而现实情况是，一方面为了增加粮食有效供给以防止"谷贱伤农"，政府往往会提高粮食的收购价格以促进农民的种粮积极性；而另一方面为避免"米贵伤民"，在粮食收购价提升的同时销售价格却难以相应提高。这意味着，为实现效率目标，往往需要政府支付高额的补贴来提高农民的种粮积极性以及稳定粮食供给端的价格，对政府而言，这极大地增加了政府的财政支出，使整个粮食系统的运营难以为继。

粮食安全政策目标的矛盾性决定了政策在具体落实的时候难以在效率目标和公平目标之间实现兼顾，必须根据经济发展需要做出取舍，由此导致了效率导向和公平导向的粮食安全政策不断交替出现，推动着粮食安全政策向前发展。以"双轨制政策"阶段（1978—1992 年）的粮食安全政策为例，这一时期通过对统购政策的改革以及适当引入了市场因素，粮食产量不断提升，基本保障了粮食有效供给和满足了粮食有效消费，于是，在 20 世纪 80 年代中期，粮食安全政策的目标转变为在维持现有粮食产量水平的基础上，降低国家的财政压力以及国有粮食企业的运营负担。但双重目标的矛盾性决定了降低财政压力和提高粮食产量难以同时实现，政府只能不断压低合同订购的价格，严重损害了种粮农民的利益，粮食产量低迷不前，政策目标只得再次转变为效率导向，导致市场化改革出现了暂时的倒退现象，最终结果是在 20 世纪 90 年代中期合同订购又被临时修改成为国家订购。

（二）价值均衡：对粮食社会职能的永恒追求与经济职能的相机选择推动粮食安全政策不断向前演进

粮食安全政策的价值均衡和目标均衡是相辅相成的。当政策目标是追求粮食生产效率时，其目的是实现粮食的社会职能；当政策目标是追求粮食产业价值链上各主体的收益对等时，其目的则是挖掘粮食的经济职能。但在实际情况中却又略有不同——粮食安全政策的效率目标和公平目标难以同时实现，因而实操中是完全替代的关系；而对粮食的社会职能和经济职能的追求可同时实现，只不过不同时期各有侧重。作为准公共物品，粮食的公共物品属性决定了其必须承担着社会职能——粮食不仅是一种关乎主权安全、国防安全等国家安全的重要战略物资，而且应该满足广大民众生活与生存的基本需求；而粮食的私人物品属性决定了其应该承担一定的经济职能——在粮食经济系统追求以最节约的运行方式为消费者提供最终消费品。具体而言，就是在生产环节提高农民的种粮收益，在流通储备环节降低粮食的运营和仓储成本，在消费环节满足消费者对平价粮食的需求。必须强调的是粮食的核心职能是其社会职能，无论何时粮食的社会职能必须得到优先重视，而粮食经济职能必须依附于其社会职能，在粮食的社会职能基本实现的前提下追求粮食的经济职能无可厚非。一旦过度追求整个粮食运行系统的经济减负而破坏了粮食基本的供需均衡，就必须调转车头关注粮食安全。

以"保护价政策收购"阶段（1993—2003 年）的粮食安全政策为例，1994 年和 1996 年政府两次上调粮食订购价格，引发了粮食的周期性过剩，1998 年粮食产量更是达到有记录以来的最高纪录 1.2 万亿斤，供给远超需求，库存严重过量，这就为追求粮食的经济职能奠定了可能性——主要是指在保障粮农种粮收益的前提下减轻政府的粮食运营压力。于是政府在兼顾农民种粮积极性的前提下对粮食市场进行了一系列宏观调控，包括主导国有粮食企业垄断粮食收购，不再允许其他未经批准主体参与，并大幅调减水稻、小麦、玉米的种植面积等措施。然而，追求粮食的经济价值应有一定的限度，当其对粮食的社会职能产生负面影响时，就必须及时转换以追求粮食的社会职能为导向来制定政策——后来在世纪之交时，我国粮食产量遭遇 5 年连续减产，为新世纪以提升粮食产量和实现粮食社会价值为导向的政策改革埋下了伏笔。

（三）调控均衡：粮食产需形势变化时行政调控和市场调控的相互补充推动粮食安全政策不断向前演进

受外部自然环境以及社会经济形势的影响，粮食的供求形势几乎每年都会发生变化，供大于求将会导致粮食仓储压力增加，粮食运营系统负担加重等问题，而粮食供不应求势必会引发各种社会民生问题，因此作为一种特殊的商品或者说准公共物品，粮食供求形势发生重大变化时，必须采取手段加以调节。但区别于工业品单纯依靠市场或政府调控来实现政策目标的逻辑，固定单一的市场手段或者行政手段都难以有效调节粮食产量以实现目标均衡和价值均衡，容易出现"一管就死，一放就乱"的现象。因此，具有相似特点的各个阶段对粮食产量的调控方式不尽相同，甚至截然相反，必须将市场手段和行政手段相互配合和补充起来，找到市场调控和行政调控的政策平衡点，实现调控均衡。

以"双轨制政策"阶段（1978—1992 年）和"种粮补贴政策"阶段（2004—2020 年）这两个阶段的粮食安全政策为例，它们具有相似的特点——两个阶段都存在粮食供不应求的背景，但分别采取的调控方式有所不同。在"双轨制政策"阶段，为满足不断扩大的消费需求，党和政府借助改革开放的东风，在粮食领域逐渐引入了市场化因素，例如通过开放粮食市场、恢复议购议销以及允许粮食多渠道销售等政策，有效提高了农户的种粮积极性，逆转了粮食生产的颓势，为改革开放后的经济飞速发展奠定了坚实的物质基础。时间来到 2004 年，上一阶段粮价下跌和面积调减导致了粮食产量不断下降，供求形势极其严峻，粮食缺口难以弥补。若借鉴"双轨制政策"时期政策放大市场的力量当然可以调节粮食产量，但同时也存在弊端。一方面，市场调控主要依靠收购价格这一工具来提升产量，而粮食销售价格的相对刚性必然又会导致购销倒挂，加重粮食运营系统的负担；另一方面，若完全依赖市场和价格机制，根据蛛网理论，每年的粮食产量都会出现剧烈波动，作为一种关系国计民生的重要物资，这种情况是国家不可接受的。于是从 2004 年开始，在政府主导下，行政调控手段相继出台，包括取消农业税及附加、农业直接补贴、托市收购等措施，粮食产量得以快速增长，后来更是取得了粮食生产"十九连丰"的伟大成就。

第三章 现实需求：落实粮食安全责任的宏观背景

当前世界正处于百年未有之大变局，新形势下，我国粮食安全不仅面临传统的自然风险、经济风险和社会风险等，还面临农业科技风险、地缘政治冲突风险和突发公共卫生事件风险等新型风险，确保粮食安全成为涉及安全的重要政治问题。党的十八大以来，习近平总书记立足国内外粮食安全形势，提出了一系列关于保障国家粮食安全的重要论述。"确保中国人的饭碗牢牢端在自己手中"是保持我国社会稳定的重要基石，落实粮食安全是新时代发展背景下我国肩负的必要责任。

一、我国粮食安全面临的国际形势

除了粮食领域贸易保护主义、贫困国家饥饿问题等全球粮食安全面临的传统挑战，受经济发展、地缘政治冲突、全球气候变化等因素影响，国际粮食环境愈加复杂，世界粮食体系还面临粮食供应不足、粮价上涨等新形势下的新挑战，这都对我国粮食安全产生了较大影响。

（一）地缘政治冲突加剧全球粮食安全危机

地缘政治冲突一直以来都是影响全球粮食体系的重要因素。2022年2月俄乌冲突爆发，这是近年来影响全球粮食安全最严峻的地缘风险。俄罗斯与乌克兰都是世界范围内举足轻重的农业大国，其中，俄罗斯是世界最大的小麦出口国和主要化肥出口国，乌克兰是世界重要粮食生产与出口大国。俄乌冲突对全球粮食安全的影响主要表现在以下方面。

首先，俄乌战争过程中，炮火袭击了粮食主产区以及转运港口，导致俄乌两国尤其是乌克兰的粮食产量大幅度减少以及粮食出口途径中断，由此引发了全球粮食市场供给不足、进而国际粮价攀升的全球性粮食危机的"蝴蝶效应"。其次，面对西方多个国家的国际制裁，俄罗斯也在粮食领域发起反击。一方面，俄罗斯宣布不再向包括"不友好国家"和欧亚经济联盟国家等多个西方国家出口粮食，并且退出黑海粮食外运协议、切断乌克兰粮食出口的海上运输通道。俄罗斯的反制裁不仅影响到全球多个国家从乌克兰和俄罗斯进口的粮食规模下降，同时包括印度、阿联酋等在内的多个国家出于本国粮食安全考虑也接连颁布禁止大米等谷物出口的禁令。在这样的背景下，全球粮食安全脆弱性加剧，国际粮价上升，全球市场对于粮食的需求更加紧迫与粮食供应量不断减少的矛盾引起了多国对粮食安全的担忧，未来可能会有更多国家考虑实施大米出口禁令，使全球粮食安全形势更加严峻。另一方面，重要农业生产资料化肥也被俄罗斯列为反制裁手段之一限制出口。农业大国对于化肥有着大量需求，俄罗斯此举导致化肥价格上升，反映在农业生产中表现为农业生产成本增加，在粮食价格实行宏观调控的前提下生产成本增加意味着农民种粮收益减少，农民种粮积极性受到打击，最终结果可能是粮食供给量减少。最后，为应对俄乌冲突造成的全球粮食市场供应不足以及多国限制粮食出口的禁令，越来越多的国家为保护本国农业利益和粮食安全，不同程度地提高粮食贸易壁垒，全球粮食安全面临供给不足危机的同时粮油贸易也进一步受阻，粮食进出口受限程度不断攀高，全球粮食市场体系发生大变革，全球性粮食危机成为未来世界各国需要共同面临的挑战。

综合来看，地缘政治冲突通过影响主要粮食生产国产量以及粮食流通链造成全球粮食市场供给不足，粮食供应缺乏进一步影响粮食国际贸易从而导致国际粮价异常波动甚至飙升。在上述连锁反应的负面影响下，世界各国尤其是粮食生产大国基于保护本国农业利益及粮食安全的目的就会相应限制粮食出口并提高粮食进出口贸易壁垒，粮食产品国际贸易受阻、粮食供给不足以及价格飙升又反作用于粮食供给市场，最终造成国际粮食安全脆弱性加剧以及粮产品价格居高不下的恶性循环后的全球性粮食危机。

（二）全球气候变化严重威胁全球粮食产量

全球气候恶化直接冲击粮食种植生产。全球气候变化引起极端天气频发。近年来，世界各地极端干旱、洪涝、雪灾等自然灾害频发，直接导致粮食种植遭到破坏，粮食产量大幅度下降。联合国粮农组织发布的《2023年世界粮食安全和营养状况》中，气候变化及极端天气事件、经济冲击、冲突和不安全被列为导致全球粮食危机和营养不良状况的三大驱动因素。报告还指出，巴基斯坦的毁灭性洪水以及南部非洲的热带风暴和干旱等极端天气事件造成 12 个国家的 5 680 万人处于严重粮食不安全状况。联合国政府间气候变化专门委员会（IPCC）在第六次评估报告中，明确谈及气候变化导致的干旱、洪水和热浪等给农业生产带来的极大压力。热浪、强降水、重旱、火灾和热带气旋日益加剧不仅影响粮食生产，同时也影响了从生产到消费的每个环节的粮食供应链。例如 2023 年 4 月以来，厄尔尼诺现象导致东南亚地区持续高温，降雨量比往年平均水平低 20%～30%，极端天气给泰国、越南等主要大米出口国带来粮食减产压力。一方面，种植过程中依赖大量水源的水稻等粮食作物因水源不足产量受到严重影响；另一方面，农业是耗水量最大的产业，在干旱影响下的水源供给难以满足农业用水需求，小麦、玉米、大豆以及水果、蔬菜等所有农作物的灌溉均面临水源不足的风险，农业领域灌溉面积扩大与灌溉水资源日益趋减之间的矛盾成为制约粮食产量的主要矛盾。再比如，2023 年 4 月以来，印度多个小麦主产区遭受非季节性降雨和冰雹天气影响，据印度农业专员预测，将会有 8%～10% 的小麦作物因此受损；2024 年入夏以来，当我国其他地区经历高温天气时，黑龙江却出现了大雨加大冰雹的极端天气，夏天正是水稻、玉米等重要农作物生长的关键时期，冰雹直接冲击袭击农作物，对农作物造成破坏，导致庄稼减产甚至绝产，给作为我国主要粮仓的黑龙江粮食产量造成严重影响……全球范围内频发的干旱、洪水、飓风等极端天气现象势必对农业造成不可忽视的影响，从而使得粮食安全风险加剧。

肆虐的蝗虫灾害同样严重威胁粮食安全。极端天气的频发不仅直接影响粮食产量，而且由干旱天气引发的蝗虫灾害也会严重威胁粮食安全。在古代，由于"灭蝗技术"不发达，蝗灾被看作世界级毁灭性灾难，一旦有国家遭遇蝗灾，结果往往都是粮食颗粒无收，给国家粮食安全甚至社会安定造成巨大伤害。尽管随着技术的发展，人们对于蝗虫的认识和蝗灾防治已日益成熟，但全球仍有多个国家蝗灾肆虐，仅从 2020 年以来，沙漠蝗虫灾害就侵袭从非洲到南亚等多地。2020 年 7 月，印度遭蝗灾袭击，部分城市进入警戒状态；截至 2020 年 4 月，以埃塞俄比亚为例，在该国的 160 多个地区存在蝗虫大量繁殖的情况，近 20 万公顷耕地被破坏，全国 100 多万人因此陷入粮食不安全境地；至 2022 年，意大利撒丁岛地区已连续四年遭受蝗虫侵袭，数百万蝗虫已破坏 2.5 万公顷土地……一旦发生蝗灾，就意味着大量蝗虫会吞食禾田粮食，使农作物遭受彻底破坏，甚至陷入蝗虫过境区粮食颗粒无收，进而引发粮食危机的困境。

全球气候恶化意味着极端天气发生的频率和强度增加，而频繁出现并愈演愈烈的干旱、暴雨、洪水等天气对农业造成一系列的不利影响，从而有可能对全球粮食安全造成影响。

（三）突发公共卫生危机多方面影响全球粮食体系

突发公共卫生危机因其突发性、未知性的特点给人们造成多方面的负面影响。以 2019 年底暴发的新型冠状病毒感染疫情为例，疫情波及全球且持续时间长，对全球的医疗、农业、金融等多个领域都产生了巨大影响。新型冠状病毒感染对农业尤其是粮食领域带来的影响主要体现在以下方面：一是新型冠状病毒感染大流行期间，鉴于病毒传染性极强以及感染症状严重，部分农业经营主体长期居家造成了部分国家和地区粮食供应稍显不足，出现粮食市场供小于求的局面。二是新型冠状病毒感染大流行期间，交通运输业停摆，国际粮食流通受阻甚至中断，粮食供应链中流通领域的困境造成了国际粮食市场供应不足，粮食产品价格呈现上升趋势。也就是说，新型冠状病毒感染大流行期间，国际粮价上升更主要的原因是粮食流通受阻造成国家与国家之间粮食供给量不平衡，粮食产量不足的国家或地区在需大于求的市场调控下自然粮价上升。三是新型冠状病毒感染大流行持续蔓延给全球经济社会带来严重冲击，全球粮食生产体系在国际供应链受阻、全球经济严重衰退等因素影响下遭到严重打击，供给能力不足使国际粮食价格逐渐上升。同时，脆弱群体在粮食价格不断高涨、经济发展疲软的背景下获取足够粮食的能力进一步下降，部分国家和地区的粮食安全问题更加显著。

与政治、气候等因素通过直接影响粮食产量和供应量进而影响粮食安全不同，新型冠状病毒感染大流行主要是通过在交通、经济等其他领域造成粮食流通不畅、地区不平衡加剧等负面影响间接波及粮食供应和粮食价格，最终造成国际粮食安全问题，进而影响全球粮食体系，引起全球性粮食安全危机。

目前，在气候恶化、极端天气、地缘冲突、突发性公共危机等多重因素影响下，全球粮食安全面临的挑战日益严峻。综合来看，现阶段以及未来全球可能面临的粮食安全问题主要包括：粮食产量及全球市场供应量不足引发的饥饿危机，国际粮食贸易壁垒提高、粮食流通链受阻等因素导致粮食供给量不足造成的国际粮价居高不下，供应不足、粮价攀升反作用影响的国际粮食贸易壁垒提高以及严重的粮食浪费问题。在全球粮食市场不稳定的大环境下，我国推进"以我为主、立足国内、适度进口"的粮食安全战略，更加注重发挥国内的主体作用，对坚决保障粮食安全具有极端重要性。但受上述多重因素的影响，我国"适度进口"粮食安全战略面临着部分重要粮食如大豆等进口依赖程度过高、在全球粮食体系中话语权不高、粮食进口外循环不畅以及粮食贸易的不确定性等挑战。

二、我国粮食安全面临的现实背景

在经济形势复杂严峻，经济高质量发展亟需强劲动力的背景下，我国提出了构建"以国内大循环为主体、国内国际双循环相互促进"的新发展格局的重大战略。粮食作为国家安全的基石，为"双循环"新发展格局提供了坚实的物质基础，因而保障粮食安全对新发展格局的构建具有重要意义。同时，随着社会与经济的发展进步，我国社会的主要矛盾转变为"人民日益增长的美好生活需要和不平衡不充分的发展之间的矛盾"，人们对美好生活的追求与向往意味着对生活质量的要求不断提高，对粮食质量与膳食结构的需求不断变化。在国内环境中，我国粮食安全也面临系列挑战。

（一）供需总体处于紧平衡，粮食需求刚性增长态势长期不变

截至 2023 年底，我国粮食总产量连续 9 年稳定在 1.3 万亿斤以上，2024 年首次达到 1.4 万亿斤，为保证"中国人的饭碗牢牢端在自己手中"奠定了坚实基础。随着经济与科技的发展，人们的膳食结构发生了升级，对生活的要求从"吃得饱"升级为"吃得好"，食物消费也变得日益多样化，对于肉类、果蔬、粮油等非口粮食物需求增加。但不可忽略的是，我国是人口大国，人口基数庞大，对于粮食的基本需求并不会随着消费结构的升级而大幅度下降，因此，在未来很长一段时间内，我国粮食需求将会

呈现刚性增长趋势，粮食供需总量紧平衡格局短期内难以改变。

城镇化的快速发展不断推动大量人口向城市转移，每年上千万新增城市人口意味着从粮食生产者转变为单纯的粮食需求者的人数在逐步增加，他们对粮食的需求由原来的"自产自销"转变为"商品消费"，粮食生产者减少也会加剧粮食产量危机与粮食需求刚性增长的矛盾，我国粮食总产量增幅降低将给粮食安全问题带来巨大压力。为确保中国人的饭碗端得更稳、更牢，我们必须全方位夯实粮食安全根基，保障粮食安全。

（二）工业化和城镇化推进，致使耕地资源紧缺

随着我国工业化和城镇化的快速推进，耕地开发、农业用地转为非农用地等现象屡见不鲜，加之对耕地的利用和管理不当、工业排放污染以及耕地负载过度等因素，我国耕地质量下降问题逐年加剧，优质耕地资源更加紧缺。一方面，工业化发展伴随着工业用地占比高，大量农业用地被占据转为工业用地、建设用地等非农用途，耕地面积减少；另一方面，在过去粗放式、高速工业化的推进过程中，我国工业"三废"排放量与日俱增，但无害化处理率、达标排放率等一直处于较低水平，偷排、超排和违规排放屡禁不止，"跑冒滴漏"现象严重，大量工业废水、污水、有毒有害物质未经处理随意排放，对土壤、水体、环境造成严重污染。尽管近年来我国开展严格"治污"工作并取得了良好成效，但工业污染对耕地资源已经形成的伤害并非短时间内能够修复。城市化水平不断提高带来了城市面积的扩张，多地政府的发展规划中，工业园建设、新城建设如火如荼，而新城规模过度扩张意味着大量耕地、林地等农业用地被占用成为建设用地，紧缺的耕地面积不断逼近红线。第二次全国土地调查公布的数据显示：2009 年全国耕地面积为 203 077 万亩，而在第三次全国土地调查中，2019 年我国耕地面积已下降到 191 792.79 万亩，十年间我国耕地面积减少约 5.56%。耕地质量方面，根据《2019 年全国耕地质量等级情况公报》的数据，我国 20.23 亿亩耕地质量等级由高到低依次划分为一至十等，平均等级为 4.76 等，耕地平均质量水平较低，高质量耕地资源紧缺。其中，评价为一至三等的优质耕地面积为 6.32 亿亩，仅占耕地总面积的 31.24%，且分布不均衡，主要集中在东北区、长江中下游区及黄淮海区，而接近70%的耕地属于中低产田，面积达 13.91 亿亩，优质耕地资源更加紧缺。此外，耕地土壤肥力减弱、南方土壤酸化、华北耕层变浅、东北黑土退化

等问题日益突出①。耕地质量的下降影响到粮食主产区的稳定生产与单位面积产量，成为我国粮食安全的重要威胁。

（三）水资源短缺严重，分布不平衡加剧

充足的水资源是满足农作物生长、保证粮食生产的关键因素。截至2023年，我国水资源总量稳居世界第六位，但人均水资源量仅仅只有世界平均水平的1/4，位居世界121位，人多水少，水资源时空分布不平衡是我国一直以来的基本水情。水资源短缺与分布不平衡的加剧导致农业用水更加短缺，粮食生产受到限制。

根据2022年《中国水资源公报》：2022年，全国平均年降水量为631.5 mm，比多年平均值偏少2.0%，全国水资源总量为27 088.1亿 m^3，比多年平均值偏少1.9%，且水资源时空分布不均。2022年全国用水总量为5 998.2亿 m^3，其中，农业用水为3 781.3亿 m^3，占用水总量的63.0%，且与2021年相比，农业用水量增加了137.0亿 m^3，农业用水消耗量2 516.8亿 m^3，占耗水总量的76%，耗水率66.6%。耕地实际灌溉亩均用水量364 m^3，农田灌溉水有效利用系数0.572。2022年我国耕地面积为12 757.99万公顷，其中水田与水浇地面积共6 363.08万公顷，占耕地面积的49.9%②。不难看出，水资源短缺与农业用水需求量大、需求增加的矛盾成为制约粮食生产的重要矛盾。受地理位置等因素的影响，我国降水呈现夏多冬少、南多北少的特点，水资源分布与人口、耕地、产业布局在地区上的组合不相匹配。近年来，受全球气候变化的影响，我国整体降水量较往年相比有所下降，同时受经济发展等因素的影响，水资源分布不平衡矛盾进一步加剧。

目前，由于水资源短缺与分布不平衡加剧导致的农业用水供需矛盾、水资源过度开发、用水效率低下、水环境恶化等问题严重威胁粮食生产的连续性，粮食安全受到来自水资源危机的威胁。

（四）种粮效益持续下滑，耕地非粮化倾向明显

近年来，对粮食产量造成严重负面影响的耕地非粮化现象突出。中国

---

① 孙娅. 当下中国粮食安全问题探析 [J]. 黑龙江粮食，2023，（2）：34-36.
② 数据来源：2022年《土地利用现状分类面积汇总》。

农业大学孔祥斌教授研究团队通过调研得到的数据：我国耕地非粮化率约27%①。以陕西省为例，国家统计局陕西调查总队 2021 年发布的报告《让每一亩土地都变成丰收的沃土——陕西耕地"非粮化"调研报告》中指出：从调研情况看，陕西省耕地"非粮化"率超过三成，高于上述孔祥斌教授提出的全国平均水平，大面积耕地"非粮化"导致粮食产量下降严重，而造成耕地"非粮化"的主要原因则是种粮收益低。由于种粮成本持续升高、粮食收购价格较低、小农户分散经营难以抵御市场风险以及利益遭受挤压，部分农业经营主体尤其是小农户的种粮收益低于预期水平，难以覆盖全部家庭消费支出，农户种粮积极性下降。为缓解家庭收入的压力，部分仍然坚持务农的农户可能选择经济收益更高的经济作物、特色种植业或发展养殖业，挤占了粮食生产空间；还有部分农业劳动力顺应农业劳动力向城市转移的趋势进入二三产业部门赚取更多收入，从而造成土地流转、撂荒闲置等，耕地非粮化现象明显。耕地非粮化造成粮食种植面积大量减少，进而造成粮食产量大幅度减少，给粮食安全带来严重威胁。

尽管我国已陆续出台《国务院办公厅关于坚决制止耕地"非农化"行为的通知》《国务院办公厅关于防止耕地"非粮化"稳定粮食生产的意见》等防止耕地"非农化""非粮化"的政策文件，有效抑制了耕地"非粮化"，但由于地区间耕地"非粮化"差异大、情况复杂、原因多样，还存在"非粮化"整治造成农户经济损失、种粮收益低难以维持整治效果等问题，推动耕地"非粮化"整治工作需要进一步优化与坚持，并且要注意整治过的耕地再回"非粮化"给粮食安全带来的潜在危险②。

三、我国落实粮食安全责任的新要求

粮食安全是治国理政的头等大事，其重要程度不言而喻。世界正面临百年未有之大变局，国际环境中，地缘政治冲突、极端天气、突发公共卫生危机、经济衰退以及贸易壁垒等叠加出现；从国内来看，工业化和城镇化发展挤压耕地面积与质量、耕地"非农化""非粮化"现象突出、部分

---

① 孔祥斌. 耕地"非粮化"问题、成因及对策 [J]. 中国土地, 2020 (11)：17-19.
② 孔祥斌. 耕地"非粮化"问题、成因及对策 [J]. 中国土地, 2020 (11)：17-19.

重要粮食严重依赖进口等现象持续存在。在国内国际政治环境处于新形势的背景下，我国对于落实粮食安全提出新要求，主要内容是"中国人的饭碗任何时候都要牢牢端在自己手上"，做到"手中有粮，心中不慌"。为切实稳定粮食生产，牢牢守住国家粮食安全的生命线，我国提出了粮食安全党政同责制度，深刻体现了党中央坚决扛稳粮食安全的政治责任。

（一）实行党政同责对保障粮食安全的极端重要性

党的十八大以来，我国粮食不断丰收，特别是 2015 年以来，粮食产量连续 9 年稳定在 1.3 万亿斤以上，库存充足。但是，我们也要清醒地认识到，在未来很长一段时间内，我国粮食产需仍将处于紧平衡状态，同时需要面对全球粮食供给体系不稳定性增加的大环境，粮食安全这根弦要始终绷紧，要以国内稳产保供的确定性来应对外部环境的不确定性。仓廪足，天下安。粮食安全关系国计民生，是一项系统性工程，涉及领域多、主体多、环节多。因此，关于粮食安全，习近平总书记反复强调"责任"二字，不仅仅是中央的责任，也是地方的责任；不只是农业部门一个部门的责任，也不只是政府部门的责任。2020 年底，在中央农村工作会议上，习近平总书记提出"粮食安全要实行党政同责，'米袋子'省长要负责，书记也要负责"①。2021 年中央一号文件明确提出"实行粮食安全党政同责"。"粮食安全党政同责"把粮食安全的重要性上升到全新高度，为进一步强化我国粮食安全保障体系、筑牢稳粮抓粮的制度基石指明了方向和路径。

实行粮食安全党政同责，就是要将重农抓粮的责任主体从省长负责升格至党政同责，全面压实地方党委和政府特别是一把手抓粮食生产的政治责任，发挥党委把方向、管大局、抓落实的制度优势，形成共抓粮食生产的强大合力，把保障国家粮食安全的决策部署真正落到实处。这一过程需要党中央把握正确方向，制定切实的考核标准，以统领粮食安全党政同责全局，确保中国人自己的饭碗端得稳、端得牢。地方党委和政府要严格贯彻落实粮食安全责任制，保质保量完成中央下达的粮食播种面积和产量目标任务。

---

① 出自 2020 年习近平总书记在中央农村工作会议上的讲话。

（二）粮食安全党政同责制度的落实

1. 严格落实粮食安全党政同责制度

2022 年底召开的中央农村工作会议上，习近平总书记响鼓重槌："粮食安全党政同责要求很明确，现在关键是要严格考核，督促各地真正把责任扛起来。"① 对于落实粮食安全党政同责，习近平总书记指出，要扛起粮食安全的政治责任，不能把粮食当成一般商品，光算经济账、不算政治账，光算眼前账、不算长远账。中央和地方要共同负责。保障国家粮食安全，中央义不容辞，承担首要责任。中央财政要从重大水利设施建设、中低产田改造、科技创新推广、信息化服务、市场体系完善、农产品质量安全、主产区转移支付等方面，加强对粮食生产的支持。各级地方政府要树立大局意识，增加粮食生产投入，自觉承担维护国家粮食安全责任，不能把担子全部压到中央身上。任何省（区、市），无论耕地多少，都要承担粮食生产责任，要采取"长牙齿"的硬措施，对有令不行、有禁不止、失职渎职的，要严肃追究责任。主产区、主销区、产销平衡区都有责任保面积、保产量，饭碗要一起端、责任要一起扛。

严格落实并执行粮食安全党政同责制度，要求地方把确保粮食和重要农产品供给作为首要任务，全面落实耕地保护和粮食安全党政同责，严格落实耕地和永久基本农田保护、高标准农田建设任务，保质保量完成粮食和重要农产品生产目标任务，调动农民种粮积极性，全面提高本地区粮食安全保障能力；同时，各粮食主产区、主销区、产销平衡区都要保面积、保产量，不断提高主产区粮食综合生产能力，切实稳定和提高主销区粮食自给率，确保产销平衡区粮食基本自给。

要将全年粮食播种面积作为粮食安全党政同责考核的重要内容，落实到市到县到地块，细化粮食主产区、产销平衡区、主销区考核指标。各省要认真核查春播和夏播粮食面积，按要求将面积落实情况上报农业农村部。农业农村部将对落实情况进行考评，对完成全年粮食生产任务表现突出的省级农业农村部门予以通报表扬，对未完成任务，出现一定撂荒面积的，将通报批评并予以追责。

---

① 出自 2022 年习近平总书记在中央农村工作会议上的讲话。

2. 粮食安全党政同责制度的地方探索

各地方在中央政策的指导下，因地制宜进行了实施粮食安全党政同责制度的探索，主要集中在以下两个方面：

一是健全粮食安全党政同责工作机制方面。例如，黑龙江把粮食生产任务列入政府工作报告和省委常委会工作要点并进行常态化督办，同时将粮食生产任务纳入全省主要经济考核指标；河南开展粮食安全工作调研，定期召开党委常委会会议或专题会议听取粮食安全工作汇报；山东省率先出台《中共山东省委常委会及其成员粮食安全工作职责清单》《省政府领导班子及其成员粮食安全工作职责清单》，并将粮食安全指标纳入全省高质量发展综合绩效考核；吉林成立了以省委书记、省长任"双组长"的粮食安全工作暨黑土地保护工作领导小组，出台了加强粮食生产措施 30 条；福建将考核结果作为项目资金安排等的重要依据；湖南将保障粮食安全作为实施乡村振兴战略的首要任务，将粮食安全工作作为党委常委会、政府常务会议重要议题，定期研究部署；四川出台《地方党委和政府领导班子及其成员粮食安全责任制规定》，细化各级党委政府保障粮食安全 9 项职责；宁夏每年通报一次粮考成绩，把粮食安全责任制落实情况作为地方党政领导干部考核奖惩和使用调整的重要参考。

二是考核结果的运用方面，主要倾向于正面激励。例如，河南对发展粮食生产业绩突出的产粮大市大县进行通报表扬，对作出重要贡献的个人、新型农业经营主体等进行表彰奖励；湖南对粮食安全工作表现突出的 4 个市州、10 县市区给予表彰激励；江苏省制定《全省粮食生产支持政策清单》，给予种粮农民、产粮大县、粮食绿色高质高效示范片区等不同程度的财政补贴；浙江在完善产粮大县利益补偿机制基础上统筹现有资金，对全年粮食播种面积位于全省前列的县和播种面积增幅位于全省前列的县分别给予一定的奖励；贵州对考核获得表扬的市（州）在省级粮食风险基金中予以一定资金奖励，在安排粮食安全保障相关中央和省级资金上给予倾斜；江西省落实稻谷补贴政策，提高早稻补贴比重，在产粮大县奖励资金中安排不少于20%的资金，重点扶持早稻生产。

第四章 重大责任：四川落实粮食 安全责任的极端重要性

粮食主产区是守住粮食安全线的主战场，对保障国家粮食安全起着关键作用。党的二十大报告指出，要确保中国人的饭碗牢牢端在自己手中，就要健全种粮农民收益保障机制和主产区利益补偿机制。2023 年中央一号文件提出，要"健全主产区利益补偿机制，增加产粮大县奖励资金规模"，可见粮食主产区的重要性。我国共有 13 个粮食主产区，其粮食产量占全国粮食产量的78%以上①，凸显了粮食主产区在保障我国粮食安全方面起到的主导性作用。四川是全国十三个产粮大省之一，也是西部地区唯一的产粮大省，肩负保障全省乃至国家粮食安全的重大责任。据"三调"数据显示，四川省耕地数量为 7 840.75 万亩，"二调"以来的 10 年间，四川耕地减少了 2 239.25 万亩，减幅达 22.21%，比全国减幅高出 16.65 个百分点；四川省粮食产量在全国省份排名中从新中国成立后连续 40 年的第一位连续下降到 2021 年的第九位；四川也由粮食净调出大省转变为目前全国第二大粮食调入大省。四川省作为农业大省、产粮大省，其粮食耕地减少影响省粮食产量，进而波及全国粮食安全。所以，四川面临严峻的粮食安全形势，必须在新形势、新要求下采取有效政策措施，守好耕地保护红线和粮食安全底线，加快四川省粮食安全责任的落实显得尤为紧迫和重要。本章主要从历史维度和现实维度分析了四川落实粮食安全责任的极端重要性。

---

① 苗珊珊，侯小燚. 人口密集粮食主产区新型城镇化路径选择 ［J］. 农村经济与科技，2020
（1）：262-264.

一、历史维度

四川成都平原地处长江黄河两大水系交叉地带，适于稻粟等主要粮食作物生长，历来是我国粮食生产的重要区域。自都江堰水利修建开辟了自流灌溉，提高了生态稳定性，使其成为农业发达地区，在历史各个时期，天府粮食产业都占据重要地位，对我国粮食安全做出了重要贡献。

在新中国成立以前，四川粮食发展呈现发源早、产量大、自给有余的总体特征，起到调剂全国粮食短缺的作用，是各朝代重要的粮食供应基地。在新津宝墩遗址、三星堆遗址中发现稻粟遗存，证实了四川粮食产业发源早。同时在历史各时期证实了四川粮食产量大、自给有余，在两汉时期四川是全国粮食生产的重要基地，成都平原被开垦后成为水稻单产最高的地区，其单产水平是全国中等土地单产的十倍。唐朝时期耕作制度的逐渐普及，四川成为全国举足轻重的稻米粮仓，其单产量与汉代相比增加了一倍。到宋代，随着粮食类别的增加、耕作精细化与集约化程度提高，形成了粮食自给有余，余粮外调的新局面。元明清至鸦片战争前夕，四川稻谷改良，谷品品类及余粮增多，稻粟、玉米及麦类产量居全国前列。民国时期至抗日战争时期，四川作为全国重要的粮食物资供应基地，成为我国军事后勤保障大后方，保障我国军粮供应，为抗战胜利作出了巨大贡献①。

新中国成立以后，四川粮食产业对国民经济恢复与稳定发展起到了奠定基础的作用。20 世纪 50 年代到 60 年代，四川作为首屈一指的粮食净外调省份，尽管遭遇人为因素和自然灾害，粮食产量仍在增加，可见四川粮食产业发展优越的硬核条件以及其在解决中国大部分地区农民的口粮问题上的重要地位。改革开放后四川粮食产量达到最高值 3 668.4 万吨②，综上可以看出，"天府之国"在历朝历代都是粮食生产供应的重要地区，在保障粮食供应上具有重要的历史地位。

如今党的二十大报告对粮食安全问题作出了全面夯实粮食安全根基，牢牢守住耕地红线，端稳中国人民饭碗的重要部署，要求各地区加快构建

---

① 吕火明，许钰莎，刘宗敏. 建设新时代更高水平"天府粮仓"：历史逻辑·理论依据·现实需要·实现路径 [J]. 农村经济，2023，(6)：16-20.

② 赵文欣，吕火明. 天府之国的四川农业 [M]. 成都：西南财经大学出版社，2010.

高质量可持续的粮食安全保障体系。四川自古有"天府之国"美称，是我国重要的粮食生产大省，在确保全国粮食安全上具有极其重要的全局性意义。习近平总书记来川视察，就四川抓好粮食生产、确保粮食安全作出了重要部署，提出把四川建设成新时代更高水平的"天府粮仓"，可见时代和国家都赋予了四川保障国家粮食安全的重任。

二、现实维度

（一）自然条件

四川省成都平原一带因土地肥沃、气候温和、物产丰富而被誉为"天府之国"。天府之国优越的自然条件，是建设更高水平"天府粮仓"的基础：第一，成都平原的土壤肥沃，有利于农作物的生长。成都平原的土地主要是黄壤和紫色土，富含氮、磷、钾等营养元素，适合种植水稻、小麦、玉米等粮食作物。第二，成都平原属于亚热带季风气候区，年平均气温为 16.2℃，四季分明，利于粮食作物的生长和发育。第三，成都平原位于长江上游，有丰富的水资源。川内分布岷江、沱江、涪江等多条河流，为农业生产提供了充足的灌溉水源。第四，成都平原位于中国西南地区，是连接西南、西北和中原地区的重要交通枢纽。便利的交通利于农产品的运输和销售。四川省得天独厚的粮食生产的自然、区位条件对于保障国家粮食安全具有全局性意义。同时，四川省的粮食自给率及粮食安全状况对于保障国家粮食供应和维护地区稳定显得极其重要。一方面，四川省粮食自给率对于我国粮食安全保障具有重要作用。近年来，全省耕地保护工作取得了一定成效，2022 年全省粮食面积达到 9 502.8 万亩、产量 710 亿斤，其自给率在 100% 以上[①]。另一方面，四川的粮食安全对于保障国家粮食安全具有重要作用。四川省与全国相当于部分与整体的关系，全国粮食安全状况由各区域的粮食安全状况构成，并且各区域的粮食安全状况制约整体，甚至在一定条件下，关键粮食生产区对我国粮食安全起着决定性作用。

---

① 四川新闻. 2022 年四川粮食总产量 3 510.5 万吨保持全国第 9 位 [N]. 人民日报，2023-01-18.

综上所述，天府之国粮食安全的自然条件优越，土地肥沃、气候温和、水资源丰富、地理位置优越，这些因素都为农业生产提供了良好的条件，同时关键地区粮食生产状况对于国家整体粮食安全保障具有决定性作用，凸显了四川落实粮食安全责任制的重要性。

（二）战略大后方定位

四川位于中国西南内陆，连接中西部地区，是国家战略大后方，在维护国家安全、稳定和发展方面发挥重要作用。进入新时代，四川省是国家战略科技力量建设重要支撑地、国家先进制造完整产业链重要集聚地、国家重要物资和战略资源储备供应保障地。同时也是全国13个粮食主产省之一，在全国粮食安全格局中居于重要位置。习近平总书记高度重视四川"三农"，多次发表重要讲话，要求擦亮四川农业大省金字招牌，打造新时代更高水平"天府粮仓"，加快推进四川由农业大省向农业强省跨越，赋予四川落实粮食安全责任的时代使命。

四川省是我国重要的人口大省和农业大省。近年来，四川粮食总产与单产实现总量持续增长，粮食产业结构不断优化，粮食产品品质大幅提升，粮食消费水平稳定增长，取得的成效显著①。但农业大而不强、产品特而不优、品牌多而不响的特点使四川的粮食安全形势不容乐观，推进农业现代化进程任重而道远。作为大后方的四川，在历史各时期都承担着保障国家粮食安全重任，而今我国粮食安全战略提出建设新时代高水平的"天府粮仓"也是保障粮食生产稳定发展、国家粮食安全的责任担当的传承。

（三）社会和经济

四川省自古有"天府之国"美誉，是我国重要的人口大省和粮食大省，稳住其粮食基本盘不仅直接影响全省的经济社会发展，甚至对全国粮食安全战略布局具有全局性影响。粮食安全是国家安全的重要基础，从供需层面分析，四川落实粮食安全责任具有以下重要性：第一，保障粮食供应的稳定性。四川是我国的农业大省，也是重要的粮食产区之一，通过落实粮食安全责任，四川可以加强农业生产，提高粮食产量和质量，保障本

---

① 郭晓鸣. 打造新时代更高水平"天府粮仓"的思考与建议［N］. 四川日报，2022-08-08（10）.

地区及周边地区的粮食供应稳定性，确保人民群众的基本生活需求得到满足。第二，应对粮食需求的增长以及结构性变化。随着人口的增长和经济的发展，四川及周边地区的粮食需求也在不断增加，作为粮食消费大省，四川落实粮食安全责任首先要保障本省粮食自给能力，满足全省人民日益多元化的粮食消费需求。四川可以通过加强农业基础设施建设、推动农业科技创新等措施，提高粮食生产能力，满足日益增长的粮食需求。第三，促进经济发展和社会稳定。粮食安全是经济发展和社会稳定的重要基础，四川落实粮食安全责任，有助于保障粮食产业链的稳定运行，促进农业、食品加工业等相关产业的发展，带动就业和经济增长，维护社会的稳定和繁荣。第四，保障国家粮食安全大局。四川作为我国重要的粮食产区之一，粮食生产状况对国家粮食安全具有重要影响，落实粮食安全责任，四川可以积极参与国家粮食安全战略，为保障国家粮食安全作出贡献。

综上所述，四川落实粮食安全责任对于保障粮食供应、促进经济发展、维护社会稳定以及保障国家粮食安全大局都具有重要意义，为此，应对四川省落实粮食安全责任给予足够的重视。

第五章　实践经验：四川落实粮食安全责任的做法和成效

四川是人口众多的大省，解决好吃饭问题，一直是省政府长期以来的理政施政重点。党的十八大以来，四川省深刻践行习近平总书记关于粮食安全的重要论述，牢牢把握粮食安全是"国之大者"、头等大事和永恒主题，明确将中国人的饭碗牢牢端在自己手中的极端重要性，全方位夯实粮食安全根基以及严格落实粮食安全党政同责的政治责任，推动省内粮食安全工作，稳定提高粮食综合生产能力、粮食供给保障能力、粮食储备能力、粮食质量监管能力等，使得粮食产得出、供得上、供得优。

一、四川落实粮食安全责任的做法

（一）以基础强化促进粮食稳产增产

1. 强化粮食生产基础

（1）加强高标准农田建设

2023年四川省农业农村厅印发《四川省实施高标准农田改造提升工程十条措施》①（以下简称《措施》），《措施》表明对已建高标准农田实施提档升级，高标准农田建设逐步转向质量管理，推动农田高质量发展。

首先，耕地宜机化改造，提高耕地平整度，便于农机设备的顺利运作，推动农业机械化发展；其次，加强灌溉、排水设施的建设，增强防洪抗旱的能力，进一步提升农业抵御自然灾害能力和综合生产能力；再次，改良土质，提高农用地质量，如秸秆深翻还田、有机肥替代化肥，单一种

---

① 阚莹莹. 四川全面启动已建高标准农田提档升级［N］. 四川日报. 2023-1-17（08）.

植大豆转向大豆玉米轮作等，促进农田的良性循环和可持续发展；最后，完善"田网、渠网、路网、电网、服务网、信息网"等配套设施，满足农机作业、农资运输等需求。

（2）遏制耕地"非粮化""非农化"

近年来，随着农业结构不断优化和农业生产条件持续完善，部分农业经营主体为增加收入将基本农田用于非农产业发展，导致部分地区逐渐出现了"非粮化""非农化"现象。为防止和治理这种现象，2022年四川省自然资源厅联合四川省农业农村厅、四川省林业和草原局印发了《关于严格耕地用途管制实行耕地年度进出平衡的通知》（以下简称《通知》）①。《通知》指出，强化耕地种粮监测管理，使用卫星遥感技术监测省内种粮情况，发现"非粮化"和"非农化"问题及时整改，实行信息化、精细化管理；同时，制定规章制度遏制"非粮化""非农化"，针对存在"非粮化""非农化"的农业经营主体做出一定的处罚，并及时纠正，以政策抑制"非粮化""非农化"现象。

（3）健全耕地保护机制，守牢耕地保护红线

2021年，四川省贯彻中央一号文件表明坚守18亿亩耕地红线政策，严格执行"长牙齿"措施，细化最严格的耕地保护制度。在责任体系层面，省政府提出五级"田长制"责任体系②，即省、市、县、乡、村五级，每一块耕地都有田长负责，从上而下明确各级政府耕地保护红线和粮食安全底线的责任；在健全耕地保护工作长效机制层面，在"田长制"的基础上，持续健全其配套措施，完善耕地保护党政同责绩效考核体系，同时优化耕地保护激励办法，为耕地保护提供强有力的、长久的制度化和法制化保障。

2. 增强粮食生产技术支撑

（1）大力实施种业振兴行动

四川省农业农村厅深入实施种业振兴行动，是保障全省粮食生产安全的一个重要途径。一方面，通过把重点放在打牢种质基础，积极开展种质保育和利用工程，加速种质资源的采集和鉴定工作，健全种质资源的保护系统，推进省级种质资源中心库的建设工作，确保有优质的种子进行粮食

---

① 文露敏. 守住粮食生产的命根子 ［N］. 四川日报. 2022-8-17（2）.

② 省委、省政府办公厅，印发《关于全面推行田长制的意见》［N］. 四川日报，2022-7-20 （1）.

生产；另一方面，通过培育种子企业的骨干力量，将人才、资源、资本、技术等要素向重点和优势企业集中，瞄准重点品种、重点领域、重点环节，培育出一批富有创新能力和市场竞争优势的种子企业队伍，以确保种子的生产和供应的稳定。

（2）促进农业科技攻关和成果转化

目前，四川省农业科技攻关虽有一定的成就，但是在建设更高水平的"天府粮仓"背景下，农业科技仍需持续向更高水平发展。为此，四川省农业科学院在 2023 年 4 月发布《四川省农业科学院深化科技成果转化行动实施方案》中提及，截至 2023 年，四川省农业科技成果转化率在 80% 以上①。其中围绕解决农业生产中的短板问题，开展种子、农机、农资等的科技创新和突破攻坚行动；同时，加强科研院所、农业综合实验站、龙头农业企业等的科研合作，将具有新技术和新模式的重大科技成果应用于实践，促进农业科技成果转化。

（3）健全市-县-乡农业科技推广体系

农业技术创新成果需通过一定的推广媒介将新型农业科技带入农村地区，这就要求四川省各方主体共同努力，健全市县乡农业科技推广体系。其一，借助农业技术人才下乡服务，潜移默化地将农业科技成果融入农户生产过程中，引领和培育乡村自身实用技术人才的发展；其二，构建农业科技示范展示平台，集中开展农业先进适用技术的试验示范工作，以此推广重大农业科技成果，同时向周边农户提供技术指导和培训服务，提高农户采纳新技术的接受程度；其三，加快农业技术服务的信息化建设，强调"互联网+"在农技推广的应用，利用手机 App、农业网站、短视频、微信等途径，在线获取农情信息、技术咨询、经验交流等，缩减农户获取农技信息的时间和精力成本。

（二）以安全监管提高粮食质量水平

1. 强化源头治理

四川省政府于 2023 年 3 月底通过《四川省土壤污染防治条例》（以下简称《土壤防治条例》）②，自 2023 年 7 月 1 日起施行。《土壤防治条例》

---

① 阚莹莹. 省农科院成果转化率稳定在 80% 以上 [N]. 四川日报，2023-4-7（2）.

② 四川省生态环境厅，四川省土壤污染防治条例，2023-5-18. https://sthjt.sc.gov.cn/sthjt/c106120/2023/ 5/18/d58958b471474a3b8e65f989309aab74. shtml

说明在土壤污染较重的区域，应通过耕地修复，调整种植结构，划定禁食区，从源头控制粮食污染。加强对化肥、农药及其他投入品的监管，积极推广使用高效肥料、低毒低残留农药。加强农业生产过程中的各种非点源污染治理，消除消极影响，并健全粮食质量监测和追溯体系，严格做好对超标粮食的管控，从源头上保证人民群众"舌尖安全"。

2. 完善粮食质量安全保障体系

四川省第十三届人民代表大会常务委员会第二十六次会议通过并自2021 年 5 月 1 日起施行《四川省粮食安全保障条例》[①]（简称《粮食安全条例》）。《粮食安全条例》说明建立健全粮食质量安全保障体系的关键在于打破城乡二元结构，全面建成城乡"放心粮油"供销体系。将食品安全标准牢记心中，实施从田间到餐桌的全程监督。一方面，强调粮食质量安全的监测和预警工作，防止出现区域性和系统性的粮食质量安全风险；另一方面，加大对农药残留、重金属和霉菌毒素等超标食物的控制力度，构建对超标食物的长效处理机制，杜绝不合格食物流入口粮市场。

3. 落实粮食质量安全监管责任

粮食质量与每一个人都息息相关，落实粮食质量安全的监管责任，是四川省保障粮食安全的重要途径。因此，在粮食经营主体层面，要求粮食产品生产企业在采购政策性粮食、商品粮等用于生产和加工的时候，严格执行进货查验记录制度，并对所采购的粮食展开检查，对生产条件、过程控制、出厂检验等关键环节的管控，保证生产、加工、使用的粮食具备品质和安全；在政府层面，加强对农贸市场、餐饮、超市以及粮食加工企业等的监管，以奖惩结合、监管结合的方式，有效防控粮食质量安全风险，切实将粮食质量安全责任落到实处。

（三）以统筹布局增强粮食保障能力

1. 建立高标准储备粮库

四川以"国之大者"为己任，认真贯彻落实习近平总书记对国家粮食安全的重要指示，坚持以"绿色、低温"为中心，促进"安全储粮"转向"绿色优储"，实现粮食储备设施的跃升。具体体现为：一是出台《四川省粮食低温储备库建设规划》，大规模实施绿色低温储粮工程，在全省 21 个

---

① 四川省粮食和物资储备局，四川省粮食安全保障条例，2021-4-19. https://lwj.sc.gov.cn/sclwj/qtxx/2021/4/19/2e21304f868445af8d7aa6ff968227da.shtml

市（州）、170 个县建设绿色低温粮库 265 个、仓容 641 万吨，建设全覆盖的低温粮库①；二是在加强低温粮库建设的同时，促进仓储建设向高质量的方向发展，从而使粮食储备的功能和技术水平得到进一步提高。

2. 加强市场动态监测与预警

在粮食市场监测和预警方面，四川省各级政府都建立了相应的应急预案，并建立了一个覆盖全省的、上下联动的应急预案体系。一方面，为强化监测和预警工作，建立了 116 个粮油市场监测网点，并强化了与发改、农业农村、商务等十余个部门的信息联动，及时掌握粮油市场的动态；另一方面，为加强应急救援工作，全省已建立了 5 000 多个涵盖仓储、运输、加工、配送、供应等各个环节的应急储备网络，提高了保供稳市和应急处置能力。

3. 统筹并优化粮源布局

通过对粮源分布、重要物流通道与节点的统一布局，加强省内各地应急处理能力，并以城市、人口密集区和偏远地区为考虑因素，以粮食应急供应为着眼点，加快推动粮食物流体系的构建，完善优化粮食物流骨干网络，构建跨区域的粮食物流通道，统筹推进粮源调度、储备轮换、库存投放等。

（四）以体系构建推进粮食市场流通

1. 加速构建现代粮食市场体系

坚持市场化的改革，并注意保护农民的权益，在保证省内口粮绝对安全、防止"谷贱伤农"的情况下，四川省遵循世界贸易组织的相关规则，积极稳妥地推进粮食收储及价格形成的改革，充分发挥和统筹协调市场这只无形之手的资源配置作用与政府的引导作用，使粮食的价格与市场的需要相适应，激发市场的活力，实现粮食市场的供求平衡，加快构建统一、开放、竞争的现代粮食市场体系。

2. 稳步推进现代粮仓物流体系

省发展改革委于 2022 年 10 月印发《四川省"十四五"现代流通体系

---

① 国家粮食和物资储备局，粮食仓储绿色发展 四川积极推行低温储粮，2020 - 12 - 31. http://www.lswz.gov.cn/html/ywpd/cckj/2020-12/31/content_263702.shtml

建设实施方案》（以下简称《实施方案》）①。《实施方案》相关条例表明：首先，完善粮仓基础设施建设，通过优化布局、调整结构、提升功能，鼓励合理改建、扩建和新建粮食仓储物流设施，持续推动粮库的智能化升级；其次，促进粮食物流效率提高，遵循国家粮油储备要求，推动粮食应急物流快捷高效，形成由都市区"1 小时"、周边城市"3 小时"、城市群"5 小时"构成的"全国粮食 135 应急保障圈"②，以保证平时供得稳、急时供得上；最后，构建数字粮仓，借助互联网、大数据、云计算等现代信息技术，打通四川与其他省份、主产区与主销区之间的粮情壁垒，保证粮食运输环节数据的时效性和准确性，实现物流与信息的有机融合。

3. 积极建设现代粮食产业体系

2019 年，四川省委省政府出台了《加快建设现代农业"10+3"产业体系推进农业大省向农业强省跨越的意见》，提出了"10+3"概念，即川粮油、川猪、川茶、川菜、川酒、川竹、川果、川药、川牛羊、川鱼十大优势特色产业和现代农业种业、现代农业装备、现代农业烘干冷链物流三大先导性产业。由此，在粮食产业品牌培育方面，推进川粮油产业全链条一体化，大力实施优质粮食工程，积极培育"天府菜油"等名特优粮油品牌；在粮食产业转型升级方面，坚持高质量、可持续发展道路，打造粮食循环经济模式，促进粮食精加工与转化，实现粮食产业化，持续提高绿色优质和特色粮油产品供给，切实贯彻落实国家优粮优产、优粮优购、优粮优储、优粮优加、优粮优销"五优联动"政策，加快构建现代化粮食产业体系。

（五）以宣传营造科学节粮氛围

1. 加强新形势下的粮食安全意识

坚持底线思维、增强忧患意识，多措并举，全方位夯实粮食消费安全根基，努力消除市场波动带来的不利影响，坚决守住四川粮食安全底线。省内各级政府应自上而下，以身作则，深入开展爱粮节粮宣传教育，大力普及营养健康知识，引导城乡居民养成讲健康、讲节约的粮食消费习惯与

---

① 四川省发展和改革委员会，关于印发《四川省"十四五"现代流通体系建设实施方案》的通知，2022. 10. 21. https://fgw.sc.gov.cn/sfgw/zcwj/2022/10/21/4abdc023ecec48028471f2a756d66f90. shtml

② 刘慧. 做好应急保供 守护百姓粮仓［N］. 经济日报. 2023-1-5（5）.

意识，营造粮食节约减损的浓厚社会氛围，使节约粮食成为城乡居民的自觉行动。

2. 大力贯彻粮食节约理念

首先，在粮食生产上，2021 年末，四川认真落实中共中央办公厅、国务院办公厅印发的《粮食节约行动方案》①，严格践行和完善粮食作物品种的审定标准，选择高产高效、多抗广适、低损收获的粮食品种，并结合集中育秧、玉米单粒精播、小麦精量半精量播种，以及种肥同播等关键技术，减少粮种的浪费，从根源上达到节约粮食的目的。同时，培育和发展高素质农民，提高农业技术和知识的运用能力，促进粮食择机收获、精细收获，强化农机、农艺、品种的一体化配套设施，减少田间地头里的粮食浪费。其次，在粮食储备上，四川省以粮食仓储环节"绿色优储"为落脚点，推动科学保粮、绿色储粮，构建起绿色低温储粮体系，减少粮食自身代谢，并利用现代技术，使得粮食储备的标准化流程与实时化监管有机结合，实现粮食储备环节的可视化。再次，在粮食流通上，以省内粮食生产量和市场需求量为依据，完善一二三级粮食物流枢纽，健全粮食运输专用车、散粮物流装具等技术装备，减少传统包粮运输方式，提升粮食运输效率。最后，在粮食消费上，遏制餐饮浪费行为，推动其转变经营理念，合理引导消费者文明用餐，重视点菜服务与消费提醒，以及破除讲排场、比阔气等不良风气，适度备餐、点餐，培养形成绿色消费理念。

二、四川落实粮食安全责任的成效

（一）粮食数量稳定增长

1. 粮食总产量再上新台阶

据《四川统计年鉴》2023 年的数据，如图 2 所示，自 2000 年后，四川省粮食播种面积稳定在 600 万公顷以上，粮食总产量稳步上升。2021 年，四川全年粮食播种面积 9 536.6 万亩（635.77 公顷），比上年增加 67.7 万亩，增长 0.7%，在全国各省（市、区）中居第 7 位。粮食总产量

---

① 中共中央、国务院办公厅，粮食节约行动方案，2021 - 11 - 8. https://www.mee.gov.cn/zcwj/zyygwj/202111/t20211108_959455.shtml

达到3 582.1万吨（716.4亿斤），比上年增产10.9亿斤，增长1.5%，继2020年粮食总产量时隔二十年突破3 500万吨大关后，2021年再创历史新高，在全国各省（市、区）中居第9位。

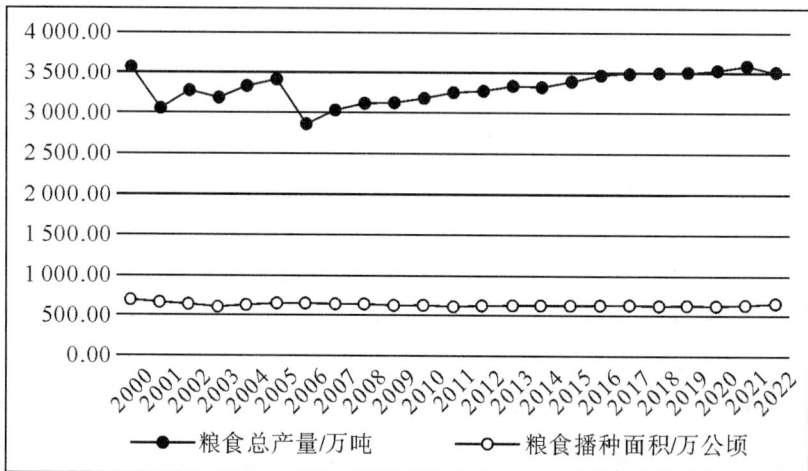

图2　2020—2022年四川粮食播种面积和总产量变化趋势

2. 粮食单产稳步提升

新世纪以来，四川省粮食生产规模和人均占有量都稳定增长。数据显示，四川省2021年粮食单产375.62公斤/亩，相较于2000年粮食单产量，增长8.2%；2021年人均粮食占有量为427.87公斤，相较于2001年增长13.99%。

3. 粮食储备规模逐渐扩大

在新形势下，为确保谷物基本自给、口粮绝对安全，把饭碗牢牢端在自己手上，省政府落实"粮安工程"，构建起地方政府粮食储备制度，切实提升和保证粮食储备规模。2021年底，全省地方粮食储备总规模达399万吨，可保障全省三个月口粮供应，粮食仓容1 892万吨、罐容167万吨，基本建成省市县三级仓储设施体系①，同时，大力建设粮油仓储设施、畅通粮食物流渠道、健全应急供应体系、加强粮油质量安全、粮情监测预警、促进粮食节约减损等措施，逐步健全粮食储备和应急体系。

---

① 赖星. 守护天府粮仓，稳定粮食供应，四川人大这样做！［N］. 人民权力报，2022-4-5 (3).

（二）粮食结构逐渐合理优化

1. 粮食生产品种结构优化

随着人民生活水平的改善，四川持续加大农业供给侧结构性改革，调整粮食作物种植规模和储备，优化粮食品种结构。据四川省统计数据，如图3（外圈为2021年，内圈为2000年粮食品种结构，顺时针顺序依次为稻谷、小麦、玉米、豆类、薯类以及其他粮食作物所占比重）。四川谷物产量占据粮食产量的大部分，其中稻谷产量占粮食总产量常年保持在40%之上；小麦产量逐年降低，由2000年17.2%减少至6.8%；玉米产量逐年上升，2021年占粮食比重30.3%，比2000年增加13个百分点。豆类和薯类所占粮食比重呈现出稳定上升的趋势，2000年至2021年上升幅度在1%~2%。

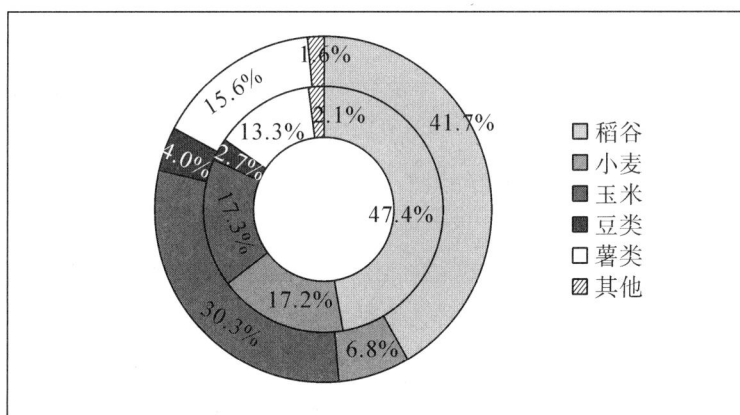

图3　2020年与2021年四川粮食品种结构对比

2. 粮食储备品种结构调整

为实现粮食储备品种结构的不断优化，四川根据与实际需求相适应和对四川经济发展有利的原则，对粮食库存进行调整。一方面，加强粮食去库存，防止堆积。积极与国家相关部门合作，采取竞价销售、定向销售等各种形式，妥善处理长期存在的粳稻和中籼稻；另一方面，对粮食储备结构优化和调整。积极争取中央的支持，弥补四川储备粮中较少的玉米，并在地方增储上，扩充省内粮食产业对玉米的需求，保证省内较稀缺粮食的供需平衡，实现粮食储备粮种的优化，为全省粮食生产和供应提供了有力保障。

（三）粮食质量提升已见成效

1. "川"字号渐有声誉

"十四五"时期，随着农业农村经济进入高质量发展的新阶段，粮食生产也进入高质量发展时期。一方面，开展农产品"三品一标"提升工程，通过培育粮食优良品种，提高其品质，实现产品标准化，为创建粮食品牌打下坚实的品质基础，并积极开展粮食新品种的选育与引入，通过不断更新的品种来维持粮食的特色与差异；另一方面，打造"川粮"品牌，提升"川粮"品牌的知名度和美誉度，将品牌建设作为突破口，以三产融合作为重点，推动区域公用品牌和企业品牌协同发展，引导优秀企业品牌使用区域公用品牌，形成良性互动，着力把"川粮"的品牌经济做大做强。

2. 优质粮种彰显四川特色

一方面，实施"种业振兴"行动，攻关粮种"卡脖子"的技术问题，通过粮食新品种选育实现质量、速度双提升。例如，培育水稻突破性新品种"川优 6203""川康优丝苗""品香优桐珍"，实现水稻质量与产量的双重发展；以及绿色高产小麦新品种"川麦 104"，实现西南麦区小麦产量、品质、抗性三大突破。

另一方面，近年来，省农科院已搭建粮食产业化平台 20 余个，支持院属 14 个所 68 个产业化示范项目，推动育成品种在全省覆盖率 60% 以上，自主研发技术覆盖率 70% 以上，成果转化率突破 80%[①]。同时，组建农业科技团队和线上农业技术咨询平台，深入田间帮助农民，解决农技服务"最后一公里"难题。

（四）粮食可持续生产能力增强

1. 粮食可持续发展意识得到广泛传播

2021 年，四川省粮食和物资储备系统通过举办世界粮食日和粮食安全宣传周主会场活动、主题宣传、推荐评选宣传教育基地等方式，向广大群众宣传爱粮节粮理念、讲解粮油食品安全知识，引导其合理膳食、科学消费。同时，组织粮食、农业、科技等各类专家人才，从粮食政策、生产、

---

① 夏绿. 省农科院：科技兴农保障粮食安全 助力打造更高水平"天府粮仓"［N］. 四川日报. 2023-1-10 (12).

收获、储藏、加工、包装、运输、消费等环节入手向广大群众进行宣讲，让群众学习国家粮食政策、了解粮食安全形势、知晓粮食供需状况，帮助其降低粮食生产风险，并推动形成爱粮节粮浓厚氛围，引领粮食可持续发展的新风尚，落实和树牢"粮食安全，人人有责"意识。

2. 粮食绿色生产与利用得到普遍应用

四川省通过粮食生产转型，注重生态绿色农业发展，强调农业与生态环境的协调发展。一方面，2021 年，农业化肥使用量为 207.16 万吨，相较于 2010 年减少 40.84 万吨，四川省通过推广有机农业和绿色农业，减少化肥农药的使用，保护土壤和水资源，提高了粮食品质和安全性；并借助大数据、互联网等技术，在精准播种、耕作、灌溉、施肥施药和收获方面，提高灌溉效率、降低化肥农药过施风险、减少农业气象灾害损失，进而为实现粮食可持续生产提供了技术路径[①]，通过生态农业确保了粮食生产的稳步发展。另一方面，《四川省畜禽养殖污染防治规划》指导文件明确指出到 2025 年，全省畜禽养殖业总体布局科学、结构合理，规模化、标准化、产业化程度大幅提高，生猪规模化养殖场占比达到 65%；到 2035 年，畜禽粪污基本实现资源化利用，综合利用率在 95% 以上[②]，用以保护粮食耕种环境，优化种养布局结构，并形成以粪肥还田利用为纽带的种养结合循环发展格局。

---

① 左丽君，吴炳方，游良志，等. 地球大数据支撑粮食可持续生产：实践与展望 [J]. 中国科学院院刊，2021，36（8）：885-895.

② 田程晨，李丹. 到 2035 年 畜禽粪污基本实现资源化利用 [N]. 四川日报，2023-2-2（5）.

第六章 实证分析：粮食安全测度与责任落实评价

粮食安全具有多元特征，对粮食安全的测度和界定也应从不同维度展开。从粮食产业链各个环节角度来看，粮食安全主要表现为粮食生产安全、粮食储备安全、粮食流通安全和粮食消费等。本部分运用相对评价方法，对四川省保障粮食安全的实际情况进行实证测度，从而对粮食安全责任的落实情况展开分析。首先根据粮食安全在粮食产业链的不同环节的具体表现，将粮食安全责任分为四大维度，并分层次建立起粮食安全状况测度指标体系，在此基础上计算四川省粮食安全的综合得分。然后根据四川省在各粮食安全维度的具体表现，分析探讨四川省的粮食安全责任落实情况。本部分的研究结果将从多维度直观评估四川省对粮食安全责任的落实情况，并能有针对性地为提升四川省各主体落实粮食安全的能力提供政策建议和改进方向。

一、粮食安全测度指标体系构建理论基础和方法

（一）粮食安全测度指标体系构建原理

1. 相对评价法原理

本指标体系的构建主要采用相对绩效评价方法。由于粮食安全涉及粮食生产、储备、流通和消费等多个关键环节，各个环节之间紧密关联，彼此互动，粮食安全责任在各环节之间也存在相互影响。相对绩效评估方法从相似性和适用性出发，为待评估目标寻找一系列可比较的对象，构建起较为完善的评估参考基准，形成对指标体系各个维度的客观考核。通过比

较待评估目标的相对指标得分，可以剔除那些未被观察到的共同因素的干扰，提升实证测度的精确度。

据此，本指标体系选取了中国另外 12 个粮食主产区省份（河北、内蒙古、黑龙江、吉林、辽宁、江苏、安徽、江西、山东、河南、湖北和湖南）的粮食安全状况作为四川省粮食安全责任实证测度的参考系。为应对粮食安全的冲击和挑战，适应粮食生产和流通格局的深刻变革，充分发挥各地区资源禀赋优势，2001 年，中国划分了 13 个粮食主产区、7 个粮食主销区和 11 个产销平衡区。13 个粮食主产区省份均为传统农业大省，在自然资源方面均具有显著优势。此外，粮食主产区省份承担着保障国家粮食安全的重要职责，因此，国家在政策安排方面会向这些省份做出适当倾斜。这些特征保证了以粮食主产区省份的粮食安全状况作为四川省粮食安全测度参考系具有一定的客观性和适用性，有助于形成对四川省粮食安全的实证绩效的有效测度。在本章的相对评价方法中，不仅比较了各粮食主产区省份之间的横向绩效，还从时间维度上展开纵向评估，从而形成对四川省粮食安全的多维测度。

2. 分级指标体系构建原理

由于四川省的粮食安全和粮食安全责任的多元特征，指标体系的构建需要对其进行合理分解，从而使得其既能反映总体情况，又能实现对某项或者某几项责任的评估，实现点面结合的系统、综合评价。因此，本研究适当借鉴了层次分析法的思路，以同粮食安全密切相关的生产、储备、流通和消费四个环节为出发点，将粮食安全进行了逐层分解，形成对粮食安全的各环节、各维度和各项政策实施的分级指标体系。本研究形成了测度粮食安全的四级指标体系。

（二）指标体系构建方法

1. MIN-MAX 指标标准化处理法

为解决各指标变量之间衡量单位不一致问题，利用 MIN-MAX 标准化方法对各项指标进行了无量纲化处理。该方法的基本原理是结合各变量的变异程度，将原本数值相差较大，计量单位不统一的各项指标平移到 [0，1] 内，从而便于不同单位和量级的指标之间能够进行比较和加权。经过归一化处理后，该项指标的数据分布不会发生变化，从而保证了数据的客观真实性。

MIN-MAX 法的操作流程如下：对于正向指标，先找出某项指标数据集（x_1，x_2，…，x_n）的最大值和最小值，然后分别将数据集中各元素 x_i 减去最小值，再除以最大值和最小值的差，即可得到该元素标准化之后的数值 x_i^*。计算公式如下：

$$x_i^* = \frac{x_i - \min(x_1,\ x_2,\ \cdots,\ x_n)}{\max(x_1,\ x_2,\ \cdots,\ x_n) - \min(x_1,\ x_2,\ \cdots,\ x_n)}$$

对于负向指标，先找出某项指标数据集（x_1，x_2，…，x_n）的最大值和最小值，然后分别将数据集中各元素最大值减去 x_i，再除以最大值和最小值的差，即可得到该元素标准化之后的数值 x_i^*。计算公式如下：

$$x_i^* = \frac{\max(x_1,\ x_2,\ \cdots,\ x_n) - x_i}{\max(x_1,\ x_2,\ \cdots,\ x_n) - \min(x_1,\ x_2,\ \cdots,\ x_n)}$$

2. CRITIC 法计算指标权重矩阵

在标准化处理后，本研究采用 CRITIC 法这一客观赋权方法构建指标体系的权重矩阵。借鉴相关研究的赋权和得分计算方法，采用综合指数法将各项指标进行加权求和，分别计算各个指标层次以及最终"粮食安全"总层次的综合指数得分[1]。作为一种完全基于数据本身关系的客观权重衡量方法，CRITIC 方法一方面可以有效缓解主观赋权方法带来的赋权的随意性，另一方面，也对各项指标之间的变异性和相关性进行了充分考量，从而为指标带来更为精确的权重矩阵[2]。指标 i 的权重 w_i 计算公式如下：

$$w_i = \frac{C_i}{\sum_i^n C_i},\ i = 1,\ 2,\ \cdots,\ n$$

$$C_i = \sigma_i \sum_j^n (1 - r_{ij}),\ i = 1,\ 2,\ \cdots,\ n$$

其中，σ_i 为指标 i 的标准差，r_{ij} 为指标 i 与指标 j 之间的相关系数。

---

① 杨建利，雷永阔. 我国粮食安全评价指标体系的建构、测度及政策建议 [J]. 农村经济，2014 (5)：23-27.

② 王定祥，彭政钦，李伶俐. 中国数字经济与农业融合发展水平测度与评价 [J]. 中国农村经济，2023 (6)：48-71.

二、数据来源和指标选取

（一）数据来源及数据库建设

为实现地区维度和时间维度的双向测度，本书主要使用 13 个粮食主产区省份同粮食安全状况及粮食安全责任密切相关的省级宏观数据。考虑到数据完整性，数据跨度设置为 2008—2020 年，步长设置为三年。主要数据来源包括历年《中国统计年鉴》《中国农村统计年鉴》《中国粮食年鉴》《中国农业年鉴》《中国农产品价格调查年鉴》《全国农产品成本收益资料汇编》《中国保险年鉴》《中国财政年鉴》《中国科技统计年鉴》《四川省统计年鉴》及各省份历年统计年鉴、2016 年第三次全国农业普查主要数据公报等资料。针对部分年份某些指标存在的不同程度的缺失，本书首先通过检索国家及各省市统计局、农业农村部和各省农业农村厅、财政部和各省财政厅、国家发展改革委等政府官方网站发布的公开统计资料对数据进行补充。然后，通过对各省历年统计公报和政府工作报告进行文本分析，对相关缺失数据进行进一步补充。这些资料包含了部分省级层面的粮食政策和粮食安全状况数据[①]。再次，对仍然存在的个别缺失数据进行适当的插补，以保证数据的完整性和可靠性。最终，本书研究成果将呈现包含三十余项评价指标的粮食安全政策经营绩效的省级面板宏观数据库。

（二）指标选取

本书立足四川省承担粮食安全的重要责任，并考虑到数据的可获得性和完整程度，从建成的粮食安全数据库中选取如下基础层指标：粮食总产量、粮食播种面积、耕地面积、农用化肥施用量、农药使用量、地膜使用量、农用机械总动力、有效灌溉面积、农业生产每亩总成本、农业生产资料价格总指数、农村用电量、农林水事务支出、农村居民个人固定资产投资中投向农业的数量、水土流失治理面积、农业保险收入、农业保险赔付支出、农村宽带接入用户数量、农业气象观测业务站点、新增高标准农田数量、农业综合开发县数量、粮油储备物资管理事务支出、粮食行业取得

[①] 例如，2017 年后各省高标准农田建设情况的数据主要来源于各省历年政府工作报告。

国家职业资格证书人员、国有企业原粮收购量、国有企业原粮销售量、乡道里程数、村道里程数、粮油加工产品中大米年产量、粮油加工产品中小麦粉年产量、粮油加工产品中食用植物油年产量、粮食人均占有量、人均副食消费量、粮食类居民零售价格指数共 32 项指标。

三、指标体系构建和得分计算

（一）四级指标体系构建

如表 1 所示，本书构建起了衡量四川省粮食安全状况的四级指标体系。其中最高层级，即总体层为"粮食安全"，代表了某一省份粮食安全的总体水平，其加权得分位于［0，1］内。该指标为正向指标，数值越大代表该省份粮食安全水平越高，粮食安全责任落实情况也越好。在第二层级中，以反映粮食安全的生产、储备、流通和消费四个环节为出发点，建立了粮食生产安全、粮食储备安全、粮食流通安全和粮食消费安全四个维度的指标，进一步细化粮食安全责任在各个环节的落实情况。第二层级的指标得分由第三层级的各项指标加权求和而来。其中，粮食生产安全包括数量安全、持续性安全、要素投入安全、基础设施建设安全、社会支持安全五个维度。粮食储备安全包括粮油物资储备安全和人力资本发展安全两个维度。粮食流通安全由调控安全、供应链安全和加工安全三个维度组成。粮食消费安全由消费结构安全和价格安全两个维度衡量。

在生产安全维度的基础层指标中，粮食总产量、粮食播种面积和耕地面积从粮食生产的总量方面反映了粮食生产的数量安全。在绿色农业和生态农业的发展趋势下，农用化肥施用量、农药使用量和地膜使用量可以在一定程度上反映一系列同绿色农业相关的可持续性安全水平，这三项指标为负向指标。在要素投入安全方面，本书选取的指标包括农用机械总动力、有效灌溉面积、农村用电量、单位面积农业生产成本、农业生产资料价格总指数，其中后两项为负向指标。为了反映支持粮食生产的基础设施建设和整治程度，本书一方面选取了农村居民个人固定资产向农业投资的数量、水土流失治理面积、高标准农田建设情况、农业综合开发县总数来衡量。另一方面，近年来，中国大力推进数字农业和智慧农业建设，因此在本维度中将农村宽带接入用户数和农业气象观测业务站点数也作为衡量指标纳入，这几项均为正向指标。社会支持安全通过农林水事务支出、农业保险收入和农业保险赔付支出衡量，均为正向指标。

表1　粮食安全绩效测度指标体系

总体层指标	二级指标	三级指标	基础层指标	指标属性
粮食安全	生产安全	数量安全	粮食总产量	正向
			粮食播种面积	正向
			耕地面积	正向
		持续性安全	农用化肥施用量	负向
			农药使用量	负向
			地膜使用量	负向
		要素投入安全	农用机械总动力	正向
			有效灌溉面积	正向
			每亩总成本	负向
			农业生产资料价格总指数	负向
			农村用电量	正向
		基础设施建设安全	农村居民个人固定资产投向农业数量	正向
			高标准农田示范工程	正向
			水土流失治理面积	正向
			农业综合开发县总数	正向
			农村宽带接入用户	正向
			农业气象观测业务站点数	正向
		社会支持安全	农林水事务支出	正向
			农业保险收入	正向
			农业保险赔付支出	正向
	储备安全	粮油物资储备安全	粮油物资储备管理事务支出	正向
		人力资本发展安全	粮食行业取得国家职业资格证书人员	正向

表1(续)

总体层指标	二级指标	三级指标	基础层指标	指标属性
粮食安全	流通安全	调控安全	国有企业原粮收购量	正向
			国有企业原粮销售量	正向
		供应链安全	乡道里程数	正向
			村道里程数	正向
		加工安全	粮油加工产品大米产量	正向
			粮油加工产品小麦粉产量	正向
			粮油加工产品食用植物油产量	正向
	消费安全	消费结构安全	粮食人均占有量	正向
			副食人均消费量	正向
		价格安全	粮食类居民零售价格指数	负向

在储备安全维度。粮油物资储备支出与粮油和重要物资的储备密切相关，因此可以作为衡量粮油物资储备安全的指标。人力资本发展安全通过粮食行业取得国家职业资格证书人员的数量衡量。这两项均为正向指标。

在流通安全维度。政府通过粮食的收购和销售可以缓解粮食供给和需求的结构性失调，防止粮食价格过度波动，在一定程度上缓解市场失灵。国有企业在粮食收购和销售中发挥着核心作用。因此，通过国有企业原粮收购量和销售量两个维度衡量三级指标中的调控安全，两者均为正向指标。粮食流通依赖于乡村道路、物流和仓库等基础设施建设，因此通过乡道里程数和村道里程数反映供应链安全水平，两项均为正向指标。此外，粮食加工作为连接粮食供给市场和销售市场的中间环节，是粮食流通的重要组成部分，其安全水平程度可以通过粮油加工产品中大米年产量、小麦粉年产量和食用植物油年产量来衡量，三者均为正向指标。

在消费安全维度。粮食消费结构安全通过居民粮食人均占有量和居民副食人均消费量两个维度衡量。其中，居民副食人均消费量通过粮食安全数据库中居民人均蔬菜及食用菌消费量、居民人均肉类消费量、居民人均禽类消费量、居民人均水产品消费量、居民人均蛋类消费量和居民人均奶类消费量等指标综合计算得到。大食物观是党中央粮食安全观念的战略性转变，以"食物"取代"粮食"是对传统"以粮为纲"观念的拓展升级①，粮食消费结构安全反映了粮食安全由传统主粮安全观念向大食物观安全转变的过程，因此居民副食人均消费量是新形势下评价粮食安全的重要维度。价格安全通过粮食类居民零售价格指数衡量，为负向指标。

（二）指标得分计算

通过从粮食安全数据库中选取 2008 年、2011 年、2014 年、2017 年和2020 年的数据，分别计算每年的粮食安全指标体系得分。其中，各层级的指标得分由下一层级指标乘以相应的权重加总得来，最终形成了从地区维度到时间维度多方位测度粮食安全情况的综合得分。然后，分别根据每年的得分情况，对一级指标、二级指标和三级指标计算四川省在粮食主产区省份中的排名，形成对四川省粮食安全责任落实情况的相对绩效评价。最后，通过横向比较各层级中四川省粮食安全状况在粮食主产区省份中的排名情况，以及纵向比较四川省各层级指标排名随年份的动态变化情况，实现对四川省粮食安全责任落实情况的多维度测度。

四、四川省粮食安全责任落实评价

（一）粮食安全责任总体落实情况

利用上一节的绩效评价体系，本研究得到了 2008 年、2011 年、2014 年、2017 年和 2020 年四川省粮食安全责任的总体得分以及其在粮食主产区省份中的相对位次变化情况，结果如表 2 所示。首先，从时间维度来看，四川省粮食安全责任相对绩效出现先上升后下降的趋势，且存在一定的波动。从2014 年开始粮食安全状况持续好转，上升到粮食主产区省份的中上游位置，但是在 2020 年出现了一定程度的下滑，位于中下游位置。近年来中国面临国内和国际日益复杂的粮食安全形势，粮食生产面临成本高，收益低以及灾害频发等问题，粮食安全状况受到一定威胁。这也提示四川省应当注意粮食安全政策的动态调整，及时采取应对措施，以确保粮食安全责任的落实到位。

---

① 蔡海龙，吕之望，马铃，等. 全面准确把握大食物观科学内涵 [J]. 农村. 农业. 农民（B 版），2023（4）：5-6.

表 2 2008—2020 年粮食主产区省份粮食安全总体得分及相对位次

省份	2008 年		2011 年		2014 年		2017 年		2020 年	
	总体绩效	相对位次	总体绩效	相对位次	总体绩效	相对位次	总体绩效	相对位次	总体绩效	相对位次
四川	0.349 9	7	0.347 7	7	0.450 2	5	0.491 0	4	0.352 9	9
河北	0.278 1	10	0.293 9	9	0.380 6	9	0.247 8	13	0.331 0	10
内蒙古	0.420 6	5	0.387 1	6	0.347 1	10	0.305 6	11	0.297 6	11
辽宁	0.247 6	11	0.285 8	10	0.273 3	12	0.322 5	10	0.221 4	12
吉林	0.541 0	3	0.453 4	4	0.487 1	3	0.649 9	2	0.442 6	4
黑龙江	0.721 5	1	0.655 3	1	0.703 0	1	0.801 7	1	0.502 2	3
江苏	0.411 4	6	0.453 2	5	0.490 2	2	0.483 0	5	0.505 9	2
安徽	0.342 4	8	0.321 1	8	0.436 4	7	0.523 8	3	0.412 8	6
江西	0.218 8	12	0.242 8	12	0.271 3	13	0.281 7	12	0.197 6	13
山东	0.422 0	4	0.539 3	2	0.464 9	4	0.371 7	8	0.413 5	5
河南	0.551 9	2	0.525 2	3	0.281 9	11	0.481 5	6	0.601 2	1
湖北	0.339 0	9	0.272 0	11	0.436 9	6	0.390 6	7	0.387 1	8
湖南	0.172 9	13	0.188 2	13	0.398 9	8	0.363 6	9	0.399 0	7

其次，分别考察具体年份的绩效情况。从总体绩效的得分情况角度看，四川省同处于领先位置的省份之间仍然存在一定差距。同各年中表现最好的省份相比，在所考察年份中，四川省分别落后 51.51%、46.94%、35.95%、38.75%、41.30%，这表明四川省的粮食安全政策仍然存在一定的提升空间。但是也应当看到，尽管 2020 年相对位次表现不佳，但是得分差距并未有更严重的扩大。这表明，总体而言粮食安全责任落实能力整体而言是在提升的。

最后，对参考系中其他省份的情况进行简要分析可以发现，黑龙江、河南、江苏和山东等省份基本处于领先位置。这符合我们对中国农业经营区位结构的认识，这些省份基本是传统农业强省，部分省份是经济强省，在粮食生产和农业经营方面具备一定的资源禀赋优势。通过细分维度的相对绩效评估，有助于更深入地分析四川省同领先省份之间的差距，为四川粮食安全责任的落实指明政策调整的方向。

（二）粮食生产安全责任落实情况

表 3 汇总了四川省在第二、三层级的细分维度上测度的粮食安全责任

绩效得分的相对位次情况。首先，从生产安全总体情况而言，2017 年之前四川省粮食生产安全绩效得分稳定保持在第 3 位。但是到 2020 年，粮食生产安全水平出现一定程度的下降，相对位次由第 3 位下滑至第 6 位，这在一定程度上拖累了四川省粮食安全的总体绩效。不过，四川省粮食生产安全仍然能维持在主产区省份中游位置。

表 3　四川省粮食安全绩效评估结果（相对位次）

指标	2008 年	2011 年	2014 年	2017 年	2020 年
生产安全：	3	3	3	3	6
数量安全	4	4	5	8	7
持续性安全	8	7	7	10	10
要素投入安全	7	11	10	9	13
基础设施建设安全	1	4	5	1	1
社会支持安全	1	1	1	1	3
储备安全：	9	10	9	8	7
粮油物资储备安全	6	6	5	5	5
人力资本发展安全	7	8	7	8	7
流通安全：	6	6	6	7	11
调控安全	11	11	11	11	10
供应链安全	1	1	1	2	1
加工安全	10	10	11	11	11
消费安全：	10	9	3	1	5
消费结构安全	13	13	5	5	8
价格安全	6	8	3	5	5

进一步地，具体考察粮食生产安全的细分三级指标。基础设施建设安全和社会支持安全相对而言表现较好。基础设施建设安全在经历了短暂小幅度下滑后继续维持领先位置，这可能是由于四川省深入实施高标准农田建设工程、推动实施土地平整、水利灌溉设施建设、科技服务等工程取得的积极成效。社会支持安全也始终在主产区省份中保持前列。四川省近年来持续加大农业保险推广力度，规范农业保险行业发展，落实农业保险赔付，防范和转移种粮农户面临的自然风险，同时给予参保农户以保费补贴

支持，从而在一定程度上支持了粮食生产安全。但是在 2020 年，四川省社会支持安全相对位次出现一定的下降，这表明四川省在落实粮食社会支持责任中面临新的挑战，应当通过及时优化调整农业保险政策和与农村社会支持相关的政策，保持对粮食生产充足的社会支持力度。

数量安全及持续性安全表现相近，均处在中游或中下游位置。数量安全是粮食生产安全的基础，直接关系到粮食供给的稳定。近年来粮食生产成本持续增加，农民种粮热情不高，耕地"非粮化"倾向明显，粮食数量安全持续承压，四川需要积极采取种粮补贴等一系列政策落实好粮食数量安全的责任。持续性安全是反映绿色农业、可持续农业等现代农业发展方式的指标。四川省立足绿色农业发展要求，持续出台政策逐年减少农药、化肥的使用量，确保在粮食生产的源头环节把好质量安全大关。同时，四川省持续贯彻习近平生态文明思想，以加快推进农业绿色低碳发展和废弃物资源化利用为导向，切实加强农膜科学使用指导和废旧农膜回收利用，为建设更高水平的"天府粮仓"保驾护航，有效提升了落实粮食生产持续性安全责任的能力①。

要素投入安全在粮食生产安全绩效中表现相对较差，且呈现出与其他粮食主产区省份差距进一步拉大的趋势。一方面，这可能是因为同其他粮食主产区省份相比，四川省丘陵和山地占比相对较大，播种机、联合收割机等大型农业生产机械开展作业存在一定的制约，客观上限制了农业机械化水平的提升和农业现代化的发展。另一方面，在本指标体系中，要素投入安全还通过粮食生产的资源配置效率维度衡量。正如数量安全部分所言，四川省粮食生产成本相对较高，为进一步落实粮食生产安全责任，目前的粮食生产需要进一步朝提升资源的利用效率和粮食生产的全要素生产率方向调整。

（三）粮食储备安全责任落实情况

由表 3 可知，在粮食储备安全情况及其细分指标方面，四川省的相对位次均居于主产区省份的中下游位置，且在稳步提升。这在一定程度上反映了四川省在储备环节的粮食安全责任落实方面正在取得积极成效。

从粮油物资储备安全指标测度的粮食安全责任承担情况来看，四川省

---

① 蓝红星，贺唯玮，胡原. 新时代打造更高水平"天府粮仓"的理论内涵与实践路径 [J]. 世界农业，2023（10）：49-62.

表现良好，持续保持在5~6名的水平。粮油物资储备安全涉及粮食储备的基础设施建设、物流设施维护升级、储备管理制度设计和粮食储备总体空间布局等多个方面。四川省出台的《四川省国有粮油仓储基本设施管理办法》《四川省国有粮油仓储物流设施保护实施办法》等规范性文件，为粮油储备仓库的维修改造或新建扩建、粮油仓储物流设施的维护和升级投入大量资金，有效确保了仓储粮油的存放和流通。四川省还高效落实省级粮食储备管理制度，优化粮食储备总体布局。按照"省级储备粮总量的三分之一在市（州）布局，三分之二由省属企业和通过竞争性方式选择优势企业储存"的分布模式，四川省充分发挥各级政府和各类企业的粮食储备功能，增强承担粮食安全责任能力。最后，粮食储备相关部门落实收购和储存环节粮食质量安全监测制度，对收储入库的粮食进行粮食质量安全风险监测，设计了覆盖面广的粮食安全监测体系，确保粮食储备责任的高质量落实。

人力资本发展安全指标显示四川省人才建设尚存一定的提升空间。四川粮食和物资储备局持续加强粮食执法监督专业人才队伍建设，一方面建立健全粮油仓储检查专业人才库，同时加强粮食执法督查业务培训。另一方面组织开展粮油库存检查实战练兵，推动专业人才实现自身发展。但是与其他省份相比，四川省仍然存在一定差距，因此需要继续加大人才队伍建设力度，为打造新时代更高水平"天府粮仓"提供坚实的科技人才队伍支撑。

（四）粮食流通安全责任落实情况

由表3可知，总体而言，四川省粮食流通安全在粮食主产区省份中处于中游位置，但受到调控安全和加工安全两项指标的影响，在2020年出现了一定的下降。调控安全反映的是政府通过原粮收购或销售对市场粮食数量和价格的调节能力。由于粮食生产周期较长，粮食需求弹性较小，农民难以充分获取粮食供需市场信息，目前粮食市场价格形成机制尚不完善，所以粮食价格多对外部冲击敏感，容易发生价格大幅波动和供需结构性失调。粮食市场仍然需要政府采取及时精准的粮食收购和储备投放来减少这种价格不合理波动，缓解市场失灵。考虑到国际局势带来的深层次影响，四川省粮食调控责任可能进一步增加。因此，如何有效稳定粮食供求市场是未来四川省落实粮食安全责任应当重点关注的方向。

同其他粮食主产区省份相比，四川省粮食加工安全承压较为严重。四川省在粮食加工产业方面采取了一系列积极措施推动粮食加工产业高质量发展，如"优质粮食工程""中国好粮油"行动示范等。本书的研究结果表明，还应当进一步发挥好此类政策在落实粮食安全责任方面的积极作用。

四川省在供应链安全方面持续处于全国领先位置。在农业现代化背景下，供应链安全体现在农村电商、冷链、物流等方面。四川省乡道、村道里程数在粮食主产区省份中持续处于领先位置，这将显著增强四川省粮食流通能力。更进一步地，四川省大力推进农村电子商务发展和冷链物流基础设施建设。2016 年出台《四川省大力发展农产品电子商务实施方案》，开展农产品电商出村试点、打造农产品电商供应链、培育农业农村电商品牌、进行农产品电子商务标准化试点。四川省农村电子商务取得迅速发展。2021 年，四川农村网络零售额 1 921.8 亿元，同比增长 32.3%，高出全国 5.4 个百分点，占全国农村网络零售额的 4.6%[①]。同时，四川省制定农产品冷链物流发展规划，致力于建成一批具有较强资源整合能力，在西部和国内具有竞争力和影响力的冷链物流基地。四川省自贡市入选 17 个国家骨干冷链物流基地建设名单，显著提升四川省粮食安全在供应链方面的表现[②]。

（五）粮食消费安全责任落实情况

表 3 的结果表明，四川省粮食消费安全相对绩效是各粮食安全指标维度中进步最为明显的部分。无论是消费安全二级指标，还是进一步细分的消费结构安全和价格安全两项三级指标，均在 2014 年之后取得显著进步，从下游位置跃升到上游乃至首位。不过，在 2020 年，各项指标均出现了一定程度的下滑，但整体情况较为良好。消费结构安全这一指标不仅可以反映居民"吃得饱"，更能反映出居民"吃得好"。考察构成消费结构安全指标的基础层指标的绩效情况，四川省居民人均主粮占有量基本处于主产区省份中末位，而居民副食消费量则居于前列。一方面，这可能说明了四川

---

① 易弋力. 2021 年四川电商实现双突破！网络交易额、网络零售额分别首次突破 4 万亿元、7 000 亿元大关. 2022-1-21. https://www.thecover.cn/news/8649512

② 尚永高，陈家明，陈思燕. 自贡自流井区：落细"三抓联动"助力产业转型升级［N］. 四川经济日报，2022-05-06（3）.

省在居民副食消费这一方面表现优异，居民营养结构均衡。但是，另一方面也说明四川省的主粮人均占有量表现欠佳。这可能是因为四川省是我国传统人口大省，相较其他省份人均粮食需求面临着更大的压力。因此，这一结果表明四川省在落实主粮消费安全责任方面面临着更为重大的挑战。

四川省价格安全表现相对较好，从 2014 年开始进步显著，但是在2020 年出现了一定下降，这一结果同上文调控安全部分显示的结果较为一致。这可能是由于四川省粮食供求市场机制总体而言相对于其他粮食主产区省份建设较好。然而 2020 年的结果又表明，在外部不利冲击增加的情况下，四川省粮食价格相对于其他主产区省份出现了更明显的波动。因此，四川省可能需要进一步提升紧急情况下维护价格稳定的能力。

五、四川省保障粮食安全的着力方向

（一）以县区为单位，明确粮食安全责任划分

将四川省作为粮食主产区省份所承担的粮食安全责任作为整体目标，并划分具体责任落实到各个县区。在此划分过程中，应当坚持统一大市场的思想，充分尊重粮食生产经营的客观条件和经济发展的客观规律，充分发挥各地区的比较优势。省级决策部门要做好统筹协调，实现各个县区之间的优势互补。所谓的责任划分不是"均摊"，而是根据各个粮食安全责任主体的特征和优缺点做出有效决策。

（二）以市场为主体，厘清政府和市场的责任关系

相对而言，四川省在粮食调控安全和价格安全方面的表现有待进一步提升，这反映了四川省在维护粮食市场平稳运行的责任方面面临一定的压力。为此，四川省各粮食安全主体应当充分厘清政府主体责任和市场主体责任之间的关系。各级各部门可以从健全粮食市场信息发布机制着手，使粮食供需两端的各主体及时掌握粮食市场的动态变化，缓解粮食安全主体的信息不对称程度。可以看到，四川省落实粮食安全责任的一大挑战在于，当面临较为严重的外部冲击时缺乏平抑价格波动的能力。因此，在正常情况下，各部门应当避免对粮食市场的过度干预。同时，应当将政策重点放在增强在紧急情况下维护粮食市场正常运行的能力上。为此，四川省

应当提升粮食价格波动监测的时效性，并形成紧急预警和应对机制。当监测到异常的粮食价格波动时，及时采取有力措施，确保突发情况下粮食市场的平稳运行。

（三）以主粮安全为重点，提升各主体对粮食安全的重视程度

从粮食安全绩效评价结果来看，四川省在数量安全方面的表现有所下降，而主粮安全方面也面临一些挑战。这应当引起四川省各粮食安全主体的充分警觉。对于各粮食安全主体来说，应当认真履行好严守耕地红线的任务，加大对农用地使用的监管力度，规范农用地流转，坚决遏制和打击农用地用于非农生产的行为。同时，制定措施将粮食播种面积维持在合理较高水平，避免耕地过度非粮化。适当加大对种粮农户的补贴力度，鼓励和探索粮食作物与经济作物之间的套种、轮种，切实提高种粮农户的收入，提升农户的种粮积极性。

（四）以农业现代化为抓手，增强粮食生产综合能力

从要素投入安全的结果来看，四川省在提升粮食生产效率，降低粮食生产成本方面还有进一步改进的空间。在耕地面积和粮食播种面积难以大量增加的有限条件下，提升粮食单产能力是确保粮食生产能力和粮食数量安全的必由之路。据此，四川省各粮食安全主体应当将提升农业现代化水平作为重要抓手，加大对新型农业基础设施的投入力度。提升农业农村信息化和数字化水平，抓住信息技术革命契机，发展数字农业，智慧农业，依托智能机器人、大数据、云计算、人工智能等数字化技术，使四川省走在粮食生产现代化技术的前列。

（五）以大食物观为要点，推动粮食经营全产业链发展

各粮食安全主体要做好从"粮食安全观"到"食物安全观"的思维转变，在保证粮食安全时注重主次、主副搭配，促进农林牧渔产业的综合发展。各粮食安全主体要保证自身落实主粮安全的任务，首先确保谷物基本自给、口粮绝对安全。在此基础上，各粮食安全主体应发挥自身比较优势，增强其他农作物的生产经营能力。鼓励各农村集体经济组织、新型农业经营主体全方位、多元化发展，不断推动农业供给侧结构性改革，提升人民食品供给的丰富程度。同时，促进粮食和食品生产经营全产业链发

展。促进一二三产业发展，鼓励农业龙头企业带动农业生产合作社和小农户参与到农业全产业链中来，建立多元利益联结机制。鼓励粮食和食品加工业发展，增加科研投入，不断为消费者提供多元丰富、营养均衡的食品选择。大力发展农村电商、冷链、物流等服务，缩短从粮食产地到粮食消费地的距离，为消费者提供绿色、新鲜的食物。发展全方位的农业社会化服务，提升粮食产业全产业链发展能力。

近年来，虽然我国的粮食安全治理工作取得了巨大成就，粮食安全基本得到保障，但是我国粮食供需总体上处于紧平衡状态，粮食需求总量呈刚性增长趋势，受新冠疫情全球蔓延和俄乌冲突并存影响，国际市场上粮食供应链不稳定，我国粮食安全基础并不牢固，面临潜在风险与挑战，亟需压实责任，做好粮食安全保障工作。四川作为粮食大省应该承担起保障本区域粮食安全的责任，以及最大限度地促进整个国家粮食安全的责任。当前，四川面临种粮主体积极性不高、宜机化和服务化水平不足、粮食供需结构矛盾等短板和挑战，如不加以重视，四川粮食需求持续增长趋势难以逆转，粮食供给稳定增长趋势难以为继，粮食供需平衡紧张态势难以改变。

第七章　现实困境：四川落实粮食安全责任面临的问题与挑战

四川是全国人口大省和农业大省，以建设新时代更高水平的"天府粮仓"为抓手，强化了粮食安全责任落实。但是，四川在粮食生产、粮食储备、粮食流通、粮食消费方面存在的耕地保护与质量提升执行不到位，粮食仓储保护未完全落实，粮食物流调控机制不健全，粮食节约机制仍未完全落实等问题以及粮食主产区政策制度"逆向激励"加剧，粮食产销区产销协作机制不完善等问题对其落实粮食安全责任提出了重大挑战。

一、四川落实粮食安全责任存在的问题

（一）粮食生产安全责任落实存在的问题

在粮食生产方面，高标准农田等基础设施、农业机械装备等工具是粮食生产安全的重要保障，是落实粮食生产安全责任的重要内容，然而四川省在落实粮食生产安全责任方面还存在以下问题：

1. 耕地保护与质量提升执行不到位

一是四川省政府对耕地的保护提升落实不到位。在耕地保护与质量提升方面，四川省制定了一系列耕地保护政策和措施，例如出台了《关于严格耕地用途管制实行耕地年度进出平衡的通知》《四川省高标准农田建设规划（2021—2030年）》等一系列文件，实施土地平整工程、耕地质量监测和评估、化肥农药减量行动等以提升耕地地力。然而，全国"三调"数据显示，四川耕地面积为7 840.75万亩，较全国"二调"数据减少了2 239.25万亩，是全国耕地面积减少数量最多的省份，四川人均耕地面积

仅为 1.05 亩，低于全国 1.5 亩/人的平均水平。2022 年，全省耕地质量平均等级为 5.39，低于全国平均水平，耕地质量总体水平不高，中低产田面积较大。以上数据反映出四川在耕地保护和质量提升方面的责任落实仍然不到位。二是粮食生产经营主体对耕地管理水平较低。一方面，四川省农村老龄化现象严重，劳动力不足，四川省国民经济和社会发展统计公报显示，2022 年全省常住人口中乡村人口为 3 487.8 万人，比 2021 年末减少 43.5 万人；另一方面，全省新型农业经营主体总体规模较小，粮食生产经营主体大多数为传统小农户，缺乏先进的耕地管理知识、技术和环保意识，部分农户过量使用化肥、农药，往耕地里随意倾倒垃圾等行为，不仅影响了耕地生产能力，而且对环境造成了一定程度的污染。

2. 高标准农田建设与管护不到位

一是高标准农田建设责任未严格落实。《四川省高标准农田建设规划（2021—2030 年）》明确指出，到 2025 年，全省累计新建高标准农田 1 230 万亩，高标准农田保有量 5 726 万亩，累计改造提升高标准农田 598 万亩。2019—2022 年，四川省新建高标准农田 1 403 万亩，累计建成 5 476 万亩，占"三调"耕地总面积 7 840 万亩的 69.8%，但是由于资金投入不足、部门之间要求不同，部分高标准农田达不到"旱涝保收、宜机作业、能排能灌"的要求，总体建设标准较低，耕地质量不高，已建成的高标准农田，尚有约 50% 需要提质改造，高标准农田建设责任未严格落实。二是高标准农田的管护责任落实不到位。四川省高标准农田量大面广，高标准农田建设与管理的参与主体较为多元，但是相关政策和标准更新进度缓慢，管理权责界定不明确，导致部分地方责任主体模糊，农民参与的主动性差，各主体在高标准农田方面存在"重建轻管"的现象，未能全面落实监管责任，已建成的高标准农田难以得到有效管理和充分利用。

3. 农业机械化服务配套不足

一是农业机械化装备供给不充分。《四川省加力补齐农机装备短板加快打造全程全面高质高效"天府良机"行动方案（2023—2025 年）》明确指出，到 2024 年，全省农机总动力达到 5 000 万千瓦，主要农作物耕种收综合机械化率达到 73%；到 2025 年，平原地区基本实现主要农作物全程机械化，全省农机总动力达到 5 100 万千瓦，主要农作物耕种收综合机械化率达到 75%①。目前，四川省的主要农作物耕种收综合机械化率只有 67%②，而全国主要农作物耕种收综合机械化率则超过 73%③，与目标数据仍然存在一定的差距。二是农业机械化发展不平衡。首先是农业机械化区域发展不平衡，四川省成都平原新津、郫都和邛崃等地的机械化率为 80% 左右，但是山区的机械化率还不到 30%；其次是农业机械化的产业发展不平衡，四川省粮食作物机械化率高，相比之下，经济作物机械化率较低；最后是农业机械化全过程发展不平衡，在生产环节，"机耕机收"的机械化利用率高，但是机播、机插和高效植保等方面机械化利用率比较低④。播栽环节机械化水平仅为 28%，烘干环节机械化水平仅为 9.92%⑤。

（二）粮食储备安全责任落实存在的问题

四川省在落实粮食储备安全责任方面存在的问题主要体现在粮食储备管理、粮食仓储保护和人才储备及培育方面，一是粮食储备管理机制不完善，二是粮食仓储保护未完全落实，三是粮食储备人才培育不足。

1. 粮食储备管理机制不完善

根据《四川省地方粮食储备管理办法》，县级以上地方储备粮的部署决策权归属地方政府，县级以上地方人民政府粮食行政主管部门负责本级地方粮食储备的行政管理，财政部门负责安排本级政府粮食储备的管理费用、贷款利息等财政资金，发展改革部门及粮食行政主管部门负责会同财政部门提出本级粮食储备方案和动用方案⑥。在粮食储备计划、储备动用以及监督管理等诸多方面都涉及多个部门协同管理，层级、步骤繁复。一方面，对于"应急性"的储备粮动用，多部门协同管理模式会因为效率低下而造成极大损失；另一方面，各部门分工各有不同，但相互之间缺乏有效的联席机制，消息互通闭塞，所获信息不对称，部门内执法封闭，各自为政，导致粮食储备监督管理效率低下。

---

① 阚莹莹.四川出台行动方案打造"天府良机"[N].四川日报，2023-12-04（2）.

② 钟禾.我省加快打造全程全面高质高效"天府良机"[N].四川经济日报，2023-12-05（2）.

③ 王晓宇.2023丰收答卷背后的机械化"密码"[N].中国农机化导报，2024-01-01（4）.

④ 张明海.四川农业机械化之路怎么走[N].四川日报，2019-10-15（12）.

⑤ 数据来源：《四川省人民政府关于加快推进农业机械化和农机装备产业转型升级的实施意见》川府发〔2019〕24号.

⑥ 《四川省地方粮食储备管理办法》，https://www.sc.gov.cn/10462/c108923/2021/8/27/d706422d19e24e14b530f10233f7452d.shtml，2021-8-27.

2. 粮食仓储保护未完全落实

一方面，四川省部分仓房（如剑阁国家粮食储备库等）老旧、库容量偏小、分布散乱，设施设备破损并且现代化程度较低，高新科技仪器、电子设备覆盖率较低，整体仓储条件落后、作业环境差，导致粮食储备效率低、成本高，粮食安全无法保证，粮食仓储"老、小、散"面貌未得到彻底改善，粮食"储得好"未得到保障。另一方面，四川省在粮食储备环境保护上存在一些薄弱环节，例如粮食出入库作业过程中，清理除杂的粉尘没有得到有效控制，作业现场扬尘严重；大功率通风机产生噪声较大等，给环境造成了不同程度的污染[1]。

3. 粮食储备人力资本培育不足

一是粮食产业劳动力数量短缺，粮食行业人才后备力量不足。四川一直以来都是劳动力输出大省，2022 年，全省共转移输出农村劳动力2 629.81万人，比上年增加16.73 万人。其中，省内转移1 512.61 万人，增加37.13 万人；省外输出1 117.20 万人，减少20.40 万人[2]。由于我国种粮比较收益低，农村基础设施建设和公共产品供给严重滞后，粮农的社会地位低，农村地区的青少年厌农、弃农的倾向十分突出，大量农村青壮年劳动力选择涌入城镇及非农产业就业，农村空心化农民老龄化问题突出，粮食行业劳动力严重缺乏，"谁来种地"等问题缺乏后备人才支撑。二是粮食储备人力资本培育力度不够。为培养造就一支有文化、懂技术、会经营的新型农民队伍，切实解决"谁来种地"的时代课题，确保国家粮食安全和重要农产品供给，四川省选择部分县（市、区）率先开展了农民职业化试点。2022 年，全省14 个试点县（市、区）共遴选培育了1 004名职业化试点对象，总体来看，专业生产型新型职业农民占大多数，经营管理型和技能服务型新型职业农民较少，粮食储备技术人才培育不足。《中国统计年鉴》数据显示，四川省2022 年仓储业就业人员数量排于十三大粮食主产区的末端第九位，在从事仓储行业的13 665 人中还有极大一部分属于仅从事装卸搬运的非技术性人员。粮食行业比较缺乏掌握粮食仓储保管、质监和管理技术的人才。

---

① 伍文安. 做好四川粮食仓储工作的对策建议［J］. 粮食问题研究，2019（3）：7-12.
② 《2022 年四川省人力资源和社会保障事业发展统计公报》，http://rst.sc.gov.cn/rst/ghtj/2023/9/13/a0126974404f4b1cb8af12b4da622e7e.shtml，2023-9-13.

（三）粮食流通安全责任落实存在的问题

在粮食流通方面，粮食加工转化率越高、粮食流通调控机制越健全，说明区域粮食流通安全责任的绩效越好。然而，四川省在落实粮食流通安全责任方面还存在粮食加工与调控能力不足的短板。

1. 粮食加工转化能力不足

一是农产品加工转化率较低。四川省农产品加工产业发展取得了新成效，产业规模持续扩大，但是农产品加工转换率较低。目前，四川省的农产品初加工率为64%，低于全国6个百分点；农产品加工业总产值与农业总产值比为1.89∶1，低于全国平均水平①。二是粮食精深加工能力不足。四川省的粮食、油料等重要农产品仍以原粮、初加工粮食产品为主，精深加工还存在梯次加工技术落后、精深加工层次低、高附加值产品少等问题，优质粮食产品有效供给不足。粮食产业缺乏产业化龙头企业等带动型新型经营主体以提升产品开发能力和粮食精深加工能力。

2. 粮食物流调控机制不健全

一是粮食物流设施技术配备落后。一方面，四川物流网点基础较为薄弱，尤其是山区及偏远地区，不仅仓储设施设备较为缺乏，而且物流中转站也极为少量，致使粮食中转次数增加，从而增加了粮食滞留和粮食质量受到影响的风险。另一方面，四川省的粮食运输方式以铁路、公路为主，"包粮"运输比重高，粮食物流系统化程度低、标准化水平低，基础设施技术配备落后，自动化装卸设备、"恒温控湿"设备等较为缺乏，长途运输途中受温度、湿度等差异的影响，粮食会存在霉变的风险，进而影响粮食的质量安全。二是粮食流通监管不足。一方面，粮食流通监督机构不健全、监督对象不明确、监督过程不严谨等一系列问题，导致粮食流通整体管理弱化，给粮食流通各个环节造成隐患。另一方面，随着社会经济不断发展，粮食流通市场当中的竞争主体逐渐多元化，多元主体之间组织化程度较低，规模较小，合作能力参差不齐，导致粮食的购买和销售之间脱钩，加之粮食流通监管不足，粮食无序流动现象较为普遍。

（四）粮食消费安全责任落实存在的问题

四川省在落实粮食消费安全责任方面，存在粮食节约机制仍落实不到

---

① 寇敏芳. 从小酥肉"破圈"探寻农产品加工"延链"［N］. 四川日报，2023-08-20（2）.

位和粮食消费者主体的节俭就餐意识不强的问题。

1. 粮食节约机制仍落实不到位

2022 年四川粮食总产量 3 510.5 万吨（702.1 亿斤），处于口粮基本安全状态，居民人均主粮占有量少，因此，要抓好防止粮食浪费政策和规范。2013 年，中共中央、国务院印发《党政机关厉行节约反对浪费条例》，2021 年《中华人民共和国反食品浪费法》正式实施，同年，中共中央办公厅、国务院办公厅印发了《粮食节约行动方案》，推动粮食全产业链各环节节约减损取得实效。2020 年，四川省委、省政府印发《四川省厉行节约制止餐饮浪费行为行动方案》，对反食物浪费行动进行总体部署。随后便建立厉行节约制止餐饮浪费行为联席会议工作机制，印发《四川省厉行节约制止餐饮浪费行为专项行动年度工作计划》，明确各部门职责责任和工作时限。然而，目前四川的粮食节约机制仍未完全落实。虽然地方初步建立起了反食物浪费协调机制，并大多都由发展改革部门负责协调，但是各部门主要是从各自职能的角度开展和推动有关反食物浪费工作，受限于各部门的管理职能分散，地方反食物浪费行动并未形成合力①。

2. 粮食消费者主体的节俭就餐意识不强

随着居民生活水平的提高，人们冲动消费、超量购买、丢弃浪费等行为层出不穷，餐饮行业食材和食物的浪费现象更是尤为严重。例如，《四川法治报》公布的制止餐饮浪费的典型案例之一——四川省甘孜州色达县某尚肥牛店浪费食品案。2023 年，甘孜州色达县市场监管局执法人员在对某尚肥牛店进行现场检查时，发现其后厨垃圾桶留存有大量的前一日营业后废弃的牦牛肉、稀饭等自助免费食品，其中稀饭废弃量超过了制作总量的 50%，造成严重食品浪费。又如，部分消费者在就餐、宴请时喜欢撑"面子"、比阔气、拼排场，造成大量不必要的食物浪费，特别在婚丧嫁娶、商务宴请等行为中浪费较为严重。粮食消费主体的反粮食浪费意识和行动自觉还待增强，微观主体责任落实不到位。

---

① 初绽，韩静波，罗屹. 地方政府反食物浪费行动：成效、问题及对策 [J]. 价格理论与实践，2023（10）：77-82.

二、四川落实粮食安全责任面临的挑战

（一）粮食主产区政策制度"逆向激励"加剧

目前，国家将粮食安全问题提到了前所未有的高度，从纵向来看，随着国家对"三农"投入的增加，四川省作为粮食主产区能够得到的农业投入和补贴也不断增加；但从横向来看，由于发展定位的差异和强化，四川省会牺牲大量的发展机会，与其他地区的发展差距会不断扩大，粮食主产区政策制度"逆向激励"明显：一是粮食生产越多，财政负担越重。四川作为粮食大省，粮食贡献大，获得的中央和省级农业补贴较多，但是地方需要配套的资金也多，加之粮食产业对地方财政税收贡献小，导致地方政府资金紧张，财政压力加大。二是"产粮大县支持销粮大县、穷县补贴富县"。地方政府给予了产粮大县大量的资金补贴和支持，这些补贴实际上随着粮食从粮食主产区调出销售的过程悄然地无偿"转移支付"给了粮食主销区，致使富县越来越富、穷县越来越穷，加剧了区域发展的不平衡性。

（二）粮食产销区产销协作机制不完善

一是缺乏产销利益补偿机制。一方面，四川省县域经济始终难以摆脱"产粮大县、财政穷县"的发展困境，未从粮食主销区域得到足够的"转移支付"补偿。另一方面，产销脱节是传统粮食经营模式面临的重要桎梏，即使是粮食订单生产也由于专用性弱而普遍存在着履约率较低的现象①，四川省与其他粮食主销省份的分工合作、联动机制有待建立和加强。二是产销区多元补偿途径拓展不足。区域之间的"转移支付"补偿除经济补偿外，还可以是基础设施建设、公共服务配套、管理与技术方法和新型经营主体培育等方面的补偿，四川省与粮食主销省份在多元合作方面的补偿途径有待完善，四川省"所短"与销粮大省"所长"没有形成互补，粮食主产与主销区域之间还未有效地衔接起来，"优势互补、互利互惠、利

---

① 赵德余，顾海英，黄瑢. 粮食订单的缔约难题及其合约改进［J］. 中国农村观察，2005（4）：2-13，18.

益共享、风险共担"的局面还未形成。

（三）粮食安全责任考核激励不足

一是激励机制不具吸引力。就产粮大省外部而言，一方面，为了完成粮食生产任务，四川省需要投入大量财政资金并采取有效措施，甚至会牺牲大量的发展机会来促进粮食生产、保障粮食安全。但另一方面，"产粮大县"奖励数额较低，全省未能从产粮、保粮、增粮工作中得到足够的经济利益和政策扶持，未能得到足够的机会成本补偿。就产粮大省内部而言，"奖优"力度不具吸引力，对于地方党政领导干部在粮食安全工作中履职尽责、勇于担当、考核成绩优秀的表彰奖励不够丰富，无法激发责任主体的内生发展动力。二是考评内容不合理。四川省部分考核指标设置不合理、现有考核方式不够科学。就产粮大省外部而言，粮食主产区、主销区、产销平衡区在保障粮食安全中的优势功能不同、责任义务不同，差异化考核方式才是提高考核指标的科学性和精确性的基础。就产粮大省内部而言，四川省内也存在粮食主产区、主销区和产销平衡区之分，三个区域承担粮食安全责任的差异性不同，考核内容的指标分值也应有所不同。

（四）防止耕地"非粮化"与促进农民增收的挑战

首先，粮食生产经济效益低，经济贡献小，与种植经济作物相比，种粮的收益过低，对农民增收的作用和贡献小。另外，粮食产业对经济增长的贡献率也较小。2022 年，四川省第一产业增加值 5 964.3 亿元，增长4.3%，对经济增长的贡献率为 16.6%，比第二、三产业对经济增长的贡献率分别低 31.4 和 18.8 个百分点[①]。其次，生产粮食所需的种子、化肥和农药等生产用品以及人工成本不断快速上升与粮食价格低位缓慢增长形成了鲜明的对比[②]。在粮食收购价格和补贴政策遭遇"天花板"的情况下，粮食生产的微利性特征将更为明显。最后，外出务工获得的工资性收入往往远超粮食生产的经营性收入，种粮难以成为一种经济的选择，这对于防止耕地"非粮化"造成了较大的阻力。宏观层面提出的防止耕地"非粮化"、促进粮食增产与微观层面促进农民增收的矛盾十分突出。

---

① 数据来源：2022 年四川省国民经济和社会发展统计公报。
② 郭晓鸣，虞洪. 四川粮食安全问题新常态及其应对思路［J］. 粮食问题研究，2015（3）：8–11.

（五）粮食生产区域布局不均衡与供需结构性矛盾并存的挑战

一是粮食生产区域布局不均衡。四川省作为全国 13 个粮食主产区之一和西部唯一的粮食主产省，其耕地集中分布于东部盆地和低山丘陵区，占全省耕地的 85% 以上；2022 年四川粮食产量为 3 510.5 万吨，从四川省下辖的地级市来看，粮食产量超过 200 万吨的地区分别为川东的达州市、南充市，川南的宜宾市、泸州市，成都平原的绵阳市、成都市，以及川西的凉山彝族自治州，其中达州市 2022 年粮食产量达 319.6 万吨，成为四川省第一产粮大市①。二是粮食供需结构矛盾等。随着人们收入水平的不断提高和膳食结构加快升级，消费者对粮食品种结构需求呈现多元化态势。城乡居民对肉、蛋、奶等动物性食物消费比重逐步提高，代替了部分直接粮食消费，而肉、蛋、奶等动物性食品和以粮食为原料制成的快餐、糖果、调味品等间接性食物需求的增加引致饲料用粮和工业用粮增加②。2021 年，四川省全体居民对蔬菜、肉类、奶类及奶制品的人均消费量较 2020 年分别增加了 3.62kg、8.82kg、1.45kg，而对粮食的人均消费量仅增加了 0.46kg③。虽然四川省粮食生产总体稳定，但粮食供求处于紧平衡状态，口粮能够基本自给，保证了粮食基本安全，但工业用粮和饲料用粮还存在较大缺口，粮食供需结构性矛盾突出，产销均衡、协调发展能力有待提升。粮食生产区域布局不均衡与产销不对等给四川落实粮食安全责任造成了一定的挑战。

（六）落实粮食安全责任投入增长与财政收支困难的挑战

一方面，突发重大的新冠疫情冲击不仅大幅增加了四川省财政支出，而且叠加大规模的减税减息政策，再加上经济受创导致普遍性企业生存困难，税源大幅减少，进一步抑制了财政增量，导致财政收支矛盾趋于尖锐④。另一方面，粮食产业作为弱质性产业，始终面临着自然灾害等不确定性风险，加之种粮比较效益低，粮农自我发展能力弱、投资意愿差，粮

---

① 数据来源：达州市统计局。

② 虞洪. 双重结构转型对全国粮食安全的影响及对策研究 [J]. 农村经济，2020 (4)：10-16.

③ 数据来源：2022 年四川省统计年鉴。

④ 郭晓鸣，虞洪. 需要高度关注中国粮食安全的中长期挑战 [J]. 中国乡村发现，2021 (1)：100-106.

食产业发展离不开政策的支持。然而，由于取消了农业税以及农产品附加值低，粮食生产环节无税收贡献，加之粮食加工销售环节低税、免税比重大、对地方财政贡献小，四川省资金支出多收益小，各级财政收支矛盾异常突出。支出需求"扩大化"和财政收入来源"收窄化"的双重叠加，致使四川省在农业领域特别是粮食板块继续保持高强度财政资金投入力度存在较大困难。

第八章　他山之石：全国保障
粮食安全的案例借鉴

　　粮食作为一种特殊的公共产品，是维持人们生存所必需的生存资料，更是国民经济战略物资，对于保障经济正常运行和社会和谐稳定具有重要作用。新形势下，全球粮食危机渐趋恶化，粮食供需矛盾日益突出，粮食安全问题已发展为世界共性问题。我国是人口大国，十四亿多人口的粮食消费问题是重中之重，为保障社会和谐稳定，国民经济稳步发展，就必须增强获取粮食主动权，牢牢夯实粮食安全根基。四川作为"天府粮仓"，是西南地区重要的粮食生产区，确保四川省粮食安全对于维护西南地区乃至国家粮食安全至关重要。但是，近些年来四川粮食供需关系开始出现紧平衡局面，由原本的粮食净调出省份转变为粮食净调入省，粮食产业发展也受到一定程度挤压，粮食安全面临着潜在风险①。

　　"他山之石，可以攻玉"，近年来，全国许多地区在保障粮食安全工作中都探索出了一些独到的做法并取得显著成效。尤其像黑龙江、河南、山东等产粮大省，在抓粮食生产，强化现代农业基础支撑，提高粮食经营主体地位等方面探索出了大量实践经验。本书通过选取这些产粮大省作为典型案例进行剖析，系统研究这些地区在落实粮食安全责任方面的先进做法和取得的成效，并结合浙江、贵州、云南等非产粮大省在粮食流通、粮食储备等方面的做法，对四川省自身粮食生产状况进行类比分析，能够有效为四川省建设"天府粮仓"提供实践素材和经验启示。

---

① 黄悦，张社梅. 四川省粮食产业供给特征及能力提升策略［J］. 西南农业学报，2023，36（8）：1584-1593.

一、产粮大省保障粮食安全的主要做法与成效

（一）黑龙江省

黑龙江省素有"中华大粮仓"之称，作为我国粮食生产核心区域和商品粮生产基地，承担着保障全国粮食安全的重大责任。在黑龙江省，平原地形以及黑土资源丰富的自然禀赋使粮食播种面积广布，沃野千里，广种多收。2023年黑龙江省粮食生产"二十连丰"，总产量1 557.6亿斤，占全国粮食总产量的11.2%①，连续14年居全国第一。黑龙江省相比于其他产粮大省，粮食商品率和机械化程度优势明显，通过黑土固碳助力粮食增产、健全粮食主产区利益补偿机制、调整主要粮食品种价格支持政策和节粮减损等措施为保障粮食安全奠定了坚实基础。

1. 发展黑土地新质生产力，固碳助力粮食增产

黑龙江作为我国粮食产量最高的省份，粮食生产离不开当地肥沃的黑土。黑龙江地处我国北端，区域内平原广布，地广人稀，非常适合机械化种植，大规模集约化经营优势明显，而且区域内后备土地资源丰富，未开发的土地数量可观，农业生产潜力巨大。因此，保护耕地面积，提高黑土地质量是重中之重。黑龙江多措并举保护"耕地中的大熊猫"，通过实施国家黑土地保护工程，持续加大黑土保护力度，在耕地保护制度严格落实的基础上，定期通过耕地轮作休耕、秸秆还田等方式来保障黑土质量，提高黑土肥力②。此外，黑龙江省农科院与中国工程院合作研发土地养分专家系统，通过构建"三碳"技术模式，实现了"定向保碳""定向增碳"和"生态低碳"③，有效降低了化肥用量。并大力推广使用有机肥，推进农业"三减行动"，严格落实化肥、农药、除草剂减量化行动方案，促进本地区农业向绿色生态转型发展。

---

① 数据来源于黑龙江省人民政府《2023年政府工作报告》。
② 周密.黑龙江绿色发展的优势及粮食安全问题探讨［J］.粮食科技与经济，2020，45（11）：40-41.
③ 李丽云，朱虹，王红蕾.发展黑土地新质生产力助推粮食产能稳步提升［N］.科技日报，2024-04-11（3）.

2. 健全粮食主产区利益补偿机制，构建产销合作长效机制

粮食主产区在谋求自身经济发展时往往以国家粮食安全战略为重，优先发展粮食生产。由于粮食生产本身市场风险较高而且比较利益偏低，粮食主产区需要付出更多的资金配置在土地等生产要素上，相较于粮食主销区来说，付出的机会成本巨大。黑龙江作为我国粮食生产和供给的核心区域，经济发展水平相比于粮食主销省份来说有所差距。为了调动农民和产粮大县种粮积极性，黑龙江省政府格外重视对产粮大县和种粮大户的财政转移工作，通过实行一系列的粮食生产规模经营补贴，提高种粮农民的补贴标准，发挥家庭农场、农业合作社等新型农业经营主体的带动示范作用，不断提高黑龙江粮食生产的规模化水平，保障粮食产能稳定[1]。此外，黑龙江省政府在积极对接粮食主销区需求，做好交易服务工作的同时，还积极打造与粮食主销区的产销长效合作机制。通过与企业对接，进行组团发展，打造合作平台，引导粮食主销区市场、技术、投资等资源入驻黑龙江，深化产销区域合作深度，实现优势互补[2]。

3. 调整主要粮食品种价格支持政策，调动农民粮食生产积极性

黑龙江为了更好地保障国家粮食安全，发挥区域内产粮优势，结合了各种粮食支持保护政策，来进行粮食区域化支持。首先，适度提高了小麦等主要粮食作物的最低收购价格，农民种粮的收入预期增长，政策"托市"功能得到较好发挥，农民的种粮积极性逐渐高涨。对于粮食生产补贴，黑龙江根据农资价格水平进行动态调整，避免市场上因粮食生产要素价格上涨导致粮食生产成本增加而造成粮食减产。其次，黑龙江不断加强农村信贷等金融政策实施力度。基于黑龙江在全国粮食生产中的重要性，国家财政和当地财政都注重对黑龙江农业担保机构的扶持，鼓励信贷机构入驻农村，不断提高相关金融机构的生存和发展能力。农业产业化多元化发展带来的融资需求，为农村信贷机构提供了开发农业全产业链融资产品的契机，有效提升了黑龙江粮食产业链附加值。黑龙江省政府为进一步实现土地规模经营，提高粮食商品率，在鼓励农村土地流转方面还建立了稳定的适度规模经营补贴增长机制，扩大了粮食生产补贴范围，适当增加了一些粮食生产补贴科目，对粮食生产追加商品粮出售补贴。通过这种经济

---

① 陈军，杨来春，杨川，等. 粮食安全视角下川东北地区撂荒地整治优化路径研究：以 YS 县为例 [J]. 农村经济与科技，2023，34 (17)：15-19.

② 金观平. 当好粮食稳产保供压舱石 [N]. 经济日报，2023-09-30 (1).

手段，激励了农民扩大粮食种植规模，盘活了土地资源，有效提高了粮食单产量。

4. 耕好"有形良田"，扩增"无形良田"

保障粮食安全，首先要耕好"有形良田"。黑龙江自然优势明显，平原森林湖泊广布，立足于本地自然优势，黑龙江不仅仅只盯着耕地资源，还践行大食物观，多途径开发食物来源。"巍巍兴安岭，莽莽林海深"，黑龙江通过开设"森林大厨房"体验店，把资源优势转化为产业优势，对当地一些山特产品诸如松子、榛子、榛蘑等进行推介，瞄准森林农业食品，建立了浆果、坚果等180多个特色种植基地。立足河湖、林草、果蔬等资源优势，黑龙江跳出了单一种植模式，在保护生态环境前提下，从耕地资源向整个国土资源拓展，向非耕地"要食物"，宜粮则粮、宜渔则渔、宜林则林，加快打造践行大食物观先行地。此外，黑龙江在保护耕地基础上，还创新了土地经营制度①。立足于本地实际，通过发展农民专业合作社，鼓励农户以土地入股，促使土地经营规模扩大，农业机械化水平得以提高。与创新土地经营制度相并行，黑龙江还探索出了"场县共建"的新模式，有效打破了行政管理条块分割状况，走出原本小规模经营的藩篱，使农业走向规模化和现代化。从最开始单一的"代耕"，发展到"代种""代收"，现如今又增加了"代育""代服"。这种高效率的种植模式，配合机械化耕作的高标准，让农民真正看到了"现代农业的样板"。

其次是扩增"无形良田"。2022年中央一号文件提出要落实粮食节约行动方案，持续抓好机收减损工作。黑龙江作为我国粮食产量最高的省份，率先制定并实施了一系列节粮减损措施，深刻践行习近平总书记提出的保障粮食安全、端牢中国饭碗的"加减法"重要方法论。首先在减损技术上下功夫，通过制定减损技术规范，组织工作人员进行减损培训，对于在粮食生产收获过程中损失粮食的农机具进行问题排查并更新改装，并对农机具开展损失率检测，严格落实机收减损工作。在粮食生产过程中，大豆收获损失最为严重。针对这个问题，北大荒集团有限公司在大豆收割机上加装具有过滤作用的挡泥板和防护网，大幅减少了大豆漏损情况，并通过加装扶倒器，有效减少了因农作物倒伏未收造成的损耗。在农作物收获以后，北大荒公司工作人员会分别针对各种农作物的收获条件、收获时间

---

① 刘伟，陈聪，强勇，等. 黑龙江：在黑土地上奋力闯新路、开新局［N］. 新华每日电讯，2022-07-18（1）.

以及收获方式来计算其损失率进行对比检测，分析损失原因，为下一步科学合理制定粮食收获减损措施提供数据支撑。从凭经验种地，到靠数据管地，节本增产的背后是黑龙江坚持把农业科技放在突出位置，依靠农业机械化给农业现代化插上科技的翅膀，不断挖掘增产潜力，让中国饭碗装下更多"黑龙江粮"。

（二）河南省

作为"中原粮仓"的河南省，主粮小麦的产量稳居全国前列。近些年来，河南省追求经济快速增长，发展用地压力增大，但政府始终牢牢坚守耕地保护红线，通过打造粮食安全产业带、加快推进粮食流通建设和粮食应急保障体系，为粮食生产安全奠定了重要基础。

1. 整治盐碱地，增加耕地面积

耕地是粮食生产的基础，是红线更是底线。河南省地处中原，省内延津县被黄河故道穿过，在黄河改道之后此地形成了大面积的沙荒地，土地盐碱化严重，沙丘和盐碱洼地茫茫无际。在这种恶劣条件下，河南省政府与当地县政府上通下达，全面压实省政府和各级地方党委耕地保护责任，在持续五年之久的压茬推进工作下，"沧海变桑田"，昔日的盐碱地被改造成美畴良田。据统计，政府对该地区的盐碱地整治工作使延津县耕地面积增加了大约四万亩，并在此基础上初步建设成了高标准农田，土地集中连片、配套专用设施配套，实现了粮食高产稳产。值得借鉴的是，由于延津县当地地理位置的特殊性，土壤盐碱度较其他地区偏高，非常适合强筋小麦的生长种植。延津县利用本地的土地资源优势，与茅台集团进行对接并顺利达成合作，在本地区打造了一批国酒茅台有机小麦原料生产基地，有效带动了全县经济效益提高[①]。除了通过整治盐碱地来增加耕地面积，延津县还通过荒地的再利用来增加粮食产量。在延津县的田间地头，分布着各种独具特色的"生态渠"。由于地处黄河故道，延津县水土流失问题一直是政府整治工作的重点，"生态渠"有效解决了这一难题。通过在输水渠道上采用生态护坡袋进行生态防护，不仅能够保证正常输水功能，又能够涵养生态。当地人在生态护坡袋里面放置多种草籽，在水渠输水过程中，伴随着水流冲刷，袋内的草籽被冲刷到坡地，随之生根发芽，进而有

---

① 邓俊锋，赵全志，张朝阳. 扎根中原沃土，服务国家粮食安全：河南粮食作物协同创新中心发展纪实 [J]. 河南农业，2019（35）：11-24，14.

效防止了水土流失，"生态渠"名字由此而来。

2. 高投入建设高标准农田，打造粮食安全产业带

河南省政府为了进一步提高粮食产量，统筹安排并整合各项涉农项目资金，把资金真正用到位，集中用于改造中低产田和建设高标准农田，耕地基本实现了全覆盖，大幅度提高了粮食平均亩产量。高标准农田的建设让河南省粮食生产节省了大量人力，生产设施的配套实现了刷卡节水灌溉、机械化耕种，通过在粮田内配置专用的电力服务站以及气象服务站，为农民提供便捷服务，提供气象信息等农情监测服务，极大地提高了粮食生产效率。同时，河南省作为"中原粮仓"，还是我国的粮食供种大省。河南省政府聚焦国家种业的粮食安全要求，出台了《中原农谷建设方案》，力争在2025年打造成黄淮海平原粮食安全产业带河南核心片区，实现现代种业强省的跨越。通过依托省内产粮大县，以提高粮食单产为抓手，同时针对不同地区的高标准农田进行分区分类提质改造，促使粮食生产效率再创新高。南阳盆地、黄淮海平原作为河南省的重要粮食生产核心区，积极发挥这些地区的示范区辐射带动作用，设立了一批"吨半粮县"，通过信息、技术共享，带动周边区域粮食产量提升，巩固本省"中原粮仓"的产粮地位①。

3. 划定基本农田，守好良田沃土

18亿亩耕地数量红线要守住，耕地质量底线更要守住。河南省作为"中原粮仓"，耕地保护工作是重中之重，必须严格落实。河南省政府把粮食生产责任目标细分到下辖每个市县，定期开展考核，杜绝农业生产用地从事非农生产，坚持良田粮用，把保护耕地真正作为一项政治任务来抓。在2017年，河南省划定了永久基本农田，超额完成了国家下达目标。在永久基本农田划定以后，政府出台了相关耕地用途管制政策，对于土地用途明确规定不得随意调整。对于特殊情况，如省内的一些重大建设项目，选址难以避免占用耕地的，必须进行具体商讨解决，严格落实耕地进出和占补平衡制度。此外，其他任何建设均不得占用耕地，力争经济增长的同时，做到省内耕地数量不减少、质量不降低，切实保护耕地②。

4. 加快推进粮食流通建设和粮食应急保障体系

保障国家粮食安全，离不开粮食流通体系的建设。河南省地处中原，

---

① 常素宁. 河南粮食产业高质量发展优化路径［J］. 当代县域经济，2023（9）：45-47.
② 刘晓波. 粮食安全重任越扛越稳［N］. 河南日报，2022-09-02（3）.

省会郑州作为铁路枢纽被多条铁路干线贯穿，本省更是覆盖了多条公路干线，交通优势明显，形成了连接华南、华北、华东和西部的多条跨省粮食物流通道。因此，河南省粮食在省内能够做到快速调拨，粮食流通调运优势明显。作为产粮大省，河南省更是粮食流通大省，为保障国家总体粮食安全，为不同省际区域粮食供需平衡贡献了河南力量。为确保非常态下粮食供应，有效控制因突发事件引起的粮食市场价格异常波动等问题，河南省政府专门建立了省、市、县三级预案体系，并成立统一的指挥部来协调各部门就粮食应急响应、粮食市场监测预警和粮食应急保障进行系统安排，保障粮食应急加工、应急配送，高效应对突发事件发生。此外，河南省在本省重点地区建立了重点粮食品种的市场监测体系，密切跟踪粮食供求变化和价格动态，为稳定市场价格、安定民心发挥了"压舱石"的作用。

（三）山东省

山东省不仅是产粮大省，还是粮食流通和粮食加工大省，近年来在粮食产业高质量发展方面取得显著成效。山东省政府践行新发展理念，改造利用盐碱地，增加农地使用率，配合农业保险全覆盖到省内产粮大县，有效调动了产粮大县和种粮农民的生产积极性。"政府搭台、企业唱戏"，通过推进实施"优质粮食工程"，打造"齐鲁粮油"公共品牌，扩大山东粮油的知名度和影响力①。

1. 改造利用盐碱地，增加农地使用率

山东省位于东部沿海，由于海水倒灌，盐碱地分布广泛，尤其在东营市黄河入海口位置，轻度盐碱地占比众多，农业再开发价值很高。习近平总书记在东营黄河三角洲农业高新技术产业示范区考察调研后，山东省政府积极落实习近平生态文明思想，对于盐碱地所蕴含的农业开发价值有了新认识，积极引导相关企业参与盐碱地改造引资，有效促进了生态环境恢复，增强了粮食生产能力。从当地盐碱地实际情况出发，东营市最开始通过治理改造盐碱地来适应农作物生长，后面逐渐转变为使用种植耐盐碱植物来适应盐碱地。政府通过与高校和科研院所、育种机构进行合作，通过鉴定、评价等方法，对收集到的种质资源进行筛选，选育出耐盐碱、性状

---

① 刘绪斌. 为何挺立潮头：来自山东粮食产业一线的调研启示 [J]. 中国粮食经济，2019（8）：22-24.

稳定的优质品种，在黄河三角洲耐盐碱作物种质基地进行试种研究。2022年底，国家盐碱地综合利用技术创新中心正式落户到东营黄河三角洲农业高新技术产业示范区，通过汇集国内技术资源，把盐碱地生物育种作为主要任务，依托政策、产业、平台等多方面优势，推进盐碱地科技创新，促进盐碱地综合利用，为国家耕地保护和粮食安全作出山东贡献。

2. 三大主粮农业险覆盖全部产粮大县

从 2022 年开始，为了调动省内产粮大县种粮积极性，山东省政府扩大了三大主粮作物完全成本保险实施范围，全省 94 个产粮大县实现了全覆盖，实现了粮食增产增收与农民增加收入齐头并进，让农民种粮不再吃经济亏。在政策执行以后，玉米、小麦和水稻完全成本保险保额较直接物化成本保险保额几乎分别翻了一番。适度规模经营农户和小农户均纳入保险保障范围，由农户自主自愿投保。针对不同区域实行差别费率，将小麦等粮食生产县域按照农业生产风险分为高、中、低三个风险等级，执行不同的保险费率。承保机构方面，坚持保本微利的原则，做到承保到户，保险费率进行整体下调，三大主粮保险平均费率分别较直接物化成本保险有所降低。在前者基础上，政府还通过省级财政对投保农户实施保费补贴，下调了农业保险起赔线，进一步稳定种粮农户收入预期，扩大农民权益保障范围。

3. "政府搭台、企业唱戏"，"优质粮食工程"成效显著

近年来，山东省累计投资八十多亿元，来助力粮食产业提升。依托实施"优质粮食工程"，山东省入选"中国好粮油"农产品数量已经连续两年居全国第一，直接带动了省内粮食产业总产值增加。在"优质粮食工程"引领下，本省粮食行业以及国家级科创平台集聚现象明显，吸引了国家玉米、小麦、大豆和高油酸花生油四大产业技术创新中心落户。"优质粮食工程"的实施使山东省"齐鲁粮油"公共品牌形成了放大效应，品牌赋能作用明显[①]。通过与阿里巴巴集团搭建齐鲁粮油智慧交易平台"好粮有网"，平台一经上线运行，就有大批粮油企业进驻，助推齐鲁优质粮油产品走向全国各地。标准化是信息化的基础，山东省相关部门高度重视"优质粮食工程"中的粮食标准化工作，坚持在保障粮食生产基础上，提高粮食产品质量，维护消费者健康。通过建立健全粮食产业标准体系，逐

---

① 刘博文. "齐鲁粮油"引领山东粮食产业经济高质量发展 [J]. 中国粮食经济，2019 (6)：75-76.

步实现粮食产业全产业链规范发展的新要求，标准基本覆盖粮食全产业链，形成了包括生产标准、加工标准、流通标准、质量追溯标准等一体化粮食标准体系，基本覆盖了粮食全产业链，囊括了粮食产地环境、设施设备、产品质量、检验检测等各环节。按照"互联网+齐鲁粮油"理念，运用大数据、物联网、区块链等信息技术，实现质量安全检验检测信息化，提高粮食产品检验检测结果的可靠性、及时性，确保粮食质量安全数据的真实性。并利用大数据技术来分析粮食网络零售交易整体状况，以及消费者粮食品种喜好、消费关注点、市场区域分布等交易特征，有针对性地生产适销对路的粮食品种，以需定产，合理安排生产节奏，实现粮食生产的精准化，增强粮食产品供需匹配度，间接将粮食产业链、供应链等现代经营管理理念融入粮食产业，优化粮食生产布局和品种结构，实现粮食产业转型升级。

4. 推进农机化全面融合，助力粮食减损增效

山东省不仅是农业生产大省，也是农机装备业制造大省。针对粮食减损增效工作，山东省政府从农机设施、农机手素质培训、种植农艺等诸多方面全方位落实山东粮食减损增效工作。根据不同区域因地制宜选择适宜机械耕种生产，调整好机械作业状态，对于特殊地形、特殊情况进行农机具更新改装，尤其是对因灾倒伏的农作物开展收获机械改装，不仅能够高效低损收获粮食，还能适应农作物倒伏状况，提高机具适应性，进行高效复式作业①。同时鼓励专家及科研人员深入田间地头做好指导服务，支持新型农机装备推广应用，提高机械化生产水平，加快粮食减损增效科技成果转化应用，促进农机装备制造产业转型升级。

（四）湖南省

湖南省作为全国 13 个粮食主产区之一，肩负着维护国家粮食安全的重要任务。作为我国农业大省，湖南省通过实施"千社工程"、推进粮食流通体制改革、发挥农业科技支撑作用等措施为国家粮食安全、粮食区域协调做出了重要贡献。

1. "千社工程"给农机合作社插上腾飞翅膀

农业机械社会化服务是发展现代农业的重要装备支撑。近年来，在湖

---

① 管延华，梁磊，马小非. 为粮食全程机械化作业减损增效贡献山东农机鉴定力量［J］. 山东农机化，2021（1）：16-18.

南省政府政策扶持下，一些农机合作社等社会化服务组织如雨后春笋般涌现出来，扛起了湖南粮食生产的重任，为保障国家粮食安全贡献着湖南力量。为了推动农机合作社高质量发展，湖南省财政厅联合农业农村厅在全省扶持建设了一批现代农机合作社，合作社在粮食生产过程中可以基本实现全程机械化生产。目前，农机合作社不断发挥示范引领作用，为周边农户提供粮食生产的农资农技农机服务，成为湖南省最具实力的新型农业经营主体，助力现代农业发展①。

2. 粮食流通体制改革快速推进

近年来，湖南省政府按照国务院统一部署，对于省内的粮食主产区放开了粮食收购，基本形成了粮食经营主体多元化格局，粮食宏观调控能力增强，"三湘粮仓"更加充盈。通过以粮食批发市场为龙头，建设了三级粮食批发市场体系，不断完善粮食价格形成机制，规范粮食期货交易行为，建立公平、公正、统一、开放的粮食市场体系。对于农民"卖粮难"问题，省政府秉承应收尽收的原则，守住农民"种粮卖得出"的底线。与此同时，湖南省依托电子商务平台建设，构建了粮食流通快速通道，有效提高了粮食流通效率。通过电商平台的订单搜集粮食需求数据，"品牌引领、订单引导"，以需定产，扩大优势农作物品种种植规模，并且积极推动粮食收购向以政府引导的市场化收购为主转变，根据省内各地粮食产量、市场情况，精准实行弹性托市收购，构建了以市场化收购为主、弹性托市收购为辅的粮食收购新格局。

3. 农业科技精准支撑

科技兴粮，粮安天下，湖南省政府高度重视农业科技在粮食生产中的应用。湖南省农技部门为了更好地推进现代科技应用，提高农民粮食生产科技支撑作用，通过设立日常的科技咨询中心、派遣专业人员开展现场指导、发挥粮食科技示范基地辐射作用等多种措施进行农技培训，将现代农业科技普及到千家万户②。农业主管部门通过培训农机使用技术人员，锻炼一批新型的优秀农机操作能手参与到粮食生产一线，使农民实实在在看见现代农业科技的高效率生产方式，促进粮食生产由粗放型向集约型转

---

①　孙红梅. 政策助力农机合作社扛起湖南粮食生产重任［N］. 中国农机化导报，2021-08-09（4）.

②　刘英，邓文，刘贝，等. 湖南粮食主产区水稻生产社会化服务现状调查与对策［J］. 农业科技管理，2020，39（5）：60-62，75.

变，省政府督促各级市、县政府积极鼓励引导有条件的农户带头购置农业机械装备，落实兑现各项农机具购置补贴，助力推进"千社工程"开展、农机服务"311"机制推广，加快农业机械化进程，着力打造湖南省智慧农机产业链发展新高地。多年来粮食增产的实践经验表明，粮食增产最重要的是提高单产，单产量的提高离不开优质种子。为从源头上保障粮食安全，湖南省抓紧培育优良种子，通过与省内农业高校、科研院所组建实验室，依靠科技力量增加农作物产量。优质种子的培育选用考虑了湖南省不同地区、不同地形等因素，进行适配性研究，多采用宜机的优良作物新品种，配合省内"千社工程"提高农业机械化程度，通过农业生产机械进行生产过程管理，提高优质粮食产量。此外，政府切实保障种子研发企业的合法利益，加强对种子知识产权的保护，同时对市场上制售假种、套牌侵权等违法行为进行严厉打击，净化种子市场秩序。

4. 加大粮食品牌支持、投入力度

湖南省作为传统的农业大省，粮油地理标志产品众多。湖南省政府在粮食稳产稳供基础上，主要粮食作物品牌发展也当作工作重点来抓，打造湖南粮食品牌竞争力。通过实施"好粮油计划"，助推省内"粮油地理标志产品"进行宣传推介，依托"环洞庭湖稻米联盟""湖南省植物油联盟"等组织的资源优势，着力打造一批知名的粮食区域品牌①。依托省内不同区域文化特色、生态特色，省政府在粮食生产优势区域，加大对打造粮食区域品牌的财政支持力度，并利用当下互联网等信息技术，进行品牌创建和推介营销，通过立法等方式对湖南粮食品牌予以支持保护，为湖南省粮食品牌经营提供良好的市场环境。

二、产粮大省保障粮食安全做法的比较分析

农业作为国民经济的基础产业，为人们生存和发展提供着最基本的生活资料，黑龙江、河南、山东和湖南这些产粮大省皆多措并举稳固农业基础地位，在粮食生产、强化现代农业基础支撑、提高粮食经营主体地位等方面都探索出了各自的成熟经验。

---

① 胡扬名，黄如意. 端牢"中国饭碗" 为粮食安全贡献湖南力量［EB/OL］.（2020-11-09）［2024-12-04］.https://baijiahao.baidu.com/s？id=1682855068109055302.

在耕地保护方面，四大产粮大省立足于本地实际，都强调切实保护耕地数量、质量，利用土地规划的刚性约束作用，严守耕地面积。尤其是黑龙江省，黑土地的自然禀赋对于粮食生产的优势作用明显，粮食的高商品率离不开肥沃的黑土。政府大力推进"三减"行动，加大对黑土地的保护力度，防止黑土地退化，以此实现可持续发展。作为"中原粮仓"的河南省，在耕地面积保护方面更是严格落实。河南省与山东省不同于黑龙江省地广人稀，后备土地资源丰富。作为人口大省，首先要满足本省粮食消费供给，其次还要履行产粮大省责任，保障其他省份粮食供应。因此，河南省与山东省任重道远，耕地面积必须守牢，在维持原有耕地基础上，向盐碱地要"耕地"，践行习近平总书记提出的"大食物观"。通过整治黄河故道途经地区的盐碱地等方式，开发盐碱地农业生产价值，增加耕地面积保障粮食生产。

在粮食规模化生产方面，黑龙江省与河南省都根据本省自身情况来发展粮食集约化生产，提高规模效益。黑龙江省立足于本地地形优势，挖掘粮食生产潜力，来发展大规模的机械化种植。而河南省依托高标准农田建设，大规模的土地流转为粮食成片种植和生产提供了条件。农民作为粮食生产的主体，是耕地的主人，让农民种粮有收益，激活农民群体的力量，是保障粮食稳定生产的长久之计。山东省近年来农村土地撂荒增多，农村老龄化严重和农业劳动力外流导致有地没人种。因此，山东省目前主要通过土地规模化种植和机械化生产来弥补因无人种地造成的粮食生产缺口，湖南省"千社工程"与此有异曲同工之妙。山东省通过推进农业社会化服务，加强农机装备，在发挥基层党组织作用基础上，把农民不愿或者无力耕种的土地流转起来，交由农业社会化服务组织或者村集体组织代耕代种，为外出进城务工或者无心无力耕种的农户提供土地托管服务，有效减少了土地撂荒现象，实现粮食规模化经营，提高耕地使用效率。湖南省"千社工程"通过推动农机合作社发展，培育粮食生产的新型农业经营主体，使小农户与现代农业发展得到有效衔接，推动了湖南省粮食生产向社会化大生产方向转变。

对于粮食品牌效应，山东省和湖南省都作为重点工作来抓。山东省以"齐鲁粮油"公共品牌为引领，通过公共品牌下沉渗透，推动区域品牌建设，利用省内粮油产业联盟资源优势，整合线上和线下两种渠道，让山东优质粮油走进千家万户。湖南省立足于"粮油地理标志产品"优势进行宣传推介，打造一批粮食生产加工的区域知名品牌，以生态特色、文化特色等为依托，利用互联网等渠道进行品牌创建和营销，并注重品牌保护。

最后，四大产粮大省皆重视农业科技应用。黑龙江省作为老工业基地，工业历史悠久，农机具生产优势明显，依靠农机具推广应用，提高粮食生产机械化程度；河南省主要是通过建设粮食生产基础设施来提高生产效率，节省人力的同时配套专门的农情监测、气象服务站点，为农民提供气象信息等服务；山东省工业部门齐全，本身就是农机装备大省，通过推进农机化，提高机具适应性，进行高效复式作业，促进农机装备制造产业转型升级；湖南省注重农机化的高效率生产方式的同时，也着重培育优良种子，选用宜机的优良作物新品种，提高粮食单产量。

在分析出四大产粮大省在粮食生产端大致相同做法的同时，我们也能总结出四大产粮大省各自的特色做法。

黑龙江省是我国粮食产量最高的省份，我国其他非产粮省份大都需要从黑龙江省调粮，因此大多已和黑龙江省政府建立了长期的产销合作关系，来保障本省粮源供给调得出、供得上，而且黑龙江省大规模的机械化种植注定了要在机收节粮减损技术上下功夫，通过农机具更新改装等多种措施，促进机收减损取得成效，进一步减少粮食浪费。

河南省作为我国人口第一大省，口粮问题是重中之重。在满足本省粮食庞大所需的同时，还要担负起产粮大省的责任，确保全国人民的饭碗。由于其地处中原，连接了我国华南、华北、华东和西部，因此发展多方跨省粮食物流通道是必要的，省会郑州作为铁路交通枢纽，公路干线贯穿经过，交通优势明显，能够做到省与省之间快速流通。

山东省地处东部沿海，是我国重要的粮食生产、流通、加工大省，粮食产业化发展走在前列，尤其是在科技创新、智慧农机和标准化生产等方面。首先，作为粮食大省，山东省粮食产业发展离不开自身历史积淀、地理位置、物质基础和产业优势。山东省是全国率先推进粮食产业化经营的重要策源地，粮食产业起步推进较早，多年来，形成了本省多地区产业化发展典型，效果良好。其次，山东位于黄河下游，处于北粮南运的枢纽位置，具备粮食产业集散、物流辐射条件，沿海的优势使山东省关联国际市场粮食进出口业务，在一定程度上也倒逼着山东省粮食标准化生产。最重要的是，山东省粮食产业化发展的是省内产业覆盖面广，全省粮食产业涵盖米面油食品及精深加工产品众多门类，已形成全产业链生产模式。各类规模企业集聚，包含国有、民营、外商及港澳台商投资等多种企业性质，推进了山东省粮食产业由大到强转型升级。"齐鲁粮油"公共品牌推介发挥乘数效应助力粮食产业发展，带动市县区域品牌崛起，配合"优质粮食工程"，推动着山东粮食产业高质量发展。

"湖广熟，天下足"，湖南省作为传统的农业大省，多年来挑起国家粮食安全的重任，依托当地历史优势，"粮油地理标志产品"较易宣传推介。湖南作为南方粮食主产区之一，"湖南粮"对于南方多个省区防汛救灾也至关重要。因此湖南省政府近年来按照国务院统一部署，深入推进粮食流通体制改革，加强宏观调控能力，通过构建粮食流通快速通道，提高粮食流通效率，保障周边区域粮食供应。

三、非产粮大省保障粮食安全的主要做法

前文梳理总结了产粮大省在抓好粮食生产、强化现代农业基础支撑、提高经营主体种粮积极性和促进粮食质量安全等的实践经验，非产粮大省地区虽然在粮食生产方面相对弱势，但是在粮食流通、粮食仓储和粮食消费安全等方面的成效做法值得借鉴。通过选取粮食主销区浙江省，四川周边的云南、贵州、重庆和广西地区在落实粮食安全方面的具体做法，为四川省更好落实粮食安全责任提供借鉴。

（一）浙江省

浙江省是我国第二大粮食主销区，保障粮食安全的生产基础较为薄弱，粮食安全任务十分繁重。立足人多地少的省情，浙江省在外拓粮食基地、增加储备数量等方面下功夫，统筹利用省内省外两种资源、国内国际两个市场，保障全省粮食安全。

1. 外拓粮食基地，深化省际粮食产销合作关系

"手中有粮，心中不慌"，稳定的可控粮源是政府进行宏观调控的基础。浙江省通过深化省际粮食产销合作，在黑龙江省、吉林省等粮食主产区建设了一批稳固的优质粮食生产基地，并重点支持省农业发展集团在东北地区建设 300 万亩的中转物流基地。考虑到粮源获取的及时性、多样性，浙江省在周边江苏、江西、安徽等粮食主产区省份布局，建立了粮源稳定、运输便捷的粮源基地，同时在河南省、山东省建立了小麦基地，由此

形成了周边粮食主产省早晚稻基地、中部粮食主产省小麦基地以及东北地区玉米、优质稻米基地"三圈"区域合作布局①，切实增强了本省粮源掌控能力。对于在省外粮食基地生产的粮食，省内种粮大户、粮食企业等主体带回省内销售的，政府予以补贴政策。此外，政府还积极引导省内经营主体发挥"浙商"的开拓精神，依托浙江省沿海港口优势，探索建立国外粮源基地，打通粮食国际贸易通道，充分利用好国际国内两种资源、两个市场，积极发展对外粮食贸易。

2. 创新储备粮储存机制，增加粮食储备规模

浙江省通过创新储备粮储存机制，按照"规模、费用、仓储"三到位的要求，足额落实好地方储备粮新增规模。在储备粮储存体制上，通过鼓励省内有条件的社会多元主体参与政府储备粮运作，降低政府储备的成本，提高储备管理体系的效率和效益。在落实新增地方储备过程中，部分粮食储备通过异地代储、委托多元主体储备等模式来储存。浙江省政府通过与代储单位签订"四方监管协议"、开发远程储备粮监控系统等方式完善异地储备的远程监管制度，并定期到代储单位实地核查、要求储存企业定期报送台账等方式，加强对储存粮食的监督检查，确保储备粮的储存安全②。同时，为适应粮食增储，浙江省政府对原有的"危仓老库"进行改造，加大粮食仓储设施建设力度，建成与储备规模相配套的高标准仓储设施。为方便粮食储备收购流通，浙江省充分发挥宁波—舟山港的海运优势，把舟山国际粮油产业园区作为接轨共建"一带一路"倡议和长江经济带发展战略的重要载体，打造成我国沿海重要的粮食物流基地、粮食集散基地③，不断增强与粮食主产区之间的粮食产销合作。

（二）贵州省

贵州省受限于自身地形条件，喀斯特地貌广布，宜农资源紧缺，人地矛盾突出。在这种现实条件下，贵州省在粮食流通方面狠下功夫，通过打造西南粮食城与贵安国家物流港连体建设等措施来保障粮食储备流通。

---

① 王月星. 浙江省保障粮食安全的实践与思考 [J]. 农业灾害研究, 2019, 9 (6)：117-118, 123.

② 张如祖，周静. 新形势下构建浙江粮食安全保障体系对策研究 [J]. 中国粮食经济, 2015 (11)：42-46.

③ 施小东. 粮食流通贸易与浙江粮食安全 [J]. 浙江经济, 2017 (11)：56-57.

1. 建立粮食安全保障体系，加强省内粮食流通管理

"八山一水一分田"之说在贵州省广为流传，作为全国唯一没有平原的省份，贵州省用于粮食生产的农业用地资源严重不足。基于自身省情、粮情，贵州省积极建立与经济增长相适应的粮食安全保障体系，重点加强省内粮食流通管理。为了长期保障全省粮食安全，根据贵州省政府统筹规划，启动"西南粮食城"项目建设。该项目与贵安国家物流港项目连体建造，力争打造成西南地区最大的粮食应急调控中心，既能够提高粮食储备效率，又有利于实现粮食快速调拨，保障粮食有序流通。"西南粮食城"和贵安国家物流港项目建设通过整体优化布局，初期优先完善基础设施，然后再进行产业集聚跟进，最后通过优化布局同步配套服务。围绕粮食储备、流通、加工等重要环节，重点建设六大板块，分为粮食仓储、铁路物流、批发交易、农产品综合、粮油加工和综合配套板块，全方位增强粮食调控能力。"西南粮食城"和贵安国家物流港项目一定程度上也带动了贵州省粮食产业转型升级，由于产业集聚效应和物流优势，大批的粮油龙头企业入驻，进一步推动了该园区粮食产业高端化发展①。在国家"强基工程"和"西南粮食城"、贵安国家物流港项目两大机遇下，贵州省粮食储备形成了"以省级西南粮食城为主要载体、市级粮油产业园区为骨干、县级粮库为补充"的三级储备体系，对于年久失修的传统老旧粮库进行检修改造，同时再高标准、高质量建设一批现代化新型储备粮仓，严格落实粮食储备责任，保障贵州省长期的粮食安全。

2. 推进山地特色高效农业发展

2022年农业农村部出台了《推进贵州现代山地特色高效农业发展实施方案》，加快了贵州省建设现代山地特色高效农业强省的步伐。基于本省多样化的生态特色优势，贵州省深刻践行"大食物观"，开发省内山地特色食物资源，念好高效农业"山字经"。通过鼓励农民因地制宜发展辣椒、精品水果、茶叶等特色优势产业，逐步推动贵州特色产业集群发展，打造西南"菜篮子"基地。深入推进建设贵州特色粮食产业带，加快特色杂粮品种选用，推动省内酒用高粱、苦荞等特色杂粮提质增效，提高杂粮利用水平，补充工业用粮。立足于山地特色，做足做好山地文章，贵州省在新时代西部大开发中闯出了农业发展新路子。

---

① 杜涛.聚焦贵州粮食安全和食物资源开发［N］.中国食品报，2022-05-10（2）.

（三）云南省

同处云贵高原的云南省近些年随着旅游业发展以及城镇化进程加快，口粮产销缺口逐渐增大，粮食消费需求呈刚性增长，因此不得不选择从国内各产粮大省和南亚邻国增加调入粮食。云南省由于地处我国西南边陲，与南亚多国接壤，有比邻中南半岛"世界米仓"的区位优势。通过与周边国家加强农业贸易合作，打造农业经济贸易合作平台和通道，推进区域性粮食产业链建设，为提升国家粮食安全战略保障能力做出云南贡献。

1. 加强周边邻国农业贸易合作，提升粮食安全保障能力

早在 20 世纪 90 年代，我国就开展了与缅甸、老挝等国家合作，在缅北、老挝北部开展农经作物替代种植。后来在"走出去"国家战略背景下，云南省利用自身地缘优势，凭借农业科技、资源等产业基础优势，瞄准南亚、东南亚国家市场，作为农业"走出去"的重要突破口，先后与孟加拉国等国签署了农业合作谅解备忘录，鼓励省内涉农企业在外建设农业基地，发展农作物替代种植，不断完善合作机制，组织实施合作项目，打开了农业对外经济合作的新局面。依托农产品对外贸易，农业科技示范与推广取得显著成效，境外替代种植及农业投资等稳步发展，形成了以政府为主导、企业为主体、科研为支撑的多层次、宽领域的贸易格局[①]。由于农业科技示范与推广取得较好成效，云南省与周边国家农业科技合作逐步深化，云南省农业科学院先后与泰国、柬埔寨、老挝、越南等国家签署了农业科技合作协议，牵头成立了"中国—南亚东南亚农业科技创新联盟"等科技合作机制，初步形成了我国面向南亚、东南亚国家的农业科技辐射中心[②]。

2. 加强粮食储备能力建设，打好高原特色农业牌

云南省政府通过对全省粮食应急网点布局进行科学优化，着重加强粮食等重要应急物资储备能力建设。为了能够及时发现并了解粮食苗头性预警情况，政府在省内重点企业、农贸市场、粮食批发市场等涉粮场地专门设立价格监测点，了解粮食市场价格波动状况。目前，云南省已经建立起了集粮食应急供应网点、应急加工企业和应急配送中心于一体的应急保障体系，并与国内产粮大省黑龙江、河南等粮食主产区建立了长期的产销合

---

① 刘颖. 云南粮食生产再上新台阶 [N]. 中国经济导报，2022-03-17 (6).
② 左志安. 基于 RCEP 下云南粮食产业发展的思考 [J]. 粮食问题研究，2021 (6)：18-21.

作关系，确保粮源稳定供给。为了做强省内粮食储备承储企业实力和规模，政府积极引导省内的国有粮食企业打破地域限制，通过收缩承储企业和兼并部分弱势库点，进行政策性业务合并，组建具有政策性的储粮企业，形成区域性辐射能力。通过做强粮食储备，带动粮食生产、加工、流通体系建设协同发展，夯实粮食安全根基。省内原粮生产基地结合储备粮订单，合理安排粮食生产。在粮食应急加工体系基础上，进一步整合资源，促进储备粮与粮食加工相结合，打造粮食产业聚集园区，充分发挥粮食加工的转化保障作用。在省内重要地区建设物流节点，全面建设以铁路"五出境"、公路"五出境"、水路"三出境"为主的对外综合交通支撑体系，形成以铁路、公路、空运和水运立体化的交通骨架网络，打通粮食专用贸易要道，推动粮食产销深度融合。此外，云南省政府持续深入与南亚、东南亚国家之间的农业贸易合作，提升交通运输能力，与周边各国合作建设区域性粮食产业链和供应链的交通条件更加完备①。

此外，云南省地处云贵高原，气候适宜，农业资源多样，发展高原特色农业优势明显，越来越多的"云字号"产品走出大山。由于得天独厚的气候条件，云南省蔬菜和水果能够全年在市场上进行供应，丰富了百姓餐桌上的饮食种类，满足了饮食消费升级的需求。通过聚焦水果、茶叶、花卉、水果等特色优势产业，扩大了"云系""滇牌"产品品牌影响力，众多"一县一业"特色县、"一村一品"专业村涌现出来，带动农民增收。

（四）重庆市

重庆市地处四川盆地东南缘，地形以山地、丘陵为主，"巴掌田""馒头山"分布居多，粮食生产条件较差，种粮收益偏低。此外，重庆市又受寡照气候、旱涝灾害等多重因素制约，粮食生产形势较为严峻。在原有耕地保有量就不足的情况下，种粮效益偏低带来了很多土地撂荒现象。因此，重庆市将保障粮食安全的重点放在了选育优良品种提高单产和物流建设上来。

1. 对土地进行宜机化改造，推动粮食规模化耕种

针对土地撂荒问题，重庆市政府对土地进行宜机化改造来推动粮食规模化耕种。对于适宜耕种的丘陵地区，通过农田宜机化改造，陡坡变缓

---

① 王雪娇，李梁，毛昭庆，等. 云南构建区域粮食产业链及供应链对策研究［J］. 中国农学通报，2022，38（5）：157-164.

坡，原有田块间形成连接。对于不规则田块进行条状田块改造，通过改造成坡式梯田或水平梯田从客观上增加耕地面积，改善这些地块的耕种条件，从而吸引家庭农场、农民合作社等新型农业经营主体和社会资本来复耕复种或者流转土地，提升农业生产效率和产出效益。

2. 选育优质品种，提升粮食单产能力

重庆本地气候湿热，高温寡照。寡照会导致粮食在生长过程中光合作用不足，高温则将"逼熟"粮食生长，国内很多优质粮食品种在重庆"水土不服"。因此，重庆市立足山地特色，根据不同地区地貌、土壤类型、水热条件，进行种子适配性研究，提升粮食品种品质来实现粮食增产。在高榜田，选用耐旱的粮食品种；在冷浸田，选用耐冷性好的品种；在沿江河谷地区，选用耐涝品种。这些优质粮食品种产量高、抗病性强，很好适应了重庆不同地域和地形地貌①。近年来，重庆市对粮食生产的财政扶持力度空前。立足于本地粮食生产状况，重庆市政府持续加大财政支持力度，依靠农业科技支撑作用，建立农业科研稳定支持机制，围绕水稻等主要粮食作物进行种子联合攻关，培育出一批适宜重庆市生产条件的优质高产新品种。通过选育出一批优质高产抗逆广适的优良新品种，推进生物育种技术创新，不断提高粮食品种适配性，落实增加粮食单产的主攻方向。

3. 布局优化粮食物流节点，缓解粮食供需矛盾

在粮食流通方面，三峡航运为重庆市提供了便捷的物流服务，通过利用长江水道优势，配合西部陆海新通道和中欧班列实现了无缝衔接，续接重庆市内公路、铁路运输进行多式联运，便捷融入了"北粮南运"和"东粮西运"的粮食流通格局中。为了进一步提高粮食流通效率，重庆市政府统筹布局优化粮食物流节点，完善粮食产业发展功能区，推进重庆西部粮食物流园建设，推广粮食四散化运输，降低物流运输成本，缓解本地粮食供需矛盾。在粮食加工方面，重庆市政府统筹发展多层次的粮食加工业，重点培育大型粮食加工企业，发挥优势加工企业的集群作用，同时扶持发展中小型粮食加工企业，并且注重各区域之间粮食加工企业平衡发展，构建优势互补、多层保障的粮食应急加工体系。

---

① 彭瑜，陈维灯.三部曲："做大"粮田 优化品种 擦亮品牌［N］.重庆日报，2022-03-21(3).

（五）广西壮族自治区

广西地区从全国粮食生产整体格局来看，不属于粮食主产区，也不属于粮食主销区，偏向于"生产为主，流通为辅"的生产型省份。广西高度重视农业科技进步对于粮食生产的重要性，通过全面推广先进农业生产技术，提升广西粮食单产水平，并加强灾害走势研判，减少农业生产损失，对于自然灾害较多的四川省具有借鉴意义。

1. 推广先进农业技术，优化粮食品种结构

因为广西地区地处东南沿海，气象灾害频发，因此政府着重强化与科研院所的科研合作，重点培育推广耐涝型优质粮食作物新品种。凭借现阶段高产栽培技术，在桂东南地区全面推广"粮食+粮食经济"复合模式，发展涉农经济，全面提升粮食种植附加值，发挥稳定粮食总产能效用，促进农业增效和农民增收。在桂林、玉林、南宁等主要粮食生产功能区，建立优质稻粮源生产、收购基地，借鉴粮食主销区省份粮食储备经验，深入研究粮食储藏管理技术，减少粮食产后损失。立足地方优势，发展具有地方特色的稻渔综合种养模式，形成全区各有优势、各具特色的发展格局[①]。目前，广西已经成功打造"高山稻鱼"和"高山鱼稻"两个生态绿色品牌，稻渔综合种养产品方面获得多个国家地理标志产品称号。

2. 加强灾害走势研判，减少农业生产损失

政府高度重视气象预警工作，为了加强灾害走势研判，根据气象部门反馈信息，组织多个部门多渠道多途径发布预警预报信息，最广泛地传播到农民层面并落实农业灾害防范措施。同时，为鼓励农民种植粮食积极性，政府加大对粮食生产基础和抵御自然灾害的财政资金投入力度，为使财政支农资金公开透明化，建立了专门的财政支农资金监督管理体系[②]。此外，自治区财政厅不断健全农业保险保障机制，推进粮食农作物完全成本保险和种植收入保险在产粮大县的全覆盖，减轻粮食类农业企业、农业新型经营主体等市场主体贷款压力，有效应对台风等极端天气对农业生产造成的损失和不利影响。

[①] 钟洁. 广西壮族自治区粮食安全面临的形势及对策 [J]. 乡村科技，2021，12 (25)：58-60.

[②] 杨景峰，孔令孜，陆炳强，李小红. 广西加强粮食生产能力建设对策研究 [J]. 农业研究与应用，2022，35 (3)：87-94.

四、非产粮大省保障粮食安全做法的比较分析

浙江省是我国第二大粮食主销区，经济集聚效应使得省内人口众多，这对同样人多地少的四川省来说具有较强的借鉴意义。而贵州、云南、重庆作为四川周边地区，地形、气候等诸多方面大致相似，广西地区因为农业灾害较多，对同样自然灾害事件发生较多的四川省来说也有借鉴意义。因此通过分析这些省份在保障粮食安全方面的做法，对四川省落实粮食安全责任具有较强的现实意义。

浙江省与四川省情况非常类似，都是由原本的粮食调出省转变为粮食调入省。根据浙江省农业志记载，自新中国成立以来，浙江大力发展粮食生产，1952 年粮食基本实现自给[①]。1972 年，浙江省成为全国第一个粮食亩产超千斤的省份。1985 年以后，由于扩种经济作物以及发展水产养殖，浙江省粮食种植面积逐渐减少，由粮食净调出变成净调入，到如今成为全国第二大粮食调入大省。人多地少的省情使浙江省不得不选择在省外另拓粮食基地，通过配合粮食中转基地以及租建粮库开展异地储存或者代储业务，掌握稳定的粮源来保障本省粮食安全。

贵州省和重庆市受限于自身地形条件，土地资源匮乏。尤其是贵州省，作为全国唯一没有平原的省份，"地无三尺平"，喀斯特地貌广布，宜农资源紧缺，人地矛盾突出。在这种现实条件下，贵州省在粮食流通方面狠下功夫，通过打造西南粮食城与贵安国家物流港连体建设，来保障粮食储备流通。重庆市面对耕地保有量不足、寡照气候众多、旱涝灾害频繁等多重制约，同样注重加强本地粮食流通工作，利用嘉陵江的长江水道优势，统筹优化物流节点，推进重庆西部粮食物流园建设，融入"北粮南运"和"东粮西运"的粮食流通格局中，缓解本地粮食供需矛盾。相较于贵州省，重庆市对于适宜耕种的丘陵地区进行农田宜机化改造，连通原有田块，增加耕地面积，并培育出一批适宜重庆市不同地貌的优质高产抗逆广适的优良新品种，在自有耕地面积不足的既定条件下，把提高粮食单产

---

① 浙江省统计局."三农"发展新篇章 乡村振兴新征程：中国共产党成立 100 周年浙江经济社会发展系列报告［R/OL］.（2021-06-12）［2024-12-04］. http://tjj.zj.gov.cn/art/2021/6/12/art_1229129214_4663379.html.

作为主攻方向，提高了粮食总产量。

位于云贵高原的云南省，也把保障粮食安全的重心放在了流通和储备上面。通过加强粮食和重要应急物资储备能力建设，初步建立起粮食应急保障体系，并与产粮大省建立产销合作关系，确保粮食供给稳定。此外，贵州省和云南省都立足于本地多样性资源的优势，发展高原特色农业，使"黔字号""云字号"产品走出大山。通过推动当地的优质绿茶、特色水果、中药材产业发展，在新时代西部大开发中两省闯出了农业发展新路子。可以看出，贵州、云南、重庆三地因为自有耕地的不足，都着重完善粮食流通来保障粮食安全供应，依靠产粮大省调拨粮源，保障省内粮食充足稳定。特殊的是，云南省地处我国西南边陲，与南亚、东南亚等国接壤，催生了跨国农业经济贸易合作契机，利用当下 RCEP（Regional Comprehensive Economic Partnership，区域全面经济伙伴关系协定）政策红利，深耕东南亚等国农业市场，进一步提升了国家粮食安全保障能力。

最后，广西地区因为农业灾害较多，对同样自然灾害事件发生较多的四川省来说非常具有借鉴意义。因为四川本地地形多样，除了成都平原地区，其他地区洪涝等自然灾害频发，对于粮食生产有不利影响。广西地处我国南部沿海，地形以山地丘陵性盆地地貌为主，洪涝、干旱时有发生，部分地区农业基础设施建设难度大、建设不完善，致使农业对自然灾害抵御能力较差，自然风险程度较高。在这种现实情况下，广西地区政府重视灾情研判，部署落实了诸多农业灾害防范措施，保障农民种粮积极性不受挫。通过加大财政资金投入力度和完善农业保险等措施，来应对极端天气对粮食生产造成的损失和不利影响。此外，我国众多科研院所集聚在我国东南沿海，广西地区利用科研院所的资源优势，开展培育粮食优质种子科研合作，研发耐涝型优质粮食作物新品种成果落地，适应了当地自然灾害频繁的现状，提高了粮食存活率，保障了粮食产量。

五、启示

通过分析黑龙江、河南、山东和湖南产粮大省以及浙江、贵州、云南、重庆、广西非产粮大省的经验做法和取得的成效，其中不乏大量可圈可点的经验做法，为四川省建设"天府粮仓"提供了经验启示。

　　首先粮食生产要切实提高农民种粮积极性，保护耕地面积实现适度规模经营。农民是粮食生产的主体，只有让农民种粮不吃经济亏，才能保障粮食持久稳定生产。耕地作为粮食生产的基础，必须牢牢保护好耕地面积，夯实土地数量及质量。粮食生产有没有效益，归根结底在于经营规模的大小，盘活土地资源进行适度规模经营，能够有效提高粮食产出。四川省虽然不像黑龙江那样平原广布，但是也具有自身优势。针对碎片化的丘陵种植区域，加以改造，建成宜机农田，发展适度规模经营。借鉴云南发展高原特色农业的经验，发挥成都平原、川中丘陵、川东北等粮食生产功能区优势，推广粮经作物生态立体种养，攀西地区可利用独特的光温气候条件优势，发展高档优质水稻和马铃薯等产业，川西北地区稳定好青稞面积，发展高原特色养殖，推动农牧循环发展。此外，粮食生产要逐步实现"粮食安全观"到"食物安全观"的思维转变。现阶段，省内口粮基本能够得到稳定供应，但是饲料粮和工业用粮存在缺口。因此，在确保口粮绝对安全基础上，发挥耕地多功能性，推行种养结合、粮经复合生产，并增强其他农作物的生产经营能力，来满足多方面粮食用途。

　　其次是以农业现代化为目标，推动四川省粮食产业转型升级，擦亮"川"字号金字招牌。借鉴山东省粮食产业发展经验，依托四川省级产业体系建设，打造标准化生产基地，培育出一批地域特色突出的区域公用品牌，打响"川"字号农业金字招牌。通过以打造品牌效应为重点，引导四川省粮食生产企业拉长产业链条，向粮油精加工方向转化，把四川省不同区域农产品差异性体现出来，错位竞争，进行差别化发展，生产多样化的绿色优质的健康粮油产品，推动四川省特色粮油食品产业化，适应现阶段粮食和食品供给从"吃得饱"到"吃得好"的转变。

　　再次要做好粮食流通和应急储备体系工作。四川省作为我国粮食主产区之一，近些年粮食缺口越来越大，外省调入粮食持续增加，粮食流通和应急储备体系需要进一步完善。现阶段，成渝经济圈区位优势明显，中欧铁路和长江水道贯穿四川本省，粮食流通的区域合作更具有优势，要主动融入到"北粮南运"的粮食流通格局中，合理规划粮食储备点布局，高效应对突发事件发生。通过加强与贵州省"西南粮食城"、重庆市西南物流园区域合作联系，实现云贵川渝抱团式发展，推进区域性粮食产业链建设。同时借鉴浙江省外拓粮食基地做法，鼓励四川省内多方主体参与粮食储备，形成以政府为主导，企业和民间储备为补充的上下联动的储备体系，深化与粮食主产区粮食产销合作关系，在其区域内投资建设粮食基地，提高全省总体粮食安全水平，以备不时之需。

最后是加强灾害走势研判，部署灾害防范措施。对于四川省来说。广西地区的防灾经验值得借鉴，要着重加强农业自然灾害预警，特别是在夏季，省内水涝灾害较易发生，要对自然风险尽可能做到提前研判。政府要整合专门的财政资金用于支持和稳定粮食生产，出台相关的奖励补贴与农民粮食产量、粮食种植面积等指标挂钩，并完善农业保险制度，鼓励金融机构增加涉农领域产品，提高农民种粮收益预期和积极性。建立起以政府为主导，市场力量广泛参与的生产性社会化服务组织，积极引导和鼓励涉农企业参与服务供给，提供产前市场交易信息来指导农民安排自己的耕种计划，为农民提供技术指导、资金支持，给粮食产业注入新的活力。

第九章　应对之策：四川落实粮食安全责任的路径选择与政策建议

"洪范八政，食为政首"。落实粮食安全责任、保障粮食安全是关系经济发展、社会稳定和国家自立的基础，始终是治国安邦的头等大事。四川是全国 13 个粮食主产省之一，集农业大省、产粮大省和人口大省、劳动力输出大省及粮食消费大省、粮食调入大省等多重身份于一体，同时四川是我国发展的战略腹地，打造新时代更高水平的"天府粮仓"，不仅对于保障全省粮食安全具有重要意义，对于增强全国粮食安全保障能力也具有极为重要的作用。在世界经济复苏缓慢、局部军事冲突和极端气候等更趋复杂严峻和不确定性的外部环境影响下，选好路径、找准对策，更好地推进粮食安全责任落实，建设新时代更高水平的"天府粮仓"具有重要的现实意义和深远的战略意义。

一、四川落实粮食安全责任的路径选择

四川作为全国 13 个粮食主产省之一，对保障国家粮食安全有着重要的责任，面对落实粮食安全责任存在的耕地保护与质量提升执行不到位、粮食储备管理机制不完善、粮食物流调控机制不健全等问题，应从提高粮食生产能力和效率、提升粮食储备水平和调控能力、加强粮食消费监督和营造良好"节粮"氛围等路径落实粮食生产、储备、流通和消费安全责任。

（一）粮食生产安全责任落实路径

1. 提升粮食生产能力

提升粮食生产能力，要深入实施"藏粮于地"战略，严守耕地红线，

加强高标准农田建设与管护，提升耕地质量，提高耕地利用效率，保障粮食耕种的良性循环。一是继续加强高标准农田建设，严格落实建设责任。四川省政府印发的《关于切实加强高标准农田建设巩固和提升粮食安全保障能力的实施意见》指出，要明确全省高标准农田建设政策要求，落实地方党委和政府的主体责任和地方财政投入的支出责任。一方面，完善和优化公共财政投入保障机制，争取中央财政加大投入力度，发挥政府财政杠杆作用，积极引导社会资本投入，激发社会资本投资活力和创新动力，切实落实地方各级政府支出责任，提高资金配置效率和使用效益。另一方面，严格按照高标准农田建设标准，落实高质量发展要求，实行差异化财政补助政策，根据山区、丘陵和平原地区实际情况，采取分类措施开展高标准农田建设和改造提升，保质保量完成新增高标准农田任务。二是建立健全高标准农田管护机制，严格落实管护责任。由于农田水利等基础设施具有公共产品的属性，地方政府在其建设与管理问题方面必须充分发挥自身主导作用。首先，全面建立健全"省规划、市统筹、乡镇监管、村为主体"的建后管护机制，完善管护制度，明确管护范围和内容，落实管护主体和责任，加强监督，通过奖惩制度等方式来防范政府相关人员的"重建轻管"的现象。其次，按照"谁使用、谁受益、谁管护"的原则，探索社会化和专业化相结合的管护模式，确保高标准农田长效运行。最后，建立政府与农户之间的双向沟通机制，尊重农户意愿，维护农户权益，鼓励农户参与高标准农田建设和管护，充分发挥农民的主体作用，调动农户参与农田水利等基础设施管理与维护的积极性，延长农田水利等基础设施的使用时间。

2. 提高粮食生产效率

提高粮食生产效率，要深入贯彻落实"藏粮于技"战略，以科技创新为突破口，破除"卡脖子"的技术难题[1]，同时，要加大农技人才的培育力度，强化粮食产业科技人才主体支撑。以农业机械化为例，一是强化农机装备技术创新。省经济和信息化厅、省科技厅、省财政厅、省农业农村厅等部门要高度重视农机装备研发，特别是"小微型"适宜丘陵山区作业的农机研发。一方面，利用省级工业发展基金、财政支农资金等财政资金，支持高校、科研院所和农机企业等强化合作、实施智能农机装备创新

① 高莹. 双循环格局下国家粮食安全保障能力提升的内在机理及路径选择 [J]. 农业经济，2024（4）：122-124.

赶超工程，加大对农机装备新技术和新产品研发的支持力度。另一方面，支持大型农机制造企业集团化转型，鼓励中小型农机制造企业抱团合作，走向集约化发展，以强化农业机械装备有效供给。二是继续开展宜机化改造行动。相关部门应有序推进"宜机化改造"等工程，针对山区和丘陵地块小、不连片的实际情况，进行耕地细碎化治理、宜机化改造，实现"小改大、陡改缓、坡改梯"，着力消除影响丘陵和山区农机作业的障碍因素，满足农业机械化作业、农资运输等需求。三是加强农机装备人才培育。省教育厅、省人力资源和社会保障厅等部门主要负责农机人才培育工作。首先，注重研发型农业人才培养，支持省内各大高校加强农业工程学科专业建设，扩大农业工程类本科生、研究生的培养规模[1]。其次，鼓励农机高端人才参与国际交流合作，支持农机专业人才出国交流、学习，与此同时，强化国际农机人才引进激励机制，提升农业机械装备研发能力。最后，鼓励本科和中专毕业生、退伍军人和科技人员等返乡下乡创办领办新型农机服务组织，打造一支爱农业、懂技术、会经营的农机人才队伍。

（二）粮食储备安全责任落实路径

1. 提升粮食储备水平

一是加快粮食仓储设施设备升级改造。一方面，实行"资产置换、异地迁建、恢复功能、更新设施"方式对现有落后的仓储设施进行升级改造[2]，引入现代化智能装备、应用数字技术等工具有效降低粮食储备环节存在的风险，如使用并推广控温储粮等技术以改善粮食储存条件，减少粮食损失。另一方面，探索无公害储粮途径，推广科学、绿色储粮新技术应用，延缓粮食陈化，有效减少由于鼠盗、虫蛀或霉烂变质造成的损失，保证粮食数量与质量安全。二是提升粮食储备管理能力。一方面，健全市、区两级政府分级储备管理机制，强化精细化管理，推进更高质量、更有效率和更可持续的粮食储备管理[3]，落实各部门行政监管责任以及地方政府属地管理责任。同时，加强粮食储备管理部门联动，畅通相互之间的业务

---

① 《四川省人民政府关于加快推进农业机械化和农机装备产业转型升级的实施意见》，四川省人民政府，http://zwfw.sc.gov.cn/art/2019/9/6/art_15330_87180.html? areaCode = 510000000000，2019-9-6.

② 潘朝松. 四川粮食仓储：问题及对策 [J]. 粮食问题研究，2003（1）：46-48.

③ 周晶，李双喜. 粮食安全责任制考核研究 [J]. 粮食与油脂，2022, 35（8）：159-162.

数据信息网络，强化分工协作，提高粮食储备管理效率。另一方面，加强粮食储备安全信息监测，建立健全可视化智能监管系统，全方位了解地方各级粮食储备点粮食在库情况，实时掌握储备粮食的品种、数量、质量等动态信息。与此同时，动员当地群众、发挥社会力量对各级政府粮食储备进行监督，可借助 12325 监管热线，举报相关不法行为，提高储粮管理的现代化水平。

2. 优化粮食人才结构

针对粮食仓储保管、质监和管理人才不足的问题，应继续提升粮食行业的人才储备和人才培育能力，持续壮大粮食储备人力资本队伍。一方面，继续加强以家庭农场、农民合作社带头人为重点的新型职业农民培育，鼓励规模化粮食生产，充分利用粮食生产的规模效益弱化粮食种植单位面积微利性特征突出的不利影响。与此同时，当地政府应从重视专业生产型新型职业农民培育逐步过渡到同等重视专业生产型、经营管理型、技能服务型新型职业农民培育，加大粮食储备技术人才培育力度，提升粮食仓储保管、质监和管理人员能力，确保粮食储备人力资本发展安全。另一方面，加快农业社会化服务体系建设，大力培育为粮食适度规模经营服务的新型农业社会化服务组织，扶持农村集体经济组织、农民合作社、专业技术协会、供销合作社、农业企业等新型农业经营主体广泛参与粮食生产的产前、产中和产后全链条服务，因地制宜开展工厂化育秧、机械化插秧以及植保、机收、仓储、烘干等单环节、多环节以及全程托管等菜单式服务，有效降低粮食生产成本、提高生产效率，充分满足市场的多样化服务需求。

（三）粮食流通安全责任落实路径

1. 提升粮食加工能力

一是强化粮食源头供给，提高粮食加工水平。一方面，当地政府要积极引导、大力支持粮食加工企业与粮食原料产区建立利益联结紧密的联动机制，以股份合作或粮食订单等方式联合建立粮食生产原料基地，注重发展严重短缺的加工专用粮食产品，稳定原料供给、降低生产成本[①]，提升粮食加工原料的有效供给能力。另一方面，粮食加工企业要建立健全常态

---

① 郭晓鸣，虞洪. 需要高度关注中国粮食安全的中长期挑战 [J]. 中国乡村发现，2021.（1）：100-106.

化原粮浪费统计监督机制，在粮食收贮运、初加工、深加工、综合利用等关键技术上发力，降低粮食原料损失率，增加粮食原料的利用率和产品附加值，推进稻壳米糠、麦麸、油料饼粕等副产物综合利用。二是推进粮食精深加工，提升粮食供给能力。大力推进农业产业化龙头企业"排头兵"工程。鼓励相关粮食加工企业进行粮食精加工，政府定点发展一批粮食加工厂，负责统筹正常和应急情况下粮食的快速优质加工工作，重点高质量打造"成绵广德眉乐"粮食加工产业带，发挥好辐射周边的作用①。鼓励加工企业开发符合市场需求的粮食加工产品，支持粮食主产区发展粮食深加工形成完善的产业链，引导龙头企业在精深加工、产业融合等方面发挥好引领作用，增强其自我发展能力，提升"川"字号农业特色产业竞争力。

2. 提升粮食调控能力

一是完善粮食流通一体化规划。地方政府可以通过政策引导、鼓励、支持粮食产销区协作规划，建立健全粮食仓储、加工、销售等流通环节基础设施，畅通粮食物流设施网络，形成粮食流通一体化格局，推进粮食流通产业持久发展。注重在粮食加工、仓储、运输的规划过程中各重要节点布局的合理性，最大限度地减少流通成本、提高流通效率。二是转变传统粮食运输方式。可以通过加大力度推广粮食"散装、散卸、散运、散存"的"四散"化散粮物流运输方式，同时配置与"四散"化运输方式相匹配的设备设施，以改变四川传统的包粮运输方式，达到大量节省人力、物力、财力，提高运输效率、降低损耗、缩短周期的目的②。三是加大粮食流通监管力度。一方面，深入贯彻落实"放管服"改革精神，强化全链条粮食流通监管，从"事前"准入过渡到对"事中"及"事后"的监管强化，明确粮食流通监督对象，严谨过程化监督。另一方面，以数字化赋能粮食流通现代化升级，通过功能完善和管理升级，逐步提高粮食流通智能化、信息化水平，采用"互联网+粮食"模式，通过开发、应用和推广先进的数字化、信息化技术，加快贯穿粮食流通全链条的网络化信息平台建设，加强粮食质量安全风险监测，确保流通过程中各环节的质量安全。

---

① 张书冬.做好新时期四川粮食流通工作的几点指导建议 [J].粮食问题研究，2018（2）：4-12.

② 江琳莉.新时期粮食流通体系建设的价值诉求和发展策略 [J].中国商论，2022（9）：1-4.

（四）粮食消费安全责任落实路径

1. 营造良好"节粮"氛围

积极开展粮食安全主题教育，逐步强化公民"节粮"意识，营造良好"爱粮节粮"氛围。首先，关于《中华人民共和国反食品浪费法》等法律法规，政府相关部门要利用政府官方网站、电视台、集中学习培训等方式对粮食消费主体包括餐饮行业从业人员进行普法宣传，把粮食安全教育进行到底。与此同时，开展"节约粮食、反对浪费"粮食安全主题教育，强化消费者"爱粮节粮"意识，提升其节约粮食的思想和行动自觉，从而落实"反粮食浪费"责任。其次，以学校、家庭为主导，重点塑造未成年人节约粮食、适度消费、反对浪费等意识，"促进相关少儿电视节目和广告制作、教材与书籍编写、亲子培训等措施开展①。最后，要发挥工人联合会、中华全国妇女联合会、中国共产主义青年团等群体的组织优势，倡导"节约粮食、反对浪费"，通过举办"爱粮节粮"活动，以丰富多样的传播载体向粮食消费者宣传节约粮食的重要性，深化全民"爱粮节粮"意识，形成全社会共同维护粮食安全的良好氛围。

2. 加强粮食消费市场监督

加强工作统筹协调，强化粮食消费市场监督，落实粮食消费安全责任。充分发挥四川省粮食节约和反食品浪费专项工作机制作用，加强相关部门统筹协调，强化监督管理，抓好工作落实。发展改革部门等相关单位要有序开展和推动有关反粮食浪费工作，通过行政、社会、经济手段限制餐馆、酒店等餐饮娱乐行业的粮食浪费。针对餐饮外卖、酒店、食堂等重点领域，开展制止餐饮浪费专项行动，通过经济手段，辅以必要的行政手段严厉打击餐饮企业诱导点餐以及粮食浪费等违法行为，对典型事件立案予以曝光、批评，使公民理解粮食浪费行为的性质及其严重后果，引导其摒弃"面子"观念，杜绝"舌尖上的食物浪费"。与此同时，对粮食节约和反食品浪费执行效果较好的餐馆给予一定的经济或社会荣誉激励，强化"爱粮节粮"意识和行为。

---

① 杨鑫. 大食物观下消费者粮食安全社会责任的内涵及强化路径［J］. 中国食物与营养，2023，29（10）：10-16.

二、四川落实粮食安全责任的政策建议

落实粮食产销区域安全责任，除了要完善耕地保护提升机制、护住粮食生产的"命根子"、保障粮食生产安全之外，还要通过粮食产销区的共同合作来实现。粮食主产区可以建立以财政转移支付为主的纵向利益补偿机制，粮食主销区则建立对主产区的横向补偿机制，逐步形成多元化、规模化、现代化的粮食产销合作新格局。

（一）完善耕地保护机制

一是严格落实粮食安全省长责任制。习近平总书记在党的二十大报告中明确指出要"全面落实粮食安全党政同责"。四川作为粮食生产大省，要知晓并落实粮食安全责任，全面贯彻落实《四川省粮食安全保障条例》，开展粮食安全责任制考核，围绕保障粮食安全底线将党政同责落地、落实。二是严格执行耕地保护制度。一方面，严格落实耕地占补平衡管理制度，严守18亿亩的耕地红线不动摇。"把耕地保有量和永久基本农田保护目标任务足额带位置逐级分解下达，各市（州）签订耕地保护目标责任书，作为刚性指标实行严格考核、一票否决、终身追责"，并探索推行"田长制"、建立省市县乡村五级联动的全覆盖耕地保护网格化监管体系。另一方面，在将农用地转为建设用地的审批权下放到省、扩大永久基本农田及耕地征收省级审批权限的同时，应继续毫不动摇地压实最严格的耕地保护政策，并结合建立健全建设用地、补充耕地指标跨区域交易机制，强化市场化激励约束，增强地方政府保护耕地的压力和动力。三是健全耕地质量提升机制。首先，健全新型职业农民培育体系，培育一支"爱农业、懂技术、善经营"的新型职业农民，提升粮食生产经营主体对耕地的管理水平，增强农民耕地保护意识。其次，鼓励发展农业循环经济，大力支持土壤有机质提升和测土配方施肥、秸秆综合利用、粪肥就近就地还田等措施，推进化肥、农药等农业投入品减量增效，有计划地大规模推行轮耕、休耕，以提升耕地地力。最后，推进省内粮食生产重点区域耕地修复与治理及高标准农田建设，严格落实高标准农田建设财政补助政策和建设标准，实行差异化补助政策，提高丘陵、山区补助标准，健全高标准农田管护机制，以提升粮食持续稳定增长能力。

（二）健全粮食主产区利益补偿机制

一是建立与粮食生产及任务完成情况挂钩的一般性转移支付制度。针对多数粮食主产区财政入不敷出、粮食产业发展过程中财税收入损失大的实际情况，将粮食商品量与省级财政一般性转移支付挂钩，并加大粮食主产区一般性转移支付的力度，优先将各类农业农村"十四五"规划中有关农业农村人才队伍建设、农产品加工和乡村特色产业培育等重点扶持项目向粮食主产区布局①，提高产粮大县多产粮、多卖粮的积极性。二是调整与粮食生产密切相关的基础设施建设立项和资金配套制度。四川省多数产粮大县特别是山区、丘陵地区，由于基础差、资金配套能力弱，常常在竞争中处于劣势，与粮食生产相关的基础设施建设往往面临着更高的投入成本，因此在农田水利等基础设施建设上应更多地考虑公平性，逐步降低与粮食产业密切相关的基础设施建设及维护项目的县级配套比例，甚至取消产粮大县地方财政粮食风险基金配套等配套要求，从而加快产粮大县基础设施的改善，提高粮食生产、储存能力。

（三）健全粮食产销区产销协作机制

一是建立产销区利益补偿机制。根据全省县域经济发展水平和粮食产、销差异较大的现状，在省政府组织下依据各县粮食缺口指标，根据粮食主要产销关系建立粮食产销区对口帮扶的利益补偿机制，扭转"穷县补贴富县"的局面，促进产销区域发挥优势、互利共赢，形成优势分工、协调发展的格局，保证产区"种粮卖得出"，销区"吃粮买得到"。二是拓展多元化补偿途径。建立产销区沟通协调机制，鼓励粮食主销区将少生产粮食获得其他发展机会的增值收益合理地让渡给粮食主产区，以弥补其多生产粮食的机会成本。引导主销区粮食经营企业到粮食主产区建立粮食生产

---

① 姚成胜，杨一单，殷伟. 三大区域粮食安全责任共担的角色定位与推进路径—基于中国省域口粮自给率差异视角［J］. 经济学家，2023（6）：100-107.

基地，推进重大粮食仓储、加工、流通以及消费等项目向粮食主产区集中布局[①]，促进区域之间在基础设施建设、公共服务配套、优质品种研发和新型经营主体培训等方面进行合作，将粮食产业的增收功能留在主产区县域。尽可能实现产粮大县之"所短"与销粮大县之"所长"的有效衔接，促进区域之间、区域内部协调发展。

（四）健全粮食安全责任考核激励机制

对于地方政府，可以从优化粮食安全责任考核指标和落实奖惩制度等方面对其进行激励和考核，从而落实粮食安全党政主体责任。一是合理设置粮食安全责任考核指标。构建粮食安全党政主体责任体系，细化党政主体责任清单，强化党政主体责任落实。首先，在粮食安全省长责任制的年度考核评分标准中，细化粮食主产区、粮食产销平衡区、粮食主销区的分值，根据粮食主产区、产销平衡区和主销区粮食生产与保障粮食安全任务的不同，分别对其考核内容设置不同的评分值，这样三个区域既能与其承担的保障粮食安全的不同责任相呼应，还能让主产区、产销平衡区和主销区政府清晰认识到三者承担责任的差异性，进而切实增强各自的责任意识，强化责任担当，发挥各自的优势功能[②]，提高考核指标的科学性和精确性。二是优化粮食安全责任考核指标体系。按照"突出重点、优化指标、强化导向、注重实效"的原则，紧扣党中央、国务院决策部署，对生产、储备、流通以及消费等关键环节和重要指标进行考核，确保粮食生产面积和产量不减少，粮食供给和需求市场不出问题。加大对粮食产销区域合作的考核，确保粮食产、销区域之间的粮食流通不受限制，促进产销区域互利共赢。三是落实责任考核结果奖惩制度。要建立并完善赏罚分明的奖惩制度，发挥粮食安全责任落实考核结果的导向作用。就产粮大省外部而言，对于粮食安全责任落实考核结果优秀的省份，中央财政应加大对其在粮食生产、储运、流通等方面的政策、资金支持力度，以提高地方党政

---

① 姚成胜，杨一单，殷伟. 三大区域粮食安全责任共担的角色定位与推进路径：基于中国省域口粮自给率差异视角 [J]. 经济学家，2023 (6)：105-109.

② 刘明月，普冀喆，钟钰. 粮食安全省长责任制的党政同责机制构建研究 [J]. 湖南师范大学社会科学学报，2021，50 (5)：30-37.

"重粮抓粮"的信心和积极性①。对于考核结果不合格的省份，要对其进行通报批评，以增强地方党政的思想意识，引以为戒，同时要实施限时整改，对于整改不到位的省份，要对其主要负责人进行约谈。就产粮大省内部而言，对于考核结果表现优异的区域，省级财政应在其与粮食生产经营相关的基础设施建设、新型经营主体培育等方面予以倾斜。对考核结果不合格的区域，省级政府要对其进行通报批评并责令限时整改，对仍然考核不合格的区域负责人进行约谈。

---

① 朱天明，张正军. 关于新时代下广元市粮食安全党政同责考核的实践和思考 [J]. 粮食问题研究，2023（5）：39-41.

子课题一

四川省"藏粮于地"战略

实施研究与路径探析

粮食安全是"国之大者"，耕地是粮食生产的命根子①。耕地是保障国家粮食安全的根本，四川是人口大省和农业大省，自古就有"天府之国"的美誉，作为我国 13 个粮食主产区之一，应肩负起保障国家粮食安全的重任。2022 年 6 月，习近平总书记来川视察时强调，"成都平原自古有'天府之国'的美称，要严守耕地红线，保护好这片产粮宝地，把粮食生产抓紧抓牢，在新时代打造更高水平的'天府粮仓'"。2023 年 1 月，四川省委、省政府印发了《建设新时代更高水平"天府粮仓"行动方案》，要求深入贯彻习近平总书记来川视察重要指示精神，建设新时代更高水平"天府粮仓"。对耕地实行"长牙齿"的硬措施、加强耕地保护、挖掘耕地利用是四川落实"藏粮于地"战略的重要体现，也是保障人民粮食安全的重要措施。目前，四川耕地面积连续三年净增超过 100 万亩，处置耕地"非农化""非粮化"问题等违法违规线索 2.3 万余条，逐步构建起部门齐抓共管的工作格局，但耕地撂荒抛荒现象未完全遏制，耕地质量不高以及适宜开发利用的耕地后备资源有限等问题尚未得到解决。因此，本研究从"藏粮于地"进行内涵解释与重要性阐述出发，阐述四川在优化耕种条件、耕地布局、耕地利用方式和耕地管理等方面的实践做法，并以 2011 年、2016 年、2021 年三个时间段作为研究节点，利用 DEA-BCC 模型和 ArcGIS 地理统计分析工具说明四川省近十年的耕地利用效率及其时空演变特征，指明四川在实施"藏粮于地"战略中遇到的耕地资源有限、耕地保护难度大等问题，同时通过对南充蓬安县、达州达川区、内江资中县"藏粮于地"的成功案例分析，得出四川实施"藏粮于地"战略的对策建议。

---

① 习近平. 切实加强耕地保护 抓好盐碱地综合改造利用 https://www.mee.gov.cn/ywdt/szyw/202311/t20231130_1057716. shtml.2023-11-30.

第一章 "藏粮于地"内涵解析及其重大意义

粮产于地,地为粮基。保护耕地资源,就是保护"口粮田"和"命根子"。2015年《中共中央关于制定国民经济和社会发展第十三个五年规划的建议》提出"坚持最严格的耕地保护制度,坚守耕地红线,实施藏粮于地、藏粮于技战略","藏粮于地"上升为国家战略高度。

一、"藏粮于地"内涵解析

"藏粮于地"是中央对确保粮食产能的新思路,兼顾现实和可能、当下和未来,体现居安思危的忧患意识和自立自强的奋进精神,是追求粮食产量向数质并重、质量优先的思想转变,是国家"十三五"规划中的新举措。

国内学者对"藏粮于地"内涵有各自的见解。一方面,"藏粮于地"从字面意思来看,就是将粮食生产能力储存在土地之中,藏粮于粮食综合生产能力[1]。另一方面,从内涵来看,"藏粮于地"是以国家粮食安全为前提,具备数量有保障、质量有改善、生产有后劲、发展有韧性的"四有"特征[2];其重点在"藏",即确保在任何市场条件下都能生产出必要的粮食,其关键在"地",即从耕地数量稳定、质量提升以及生态利用三个维

---

[1] 周小萍,陈百明,张添丁.中国"藏粮于地"粮食生产能力评估[J].经济地理,2008 (3):475-478.

[2] 钟钰.从粮食安全看"藏粮于地"的必然逻辑与内在要求[J].人民论坛·学术前沿, 2022 (22):78-85.

度做实①；其核心是产能，是在保证耕地数量的前提下，用有限的耕地资源创造出更大的产出，实现耕地的可持续利用②；并且"藏粮于地"是一个系统工程，其本质是提升粮食综合生产能力，克服耕地数量、质量、生态、政策激励、经营管理等因素，在社会各个主体的协同下，利用行政、技术、经济、法律等手段共同维护③。综上所述，本书认为"藏粮于地"是强调可持续的粮食生产能力，即"藏粮于地"所储藏的不仅仅是实际生产出来的粮食，更是耕地生产粮食的能力，以耕地可持续发展确保粮食供得上、供得优。

四川实施"藏粮于地"战略，就是要围绕国家粮食安全，立足全省耕地现状，明晰耕地与粮食产量的关系，从宏观角度确定种粮客体，统筹好耕地数量、耕地质量、耕地空间三个方面内容，确保18亿亩耕地红线不动摇，持续挖掘现有耕地资源生产潜力，倡导耕地资源可持续生态高效利用，实现全省粮食稳产优供。

二、实施"藏粮于地"战略在四川的重大意义

第一，实施"藏粮于地"战略是保障四川粮食综合生产能力的重要举措。四川是全国13个粮食主产省之一，集农业大省、产粮大省与人口大省、粮食消费大省、粮食调入大省于一体，粮食安全在全国既具有典型性，也具有代表性。2019—2022年，四川累计建成5 476万亩高标准农田，位居全国第五④，但仍面临着部分已建高标准农田建设标准低、未来新建高标准农田难度大、多数建成高标准农田管护制度落实不到位等阻碍粮食综合生产能力提升的问题。因此，实施"藏粮于地"战略，要加强高标准农田建设，促进耕地质量提升，为粮食生产提供坚实载体。

第二，实施"藏粮于地"战略是促进四川农业可持续发展、缓解农业

---

① 杜志雄. 如何准确理解贯彻"藏粮于地"战略？[N]. 学习时报，2022-8-22（04）.

② 郝晓燕，亢霞，袁舟航. 实施"藏粮于地、藏粮于技"的内涵逻辑与政策建议 [J]. 山西农业大学学报（社会科学版），2022（5）：24-30.

③ 陈美球. "藏粮于地"战略：路径依赖与实施策略 [J]. 吉首大学学报（社会科学版），2023，（1）： .

④ 四川省高标准农田建设新闻发布会，https://www.sc.gov.cn/10462/10705/10707/2023/8/23/fdc88b433b344ea194cf77602de14261. shtml.2023-8-23.

生态压力的重要举措。2023 年，四川化肥农药使用量零增长，且相较于2019 年化肥使用量 222.8 万吨，减少 18.4 万吨，秸秆综合利用率达92.2%，农膜科学使用回收率达 84%。因此，实施"藏粮于地"战略，实行耕地休耕轮作，可以使严重透支、土壤退化的耕地获得休养生息的机会，并通过种养地相结合的方式，构建资源节约型、环境友好型种植模式，缓解四川农业资源环境压力，实现四川农业可持续发展。

第三，实施"藏粮于地"战略是确保四川农民增收、提高耕地产出效益的重要举措。截至 2022 年底，全省粮食播种面积 9 695.2 万亩，同比增加 158.6 万亩，累计整治农户承包耕地 217.6 万亩，撂荒现象得到有效遏制，大量撂荒地变为农民收入增长的"希望田"，并通过地力保护补贴、实际种粮一次性补贴、种粮大户补贴、农机购置补贴等政策，提高种粮主体活力，在充分保障粮食供给的基础上，合理合规调整生产结构，从而提高耕地产出效益，提高农民收入。

第二章 四川省耕地利用
转型的实践做法

四川省作为全国农业大省，耕地资源紧缺，耕地质量和自然禀赋总体不足，人均耕地面积较少，耕地质量地区差异大，人地矛盾十分突出的基本省情将长期存在。省政府通过优化自身耕种条件、打造合理耕地布局、耕地利用形态转型以及调控耕地利用方式等实践做法，加速推进耕地利用转型，是确保粮食安全、提高农业综合生产能力、推进现代农业和农业可持续性发展的重要战略选择。

一、四川省实施"藏粮于地"的政策支撑

保障粮食安全的根本在于耕地安全，实施"藏粮于地"相关政策就是明确粮食安全责任，把责任压实在耕地保护和粮食安全上。通过保护和合理利用耕地资源，提高粮食产能，维护粮食供求平衡，牢牢端住中国人民的饭碗。我国耕地保护源于 20 世纪 80 年代，随着国际国内粮食安全形势变化，耕地保护政策也随之发生改变。政策是国家战略实施的助力器，耕地政策的转变对"藏粮于地"重要战略实施提供重要支持。总体来看，我国耕地保护政策主要经历了以耕地数量为主，到数量、质量并重、再到"数量—质量—生态"三者并重保护的三个阶段。

第一阶段（1998—2004 年）：以保护耕地数量为主。随着城镇化进程的加快，城市建设用地、农村宅基地和工业建设用地需求激增，粮地非粮化非农化日趋严重，促使种粮耕地逐渐缩减。相关数据显示，1997—2004年，全国新增建设用地的一半以上来自耕地，同期粮食产量骤然下降，降幅达到改革开放以来新高。据此，为了确保我国粮食安全，国家出台多项

保护政策保护种粮耕地安全，在一定程度上遏制了耕地数量减少的趋势。但由于战略调整以及生态退耕影响，土地耕地面积并没有明显增加。

第二阶段（2005—2012年11月）：耕地数质并重保护。我国实行的"占补平衡"政策始终是以耕地质量为代价的，其单一的耕地保护尚且不能满足粮食生产产能需要，占优补劣等投机取巧现象使耕地数量无明显变化，但耕地质量不可同等衡量。因此，耕地政策追求更丰富的内涵，需要从法律、责任以及建设管理方面提出多项政策建议，使耕地保护内涵强调保护耕地数量与质量同等重要。耕地数量与质量的提升将提高粮食综合生产能力，促进粮食增产提质。

第三阶段（2012年11月至今）："数量—质量—生态"三者并重保护。党的十八大以后我国经济发展进入新常态，耕地保护进入"数质生态"三位一体新格局。随着人类不合理开垦与生产，农业发展相关的自然生态压力逐渐加重，2014年数据显示耕地质量堪忧，其污染程度极大影响了粮食生产安全。这时我国的耕地保护转变为"数量—质量—生态"三者并重，通过建立以数量为基础、产能为核心的占补新机制，严防耕地"非农化""非粮化"，实施耕地轮作休耕等制度①。该政策在强调实行严格的耕地底线同时，加快耕地内在质量建设，改善耕地环境质量，确保三重保护政策全面统筹耕地保护，为新时期新形势应对不确定性事件奠定坚实基础。

三个阶段的耕地保护政策演进，促成了耕地保护制度体系完善，实现了耕地保护的全面统筹，为"藏粮于地"战略实施提供了充分的政策支撑。

二、四川省耕地利用转型的探索

（一）优化耕种条件，激发耕地资源的内生动力

1. 技术人才助力更高标准农田建设

高标准农田是我国农业现代化建设的一个重要方面，在推进耕地利用

---

① 钟钰. 从粮食安全看"藏粮于地"的必然逻辑与内在要求［J］. 人民论坛·学术前沿，2022（22）：78-85.

转型和保障粮食安全方面发挥着举足轻重的作用。为使高标准农田有效运行，四川省加强了对高标准农田的人才与技术支持。2023年8月22日，成都顺利举办四川省高标准农田建设新闻发布会，会议指出，2019—2022年，全省新建高标准农田1 403万亩，累计建成5 476万亩，迈上5 000万亩台阶，位居全国第五。当前，四川省正加快推进高标准农田建设，确保逐步将6 308万亩永久基本农田全部建成高标准农田。

据报告，四川全省有5.8万名农技人员常驻粮食生产一线，手把手带动种粮农民从"会种田"到"慧种田"[①]。2022年以来，四川省各级地方政府携手相关农业高校和科研院所，完善校院地企合作，加速聚集和整合农业技术、人才、资金等要素，构建起从实验室到大田的农技服务体系，打造100万亩"天府粮仓科技攻关样板田"，并鼓励人才创新，提高人才的素质和水平，充分发挥耕地利用率，促进耕地集约化转型。

2. 土地轮作、套作提高耕地多元化使用

2022年，四川省自然资源厅、四川省农业农村厅、四川省林业和草原局共同发布了《关于严格耕地用途管制实行耕地年度进出平衡的通知》[②]，实行耕地年度"进出平衡"，推行轮作、套作，调整粮食作物产量和种植结构，并在此基础上，建立健全一批绿色生态、高质高效的轮作生产技术模式，从而推动了农业生态环境的改善与农业资源的永续利用。一方面，积极推广"粮食+绿肥""粮食+豆类""粮食+油料"等生态友好的生产模式，扩大稻麦、大豆玉米轮作套作的面积，适当发展稻茬马铃薯，提高土地空间利用率；另一方面，由"粮+经+饲"三元结构向"粮+经+饲+草"四元结构调整[③]，在耕地利用方式中引入牧草，实施粮草轮作等，可以提高食草家禽品质，可以改善土壤肥力，还可以满足人们日益增长的多元化农产品需求。

根据当地的实际情况，有条件的地区应以巩固粮食主产区、稳定粮棉油生产、稳步提高产量为前提，积极推进农地轮作、套作，推动耕地利用的多样化发展。比如：甘孜州、阿坝州等省内高原地区发展紫云英、苜蓿

① 张帆，宋豪新. 良田种粮好"丰"景［N］. 人民日报，2023-10-18 (11).

② 关于严格耕地用途管制实行耕地年度进出平衡的通知，2022-8-12. https://www.sc.gov.cn/10462/ 10778/10876/2022/8/12/4cf02c9e9e864b43aa03e5286f7d847b.shtml

③ 王明利，王美桃，杨春等. 构建我国"粮+经+饲+草"四元种植结构研究［J］. 甘肃农业，2013 (5)：3-5.

等常见优质牧草以及川西藏草等特色牧草,实行草田轮作;川东北、川南地区进行大豆玉米带状复合种植,包括大豆玉米带状套作和大豆玉米带状间作,并鼓励发展大豆高粱带状套作、幼果林间作大豆等不与主粮争地的新模式,推动种地与养地、农与牧相结合。

3. 推进种业振兴行动

种子是农业的芯片,习近平总书记多次对种业发展作出指示。习近平总书记指出,种源安全关系到国家安全,必须下决心把我国种业搞上去,实现种业科技自立自强、种源自主可控。2022年,省农业农村厅、省发展改革委、省林草局近日联合印发《四川省"十四五"现代种业发展规划》[①],聚焦种业振兴五大目标,加快种子产业的改革步伐,以激发种子产业的创新活力,推动耕地充分发挥养育功能,增加产出,促进农业现代化发展,为建设新时代更高水平"天府粮仓"夯实种业根基。

一方面,加快种子产业科技成果产权制度的完善,推动种业科技成果的高效转化,统筹推进西南种源基地的建设,构建科研机构和种子企业在育种方面的联合攻关机制和运作模式,加快培育和推广一批能够取得突破性进展的绿色、优质、高效的农作物新品种;另一方面,实行"互联网+种子产业"试点,借助农业大省(区)的新品种的示范带动效应,将新品种引入广大农户手中。通过对农业品种试验体系、试点布局和品种试验设计进行优化完善,升级农作物品种评定标准,将绿色优质、专用特用指标放在更加突出的位置上,对品种审定、登记和引种管理进行规范,并完善农作物新品种追溯评估体系和示范推介机制,提升农产品质量安全,大力发展区域种苗培育,提高种苗供给和保障能力,以适应全省农业生产的多元化市场需要。

4. 改善耕地对内、外交通条件

四川省耕地类型以山地、丘陵为主,严重制约了农业机械设施的使用。为改变这个现状,2021年四川省农业农村厅发布了关于《四川省丘陵山区农田宜机化改造技术规范(试行)》的通知,补齐四川丘陵山区耕地农机化短板,推动丘陵山区农业农村现代化进程。一是采取地块互联互通。利用土壤回填的方法改造耕地出入坡道,完善每块耕地的道路,使相邻的耕地能够连通,以满足中小型农业机械在农田间通行。二是消除机械

---

① 史晓露. 四川种业"十四五"规划出炉 到2025年初步实现由种业大省向种业强省转变 [N],四川日报,2022-2-26 (1).

运作死角。对不适宜机械化种植的尖角田、弯月田，还有不适宜机械化种植的土地，进行回填、截弯、取直，改善耕地机械化条件。三是调控耕地布局。山地、丘陵地区耕地分布较为零散，需对每块耕地进行整体优化布局，在布局上遵循小并大、短并长、弯取直原则，增加农业机械运作路线，降低往返次数，实现机械效率最大化利用。四是科学安置沟渠。围绕"耕地不积水、作物不淹水、村庄不进水"的整治目标，兼顾农业机械运作要求，形成"布局合理、连通有序、引排得当、丰枯调剂、缓解内涝、美化环境"的沟渠连通格局。

（二）分区管理，推动耕地优化布局

1. 人口—粮食—耕地相协调的利用格局

对耕地进行分区管理，不仅可以维护粮食安全，还能协调区域间要素配置不合理不平衡问题，促进全省共同发展。通过将人口总量、粮食需求、耕地承载等因素相结合，实施差别化耕地管理，以及科学界定农业生产的地理分布格局，对农业生产功能区和重要农产品生产保护区进行合理的控制，平衡人口、粮食、耕地，使之在空间上相互关系得到协调发展，由此稳固四川农作物供给和抗风险能力。

川南丘陵地区是四川省典型的地形地貌类型，由于地势和耕作半径等因素的制约，该区域耕地分散，地块面积偏小，抛荒现象严重，亟须将"全域土地综合整治"作为国土空间规划的切入点，采取各种措施，对耕地进行优化布局，改善耕种条件。其中，合江县先市片区做出优秀示范，形成"浅丘粮、深丘果、低山林"的立体农业产业体系与空间格局。具体体现在：在浅丘地区种植大豆、高粱、蔬菜等，以此发展酱油酿造、食品包装、冷链保鲜、农场电商以及农产品展销等形式的现代农业，延伸农业产业链；在深丘地区规模化种植真龙柚、荔枝、柑橘、中草药等特色果蔬；在低山地区发展林竹种植、竹文化旅游等特色山地生态农业。

2. 刚性管制与弹性调控相结合

目前，四川省耕地的利用面临着农户"非粮作物"种植难以规范、粮食生产收益与资源匮乏之间的矛盾等现实问题[1]。因此，面对耕地"非粮化""非农化"的合理需要，应按照因地制宜、地尽其用的原则，在不影

---

① 陈秧分，王介勇，张凤荣，等. 全球化与粮食安全新格局 [J]. 自然资源学报，2021 (6)：1362-1380.

响耕地生产力与粮食供应的情况下，对耕地用途进行控制，使其按优先顺序进行合理"食物化"利用，是缓解粮食生产与农民增收等多重矛盾的有效途径之一①。

四川省通过不同类型耕地的自然条件和要素禀赋的差异，构建耕地利用的刚性管制与弹性调控的统一框架，并在此框架下，建立耕地利用的分区分级的利用格局。其中，刚性管制是确保粮食安全的基础，必须采取最严格的耕地措施，比如：四川宜宾市在 2022 年发布《宜宾市全面推进田长制实施方案》，构建"4+4"田长制组织体系，确保耕地和永久基本农田、生态保护红线责任全覆盖，保持耕地在规模和空间分布方面的持久稳定性，保证高质量的耕地实现"良田粮用"；弹性调控是在保障粮食安全的基础上，允许适当合理的"非粮化""非农化"，比如：四川古蔺县聚焦盘活土地资源，列出可持续发展的农业生产正负清单，以保证耕地生产的可持续发展为原则，科学引导瓜果蔬菜等农作物的种植，促进可持续发展，实现农业生产的"食物化"利用，满足人们对粮食的多元化需求，兼顾农户经济效益的提高。

（三）推进耕地利用方式的多功能转型

1. 发挥农村集体经济统筹耕地利用功能

新型农村集体经济组织具有增强耕地利用的产前、产中、产后全过程服务支撑，示范促进各村集聚规模发展，贯通村域间人才、资源等要素自由流动，保障村民利益的功能。

2023 年 9 月，四川省农业农村厅公布第二批全省新型农村集体经济发展典型案例，自贡市沿滩区九洪乡三河村成功入选。该村依托九洪乡"瓜椒之乡"的品牌优势，村集体组建社会化服务队伍统一向新型农业经营主体、农户提供耕种防收全过程社会化服务，带动农户发展特色种养业，形成"以高粱大豆套种为主导，花椒、西瓜、稻鱼稻虾为特色"的耕地利用布局；同时通过村集体提供社会化服务、发展订单农业、组建新媒体销售团队、打造餐饮服务中心、承接劳务服务、闲置资金入股等方式，村民实现租金、股金、薪金、奖金多金齐收，探索出一条丘陵地区农业村集体经济发展新路径，实现耕地规模化、集约化经营。

---

① 宋敏，张安录. 大食物观视阈下的耕地利用转型：现实挑战、理论逻辑与实现路径 [J]. 中国土地科学，2023（8）：31-41.

2. 开发耕地多元化复合利用

在耕地分区分级利用的基础上，从国家、地方政府、社会至农民多层次推进耕地多功能利用，实现对耕地多功能利用的社会认同感和责任感的提高，营造出多方参与、监督的良好氛围。现实中，根据地区优势探索多功能耕地利用模式已显现出一定的滞后性，特别是在经济发达的城市和大都市圈周边地区①。

耕地利用方式应结合时代特点进行转型，将区域优势与自然资源禀赋、民俗、文化、信息网络等因素相结合，因地制宜地开发利用耕地多重功能。比如：四川眉山市洪雅县东岳镇桥口村稻香湾梦幻田园里用多彩水稻种植的一幅"天府粮仓"稻田画。该村在耕地大规模种植时，注重作物布局，形成农业景观，并以此为观赏点，实现"农+文+旅"结合，充分发挥农业在生态、美学等方面的多重效益，成为当地农民增收的新动力，也为城市人们休闲观光提供了新去处。

（四）宏观调控耕地利用方式，兼顾经济效益与生态价值

1. 稳固耕地利用的基础条件

（1）耕地自身生产能力的休整

给予耕地一定时间休整，帮助耕地肥力恢复，提高耕地可持续生产能力。一是控制过量施用化肥农药，2017年农业农村部印发《开展果菜茶有机肥替代化肥行动方案》，促进了四川省有机肥部分替代化肥的实施。2022年全省商品有机肥施用量每年已达200万吨，有机肥推广面积达5 285万亩②，促进了有机与无机化肥的整合，加速耕地休整时间和提高耕地质量；二是贯彻耕地轮作休耕制度，借助大豆玉米轮作方式，发挥大豆根瘤固氮、养地培肥作用，实现种地+养地结合，推动耕地资源的可持续发展；三是利用深松耕等农业器具，加深可耕作土壤的深度，甘孜藏族自治州面对其独特的地形地貌，采取全方位深松、间隔深松、振动深松等不同作业方式，熟化深层土壤，改善土壤通透性，增强蓄水保墒能力，进行保护性耕作。

---

① 范玉博. 基于生态产品供给的耕地多功能开发利用规划研究［J］. 现代营销（经营版），2020（5）：46-47.

② 阚莹莹. 推广有机肥，四川未来如何发力？［N］. 四川日报，2025-5-3（2）.

（2）遏制"非粮化""非农化"现象

四川省作为全国产粮大省，粮食生产布局日趋合理，农业结构持续优化，这对全省粮食安全甚至国家粮食安全起到了有力的保障作用。但随之而来的是四川省内部分地区出现了耕地"非粮化""非农化"的趋势，如降低粮食播种面积、违法占用永久基本农田挖塘种树、工商资本大量流转土地种植非粮等。若放任不管，势必会威胁到四川粮食安全。

为防止耕地"非粮化""非农化"，四川省十三届人大常委会第三十四次会议提出修订土地管理法实施办法，以遏制耕地"非农化"，管控耕地"非粮化"。首先，政府自上而下，以身作则，落实好最严格的耕地保护制度，对城乡居民、企业、组织等乱占耕地资源现象，加大惩治力度；其次，完善粮食生产补贴和耕地保护补偿制度，适当将耕地保护补偿金发放至农民手中，激发农民种粮积极性，同时规范耕地用途，实行耕地"进出平衡"制度与"田长制"相结合，加强对耕地质量的监控；最后，借助三产融合发展趋势，挖掘四川省特色民俗、农耕等文化。比如：阿坝藏族文化、巴蜀农耕文化等，以耕地粮食生产为出发点，大力创新农田生态系统休闲体验、田野实践教育等新型服务功能，使农业与文化、教育、生态、旅游等产业深度融入起来，打造出具有区域特色的农产品。

（3）一体化全覆盖耕地动态监测机制

面对耕地碎片化、规模小、监测困难等问题，2021年四川省自然资源厅出台了《关于建立健全全省耕地动态监测工作机制的实施意见》①（以下简称《意见》），实施耕地变化情况双月动态监测机制，并计划到2023年，全面建立卫星遥感"天上看"、视频监控"实时查"、田长"及时管"、耕地网格员"地上巡"以及公众"随手拍"的"空、天、地"一体化全覆盖耕地动态监测机制。

在实际运作中，省自然资源厅发布了"天府调查云-耕地保"App，将卫星遥感技术、无人机技术和"互联网+"技术等相结合，以"空天地"综合监控平台为依托，确保耕地利用相关数据的真实性和信息持续更新，并通过动态分析的方法，揭示耕地利用与用途的变化规律，反映耕地规划实施的情况，及时发现违反耕地保护和利用管理法律法规的行为，推动建立"天府耕地大家管，四川粮田人人建"的耕地保护新理念和新格局。

---

① 四川省自然资源厅宣教中心，四川打造"空、天、地"一体化全覆盖耕地动态监测机制，2021-6-21. https://dnr.sc.gov.cn/scdnr/scywbb/2021/6/21/98ae4c7cfaf744ff865c61dd7a118ad6.shtml

2. 加强耕地利用的科技成果应用

（1）监测耕地数量变化

"非农化""非粮化"是耕地动态监测的主要内容。四川创新耕地数量监测技术，创建了"空—地—网"即"无人机航空遥感—天府调查云平台—大数据网络"三级监测体系，解决偏远地区监测难、图像模糊难题，并构建和融合耕地利用信息挖掘技术，提高识别效率和精度。两大创新技术一个用于采集、分享海量的耕地数据，另一个用于分析处理数据，两者搭配形成一个数据集成、处理、评价系统，实现耕地数据信息采集、处理分析、下发进行人工核实等功能，及时收集掌握耕地变化情况。

（2）监测耕地质量变化

四川省利用地理要素空间模拟技术，即通过采集样点样土，再通过空间模拟，推演出一个区域整体的耕地质量。比如土壤有机质、氮磷钾等养分含量、pH值等各项土壤质量指标了解区域耕地质量；并在此技术上，创建了多元环境下耕地质量关键要素空间分布模拟技术，对复杂地形区进行高精度曲面建模，使得不同地形耕地质量的"体检"精度提高30%～89%[①]，系统优化了全省不同地貌区耕地质量监测布点，建立了15个省域耕地质量关键要素数据库。目前，全省已建成1 014个耕地质量长期定位监测点，每年都形成大量数据，实现对全省耕地、园地、林地、草地等土壤的全面"体检"。

3. 推行耕地利用生态补偿机制

对耕地经营者来说，传统耕地利用方式向绿色生态转变时，增加了"耕地保护"的成本，适当给予一定经济补偿是缓解农民抵触心理的重要措施，能够促进经营者保护参与度与积极性。

（1）地方政府重视耕地利用的生态补偿

四川省政府坚持绿色、生态的原则，切实贯彻执行国家的生态补偿政策，比如：四川米易县2022年发布了《米易县2022年度农业生产发展（耕地地力保护补贴）项目实施方案》[②]，从耕地保护面积、耕地质量、粮食播种面积、粮食产量、粮食商品率、耕地保护任务等多方面，建立完善耕地保护补偿机制。同时，积极探索耕地多元化补偿方式，开发山区、丘

---

① 燕巧. 摸清天府良田"家底"有良策［N］. 四川日报，2023-12-27（15）.

② 米易县人民政府办公室，《米易县2022年度农业生产发展（耕地地力保护补贴）项目实施方案》的政策解读，2022-4-20. http://www.scmiyi.gov.cn/zwgk/zcwj/zcjd/4194835.shtml

陵特色优势产业，并将生态系统修复、环境污染防治等与生态有机农业相结合，形成促进生态产品价值实现的多元化场景，形成持久的利益分享机制，提高农民参与耕地保护的积极性。

（2）强化农民对耕地保护的认识

各地政府组织开展耕地生态补偿机制的宣传教育工作，并贯彻执行有关的政策，使农民了解耕地生态补偿机制的有关内容，让更多的农民了解并享受到耕地生态补偿制度的切实好处，从而增强农民对耕地利益生态补偿制度的认识，调动农民对耕地、农田种植的积极性，促进农业的快速发展①。

（3）实施种地与养地结合的绿色有机行动

2015 年，农业部印发《到 2020 年化肥使用量零增长行动方案》，四川省委、省政府深入贯彻该行动方案，围绕"提、推、调、改、替、试"六字，即以高标准农田建设提升耕地质量、以测土配方施肥推广科学施肥技术、以园艺作物标准园创建调整施肥结构、以水肥一体化技术示范改进施肥方式、以畜禽粪污综合利用试点推进有机肥替代部分化肥、以南菜北运推进化肥减量增效试点，实现化肥使用量连续 7 年下降②。通过秸秆还田、粪肥还田等提高有机肥资源利用率，并借助数字化、信息化手段，减少化肥依赖、培肥土壤，让有机肥代替化肥、绿色防控代替化学防控，实现种地与养地相结合、生态与生产相统一。

---

① 赵伟晓，韦冬媚. 建立耕地生态补偿机制推动农业发展方式转变［J］. 农村实用技术，2022（10）：3-4.

② 张艳玲，四川化肥使用量连续七年实现负增长［N］.《农民日报》，2023.12.04（3）.

第三章　四川省耕地利用效率及时空演化特征

耕地资源作为农业生产中的重要资源，在保障粮食安全方面发挥着不可替代的重要作用，因此，保护并合理利用耕地资源、使其在农业生产中更有效地发挥作用是保障粮食安全中的重要一环。然而，随着我国工业化、城市化进程不断推进，农用耕地被占用、耕地面积逐年减少、耕地质量下降等问题日益严重，农村劳动力向城市大量转移、粗放式耕作、过度耕种以及以"石油农业"为主的农业生产模式等问题的出现，导致了耕地利用效率低下，严重威胁我国粮食安全。2021 年中央一号文件聚焦生态保护与粮食安全，提出推广保护性耕作模式，健全耕地休耕轮作制度，持续推进化肥农药减量增效，推广农作物病虫害绿色防控产品和技术。

在保障粮食产量的同时又能获得经济增长是粮食产区面临的重要课题，如何因地制宜调整农业生产的投入要素，进一步合理分配资源，不断提高耕地利用效率，使耕地利用达到投入最小化与产出最大化。耕地利用效率反映出农业生产活动中投到耕地上的各种资源配置的合理性，以四川省为例，研究四川省近十年的耕地利用效率及其时空演变特征，有利于分析四川省近十年来耕地利用状况，揭示耕地利用空间变化，为推动耕地合理利用和乡村振兴提供科学依据和决策参考。

一、研究方法与数据来源

首先，为保证研究的代表性、合理性，结合研究数据的可得性，本部分以五年为间隔，将第二次、第三次全国土地调查包含其中，分别选取 2011 年、2016 年以及 2021 年三个时间段作为研究节点。在第一阶段采用

DEA-BCC 模型分析耕地利用效率。在指标选择中，为合理准确地反映出农业生产过程中投入要素资源配置的合理性，笔者在总结已有文献的基础上，结合代表性、数据可得性、量化性原则，构建土地、劳动力和资本三个方面的投入-产出体系，考虑到耕地复种指数、数据可比性、测算结果准确性等因素的影响，最终确定评价指标：投入指标为农作物总播种面积、农业从业人数、耕地灌溉面积、化肥施用量以及农业机械总动力；产出指标则包括粮食总产量和农业产值。[①] 第二阶段以第一阶段得到的各市（州）的耕地利用综合效率值作为研究基础，通过 ArcGIS 地统计分析工具，从整体插值角度对离散的耕地综合效率数据进行趋势渐变特征分析，以确定其分布规律及发展趋向。经上述两部分计算分析，得到四川省三个时间节点上耕地利用效率及时空演变特征。该部分数据主要来源于《四川统计年鉴》（2012 年、2017 年、2022 年）。

二、耕地利用效率的测算与时空演化分析

（一）四川省耕地利用效率测算

选取 2011 年、2016 年以及 2021 年四川省各市（州）的农业从业人数、农作物总播种面积、耕地灌溉面积、化肥施用量以及农业机械总动力作为投入指标，粮食总产量和农业产值为产出指标构建投入-产出评价指标，如表 4 所示。

表 4　四川省耕地利用效率投入-产出指标体系

指标	变量	指标名称	评价类型
投入指标	X_1	农业从业人数/万人	劳动力投入
	X_2	农作物总播种面积/千公顷	土地投入
	X_3	耕地灌溉面积/千公顷	资本投入
	X_4	化肥施用量/万吨	资本投入
	X_5	农业机械总动力/万千瓦	资本投入

---

① 冀正欣，王秀丽，李玲等. 南阳盆地区耕地利用效率演变及其影响因素［J］. 自然资源学报，2021（3）：688-701.

表4(续)

指标	变量	指标名称	评价类型
产出指标	Y_1	粮食总产量/万吨	产出效益
	Y_2	农业产值/亿元	产出效益

根据 2011 年、2016 年、2021 年四川省各市（州）的耕地利用数据，借助 DEA 模型，对其投入产出指标数据进行处理，分别测算出三个时间节点四川省各市（州）的综合效率、纯技术效率以及规模效率。具体结果见表5。

表5　四川省各市（州）耕地利用效率运算结果

市（州）时间	综合效率/%			纯技术效率/%			规模效率/%		
	2011	2016	2021	2011	2016	2021	2011	2016	2021
成都市	1.000	1.000	0.912	1.000	1.000	1.000	1.000	1.000	0.912
自贡市	1.000	1.000	1.000	1.000	1.000	1.000	1.000	1.000	1.000
攀枝花市	0.960	0.984	1.000	1.000	1.000	1.000	0.960	0.984	1.000
泸州市	1.000	1.000	1.000	1.000	1.000	1.000	1.000	1.000	1.000
德阳市	1.000	1.000	1.000	1.000	1.000	1.000	1.000	1.000	1.000
绵阳市	0.879	0.934	0.928	0.900	0.982	0.993	0.977	0.952	0.934
广元市	0.840	0.969	1.000	0.876	1.000	1.000	0.959	0.969	1.000
遂宁市	1.000	1.000	0.958	1.000	1.000	0.966	1.000	1.000	0.992
内江市	1.000	1.000	1.000	1.000	1.000	1.000	1.000	1.000	1.000
乐山市	0.903	0.862	0.839	0.904	0.868	0.867	0.999	0.992	0.967
南充市	1.000	0.979	0.969	1.000	1.000	1.000	1.000	0.979	0.969
眉山市	0.987	0.967	0.960	0.988	0.968	1.000	1.000	1.000	0.960
宜宾市	1.000	1.000	1.000	1.000	1.000	1.000	1.000	1.000	1.000
广安市	1.000	1.000	1.000	1.000	1.000	1.000	1.000	1.000	1.000
达州市	1.000	1.000	1.000	1.000	1.000	1.000	1.000	1.000	1.000
雅安市	1.000	1.000	1.000	1.000	1.000	1.000	1.000	1.000	1.000
巴中市	1.000	1.000	1.000	1.000	1.000	1.000	1.000	1.000	1.000
资阳市	1.000	1.000	1.000	1.000	1.000	1.000	1.000	1.000	1.000

表5(续)

市（州）时间	综合效率/%			纯技术效率/%			规模效率/%		
	2011	2016	2021	2011	2016	2021	2011	2016	2021
阿坝藏族羌族自治州	0.749	0.636	0.863	1.000	1.000	1.000	0.749	0.636	0.863
甘孜藏族自治州	1.000	1.000	1.000	1.000	1.000	1.000	1.000	1.000	1.000
凉山彝族自治州	1.000	1.000	1.000	1.000	1.000	1.000	1.000	1.000	1.000
平均值	0.968	0.968	0.973	0.984	0.991	0.992	0.983	0.977	0.981

1. 综合效率分析

综合效率反映的是投入要素在利用过程中是否到达最佳状态，当综合效率为1时，说明投入要素获得了充分利用，并且都取得了大的产出效果，即产出相对投入已经达到最大。根据表5，四川省各市（州）在2011年、2016年以及2021年三个时间段的综合效率平均值分别为0.968、0.968、0.973，总体来看四川省在上述三个时间节点中耕地利用相对有效，从2011年到2021年四川省耕地利用综合效率平均值由0.968增加至0.973，这表明四川省耕地利用过程中投入-产出配置处于不断优化，到2021年最佳投入达到实际投入的97.3%、保持产出不变的前提下，投入减少2.7%耕地将会实现最优化利用。包括自贡市、泸州市、德阳市等在内的12个市（州）的综合效率在三个测算时期内保持为1，说明四川省过半数地区的投入要素在利用过程中是充分有效的，耕地利用过程中的技术、规模及资源配置实现最优化。攀枝花市、绵阳市、广元市、阿坝州4个市（州）综合效率上升，其中攀枝花市与广元市耕地利用综合效率均在2021年达到1，说明至2021年攀枝花市与广元市DEA有效，即生产规模及资源配置达到了实现产出最大化的要求。剩余5个市（区）综合效率呈现不同程度的下降，表明这些市（州）耕地在利用中存在不同程度投入的浪费，需优化既有的投入要素，提高耕地产出能力。

2. 纯技术效率分析

纯技术效率反映了生产技术水平以及在目前的技术水平上投入资源的使用是否有效率。在分析的三个时期内，四川省耕地利用的纯技术效率水平均值0.984、0.991、0.992，可以看出，四川省耕地利用过程中的生产技术投入处于较高水平，到 2021 年纯技术效率达到 0.992，表明四川省耕地利用的技术投入随着经济发展在同步增加并且接近 DEA 有效水平。在分析的 21 个地区中，有 16 个地区三个时期的纯技术效率始终为 1，说明这些地区注重农业生产技术投入，生产水平较为先进。纯技术效率水平上升的市（州）有 3 个，分别为绵阳市、广元市、眉山市，其中，绵阳市耕地利用的纯技术效率虽然还未达到 1，但 2021 年 0.993 的水平说明其投入要素得到了比较充分发挥，技术水平虽未到达最优状况但仍有提升到最优状况的潜力；广元市在 2016 年纯技术效率上升至 1，眉山市纯技术效率在 2016 年出现稍微下降后在 2021 年也提升至 1，反映出这 2 个市生产水平较为先进，投入要素的配置在生产中得到有效改善。遂宁市与乐山市两市纯技术效率呈现下降趋势，其中，遂宁市由 2011 年与 2016 年连续两时期的纯技术效率 DEA 有效到 2021 年纯技术效率下降为 0.966，降幅明显，说明遂宁市技术水平有所下降，投入要素未得到充分利用，即使减少 3.4% 的投入量，产出量仍保持不变，也就是说这 3.4% 的投入量是无效或低效的；而乐山市耕地利用的纯技术效率由 2011 年的 0.904 大幅度下降到 2021 年的 0.864，说明在目前的技术水平上，乐山市耕地利用过程中的投入要素存在严重浪费情况。

3. 规模效率分析

规模效率是纯技术效率与综合技术效率的比率，反映的是实际规模与最优生产规模的差距。在受分析的三个时间节点中，四川省 2011 年、2016 年以及 2021 年耕地利用的规模效率分别为 0.983、0.977、0.981，整体水平较高但稍微有所下降。由表 5 可以看出，四川省耕地利用规模效率主要受综合效率水平较低影响；四川省耕地利用的实际规模与最优生产规模间还有一定差距，需要进一步调整耕地利用规模。从各市（州）的规模效率来看，在三个时期内规模效率保持 1 的包括自贡市、泸州市、德阳市等在内的 12 个市（州），这部分市（州）在 2011 年至 2021 年间耕地利用的实际规模处于最优生产规模水平，对耕地的合理利用可以帮助生产过程达到规模报酬最佳状态。规模效率增加的市（州）共 3 个，分别为攀枝花市、广元市以及阿坝州，其中攀枝花市与广元市在 2021 年达到规模效率为 1 的有效水平，说明两市通过扩大经营规模实现了产出最优化的规模效率；阿坝州的规模效率虽然有所提升，但尚未达到产出最优化所要求的规模，还需要继续优化调整经营规模，以达到生产规模最优化。规模效率下降的市

（州）有6个，包括成都市、绵阳市、遂宁市、乐山市、南充市以及眉山市，特别是成都市、遂宁市、南充市以及眉山市均由规模效率最佳变为未达到有效规模，说明该部分地区需要注重规模要素投入，提高农业产出效率；绵阳市与乐山市可能存在经营管理模式落后，规模化集约经营程度较低的问题，可以考虑扩大耕地利用规模。

通过对比表5的各项数据可以看出：四川省耕地利用综合效率提高是纯技术效率提升的结果，从整体来看，四川省耕地利用的技术水平与管理水平在不断提高。同时，伴随着技术水平与管理水平的提高，四川省耕地利用过程中的资源配置能力、资源使用效率等多方面能力也在逐步提升。其次，在耕地利用综合效率提高的各市（州）中，攀枝花市与阿坝州皆为规模效率提升的结果，生产过程中应更加注重耕地利用规模，逐步向最优生产规模靠拢，充分发挥规模效应；绵阳市与广元市综合效率提高是纯技术效率提升幅度高于规模效率的作用，因此，需注重现代农业技术投入并改善经营管理模式，更加重视耕地的规模投入，通过适度规模经营降低甚至避免不必要的冗余和浪费，从而提高耕地产出，实现充分发挥规模效益的预期。对于其他未达到DEA有效的决策单元，需要同时进一步改进纯技术效率和规模效率[1]。

（二）四川省耕地利用效率的空间特征格局分析

基于已经获得的综合效率结果，从整体差值角度分析2011年、2016年、2021年四川省耕地利用综合效率的分布规律及发展趋向。通过ArcGIS软件平台的统计分析工具，以四川省各市（州）的耕地综合效率数值为基础，分别选取各市（州）2011年、2016年、2021年的耕地利用综合效率值作为因变量Z，以X轴箭头方向为东，表示纬度，Y轴箭头方向为北，表示经度，对离散的耕地综合效率数据进行趋势渐变特征分析，以确定其分布规律及发展趋向，结果如图4所示。

整体来看，四川省耕地利用综合效率呈现出明显的区域分异规律，东西方向上，从西到东先呈现倒"U"形变化，再呈现直线递减的趋势；南北方向上，从南到北呈现先直线上升、然后直线下降的趋势。即四川省耕地利用综合效率高值区从西北方向转移。具体来看，2011年，四川省耕地

---

① 冀正欣，王秀丽，李玲等.南阳盆地区耕地利用效率演变及其影响因素［J］.自然资源学报，2021（3）：688-701.

利用综合效率从西到东先递增后递减，即呈倒"U"形变动，从南到北呈直线递减趋势；2016年，四川省耕地利用综合效率变化趋势与2011年相同，即从西到东呈倒"U"形变动，从南到北呈直线递减趋势；2021年，四川省耕地利用综合效率的空间分布变动较大，从西到东呈现直线递减趋势，而从南到北依旧为直线递减趋势，其耕地利用技术效率空间差异较为明显，整体效率尚有提升空间。四川省耕地利用综合效率在各市（州）分布不均衡，可能与各市（州）生产要素资源、资源配置、生产规模、生产条件、产业结构、经济水平及发展速度等不一致有关。

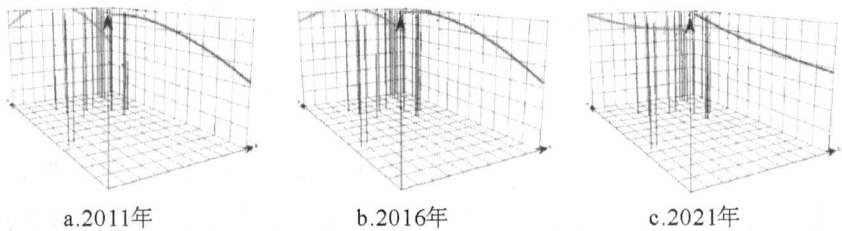

| a.2011年 | b.2016年 | c.2021年 |

图4 四川耕地利用综合效率趋势面

耕地统计分析中的趋势面分析是从全局角度探究四川省各市（州）耕地利用综合效率的空间分异规律，而空间统计模块中的热点分析则从局部视角进一步研究其局部空间格局的演化。借助 ArcGIS 平台计算出 2011 年、2016 年、2021 年四川省各市（州）综合效率值的局部 Gi^* 指数，采用自然断点法将其分为热点、次热点、次冷点和冷点 4 个区间。其中，四川省各市（州）耕地利用效率空间分异格局显著，出现耕地利用效率高值（低值）区域空间上集聚的分布态势，冷热点空间极化现象明显，且随着时间变化，冷热点的组团区域发生一定转移。具体来看：2011 年，综合效率热点区域集中连片分布，几乎涵盖了四川省，包括成都市、广安市、宜宾市、凉山州、甘孜州等地区。冷点区域由川西北部的阿坝州单独形成。2016 年，综合效率热点区域呈现"两核集聚"的分布态势，一个位于东北部，由广元市、巴中市、达州市和广安市四市组成，另一个由位于西北地区的甘孜州、攀西地区的凉山州、攀枝花市、中部平原地区的成都市、雅安市、德阳市遂宁市、资阳市以及整个川南地区的内江市、自贡市、宜宾市、泸州市的 12 个市（州）组成；冷点区域发生一定变化，呈现"两核极化"的分布态势，在 2011 年川西北部阿坝州的基础上增加一个中部平原地区的乐山市。2021 年，综合效率热点区域继续发生变化，成都市由热点区域变为次冷点区域，使得 2016 年呈现"两核集聚"的热点区域在2021 年变为"三核极化"态势，一个位于中西部地区，包括甘孜州、雅安市、凉山州和攀枝花市四个市（州），另一个分布于中东部地区的德阳市、资阳市和川南地区的内江市、自贡市、宜宾市、泸州市成为新的热点集聚区，东北部区域的热点区域在 2016 年的基础上新加入广元市；冷点区域未发生变化，依然呈现"两核极化"分布态势，同样由川西地区的阿坝州和中部平原地区的乐山市构成。整体来看，四川省各市（州）耕地利用效率空间分异格局显著，在探究的三个时间段内变动较大，综合效率热点区涵盖范围大、变动较大但基本持平，冷点区涵盖范围逐渐向中部转移①。

（三）结论

本章以市（州）为决策单元，基于 2011 年、2016 年、2021 年的相关数据，分别运用 DEA 模型计算四川省各市（州）的耕地利用效率，使用趋势面分析、通过 Gi^* 指数空间统计模型分析了四川省耕地利用综合效率的时空演变特征，得出如下结论：

（1）2011 年、2016 年和 2021 年耕地利用综合效率均值分别为 0.968、0.968、0.973，从整体看呈现上升趋势，说明农业产出过程中资源配置较为合理，投入要素的使用较为充分，但仍然存在充分使用的提升潜力；在综合效率受纯技术效率和规模效率共同作用的前提下，2016 年和 2021 年规模效率对耕地利用综合效率的影响更大；三个时期中达到 DEA 最优，即耕地利用综合效率为 1 的市（州）分别占比为 71.43%、66.67%、66.67%。同时，纯技术效率也在提高，但规模效率高值区却有所下降。

（2）四川省各市（州）耕地利用综合效率时空分异显著。从整体看，三个时期耕地利用综合效率高值区涵盖范围广且变化不大；从局部视角来看，相对高值（低值）耕地利用综合效率在空间上呈现出较强的组团式集聚，热点区域范围明显大于冷点区域。冷点区"两核极化"现象明显，集中在四川西北部和中部分布，范围有所扩大。

（3）基于以上研究结果，提出相应的政策建议：强化相关政策落实与执行，加大耕地保护与可持续利用的宣传力度，逐步建立健全耕地保护补偿制度，严守十八亿亩耕地红线；优化农业生产要素资源配置，协调不同

① 冀正欣，王秀丽，李玲等. 南阳盆地区耕地利用效率演变及其影响因素 [J]. 自然资源学报，2021，（3）：688-701.

地区生产资源配置，促进适度规模经营，不断向规模最优化与收益最大化靠拢，提高耕地利用效率；加大耕地流转支持力度，推动耕地流转，提高存在撂荒风险耕地的利用率，促进耕地利用平均效率的提高；探索耕地利用综合效率提升的区域差异化路径，充分发挥乐山市、自贡市等耕地利用效率热点集聚区的引领作用，带动周边地区进一步提高耕地利用综合效率。

第四章　四川省实施"藏粮于地"面临的问题

四川省作为重要的粮食大省，在实施"藏粮于地"时具有政策、资金、主体以及治理制度的机遇，同时也面临耕地资源有限，空间分布不均、粮食用地资源紧缺、耕地非粮化严重以及耕地保护利用难度大等挑战。

一、耕地资源有限，空间分布不均

耕地是粮食生产的基本要素。四川省地貌条件复杂，全省一半以上的耕地分布在丘陵地区，基于四川省人多地少的基本省情，耕地资源总量有限、总体质量不高、地域分布不均，在工业化城镇化推进以及不可抗力的影响下，全省的耕地保护面临严峻的挑战。"三调"数据显示，四川省最新耕地面积为 7 840.75 万亩，粮食用地实际面积 6 357.7 万亩，而四川总人口为 8 374 万人，人均耕地占有率低且低于全国平均水平，本身可用于农业生产的耕地资源有限。此外，高质量耕地资源紧缺且空间分布不均成为四川实施"藏粮于地"的重要挑战。2022 年四川耕地质量平均等级为5.39 等，低于全国平均水平，耕地质量总体水平不高，中低产田面积较大，高等级耕地不足。四川盆地丘陵区耕地自然质量等别呈现出中、北部较高，东北部向南部逐渐降低的趋势。因为自然条件和历史发展等原因，四川耕地分布极不均衡，东部成都平原与四川盆地辖区面积占全省38%却集中了全省近90%的耕地，而川西南山地高原则人稀地少，土地垦殖系数与前者相差极大。四川宜农宜耕资源集中分布于东部盆地和低山丘陵区，分布最集中、面积最大的区域在四川盆地区，地区资源差异大。

二、粮食用地资源紧缺

工业化与城市化加速推进使耕地用途非农非粮化，加之对耕地的利用和管理不当、工业排放污染以及耕地负载过度等因素，耕地面积逐渐缩减、耕地质量逐年下降，优质耕地资源更加紧缺。据自然资源部公布的全国"三调"数据显示，四川耕地面积为 7 840.75 万亩，较第二次全国土地调查数据减少了 2 239.25 万亩。一方面，工业化发展伴随着工业用地占比升高，大量农业用地被占据转为工业用地、建设用地等非农用途，耕地面积减少；另一方面，在粗放式、高速工业化的推进进程中，我国工业"三废"排放量与日俱增，但无害化处理率、达标排放率等一直处于较低水平，偷排、超排和违规排放屡禁不止，"跑冒滴漏"现象严重，大量工业废水、污水、有毒有害物质未经处理随意排放，对土壤、水体、环境造成严重污染。尽管近年来我国开展严格"治污"工作并取得了良好成效，但工业污染对耕地资源已经形成的伤害并非短时间内能够修复。城市化水平不断提高带来了城市面积的扩张，多地政府的发展规划中，工业园建设、新城建设如火如荼，而新城规模过度扩张意味着大量耕地、林地等农业用地被占用成为建设用地，紧缺的耕地面积不断逼近红线。2009—2021 年四川省耕地面积已经减少到 519.53 万公顷，耕地面积相比 2009 年下降 23.07%，高于全国水平，而四川省每年因建设占用、灾毁、生态退耕等原因减少耕地 1.33 万公顷以上。

三、耕地非粮化严重

耕地是保障国家粮食安全的基础性资源。随着城镇化和工业化快速推进，耕地用途转化明显，除了显性的耕地数量减少之外，耕地非粮化问题也不容忽视，其造成的隐形损失不低于耕地数量减少的显性损失。四川省 21 个市州耕地非粮化主要受地形地貌、气候、水文等自然因素影响，同时由于非粮化作物种类较多，也受地区适宜种植种类及其禀赋条件不同而使得农民种植偏好存在差异的影响。四川省整体呈现非粮化面积西北少、东南多，而非粮化率西北高、东南低的空间差异。造成粮地非粮化的原因主要有：首先，种粮经济效益比较低，削弱了农民种粮的积极性。国家为保障粮食供给稳定，严格控制粮价，使其长期处于低位，而种粮农民种粮成本增加也挤压了种粮利润空间，进而使种粮农民转而种植经济利益较高的作物或流转土地外出打工。四川大面积丘陵山地，适宜种植经济作物且种植经济效益比较高，致使粮食类作物的种植出现挤出效应，耕地使用出现非农化非粮化。其次，新型经营主体逐利行为加速了耕地"非粮化"。自国务院颁发《关于深化改革严格土地管理的决定》，中央鼓励工商资本下乡，使得新型经营主体实施农业产业化规模化经营成为可能。新型经营主体以利润增长为目的，大规模流转土地种植经济利益较高的非粮作物成为普遍选择，加剧了耕地非粮化。然后，由于政策因素使得"非粮化"未能得到有效制止。一是地方政府曲解上层设计，一味追求经济利益而忽视耕地基本的粮食生产功能，无序增加经济作物使粮用地面积缩减，威胁粮食安全。二是现行法律未对"非农化"以及土地流转用途做出明令规定和约束，导致"非粮化"现象频发。三是粮食补贴政策不够精准，粮食补贴对象偏差，导致真正种粮的种粮大户和专业合作社并没有享受政策支持，未能抵消承包者的部分种粮成本，挫伤其种粮积极性。再次，城镇化扩张为了保持耕地数量上的平衡出现"占优补劣"，使优质粮地"非粮化"。最后，随着城乡居民生活水平的提高，人们对农副产品需求不断增加，与之对应的是市场导向的农业种植结构变化，促使耕地"非粮化"凸显。

四、耕地保护利用难度大

首先，由于四川复杂的地形地貌致使耕地保护利用难度大。四川分为三个地貌部分：东部为四川盆地及盆缘山地，西部为川西高山高原及川西南山地，地貌类型复杂多样，除四川盆地底部的平原和丘陵外，大部分地区岭谷高差均在500米以上，地表起伏悬殊，造成全省耕地细碎化、难成规模、监测困难。其中坡度大于2°的山地丘陵占八成以上，分布在盆周山地区和川西南山地区主要是没有经过整治的陡耕地。一方面，土层浅薄，自然灾害频繁，易发生轻度土壤侵蚀，中度以及重度水土流失，使耕地有效养分流失，耕地利用效率低、保护成本大；另一方面，山高坡陡，耕地利用技术要求高、开发难度大、投资规模大，难以短期见效。

其次，农田的基本建设主要依赖财政资金。一般高标准农田建设任务重的地区主要分布在农业生产区或粮食主产区，这些地区一般经济发展欠缺，地方财力极为有限，然而高标准农田建设市场准入机制尚未形成，吸引市场资金进入困难，地方财政负担重，导致耕地建设总体投入与建设目标不一致，进而使耕地保护难以见效。四川省多山坡丘陵地貌，地势复杂多变，高标准农田建设成本差异较大。以丘陵地区为例，经初步测算丘区亩均投资需求在 5 300 元以上，但是中、省财政补助仅 1 500 元，市、县财政配套落实困难，经营主体对农田基础设施投入依赖性较强，导致高标准农田距离真正高标准还有较大差距。此外，复杂的地形使四川土地细碎化，难形成规模，在耕地利用方面需要特殊的技术支持，而机构职能整合只划转了职能和编制，没有划转人员，导致相关技术力量配备不足。综上，由于四川地形地貌复杂，高标准农田建设市场机制没有形成、技术力量配备不足，四川耕地保护利用难度大。

第五章　四川省"藏粮于地"典型案例分析

一、南充市蓬安县

南充市现代农业体系发展新动能正在持续增强，推动着全市经济社会高质量发展。2022 年，全市粮食播种面积 866.6 万亩、同比增长 2.0%、超省下达的任务 20.4 万亩、继续保持全省第一，总产量 312.4 万吨、居全省第二①。其中，南充市蓬安县是丘陵地区典型的农业大县，在实施乡村振兴战略过程中，蓬安县做大做强优势特色主导产业，牢牢牵稳了乡村产业振兴的"牛鼻子"。在这过程中，蓬安县成为全国 8 个整县级推进高标准农田建设试点之一，也是四川省唯一一个。

近年来，蓬安县将高标准农田建设作为实施乡村振兴战略、实现农业增效、农民增收的重要抓手，建立管护机制、健全责任体制、建立后续管护机制，三管齐下全力夯实农业高质量发展基础。深入实施"藏粮于地、藏粮于技"战略，通过与保障粮食安全、撂荒地整治、美丽乡村建设等统筹结合，分类施策、持续推进高标准农田建设，为乡村振兴注入新动能。截至 2022 年 12 月 30 日，全县已累计投入资金 9.277 亿元，建成高标准农田 47.78 万亩②。

---

① 筑牢粮食安全"压舱石"书写"天府粮仓"南充答卷-南充市人民政府. https://www.nan-chong.gov.cn.

② 蓬安.建设高标准农田 为乡村振兴蓄势赋能_四川在线. https://nanchong.scol.com.cn

（一）着眼全局，谋划发展

为最大限度提高土地利用率，蓬安县围绕百里粮食安全产业带建设规划，连片布局整区域推进实施高标准农田建设项目；进行土地平整，充分释放田埂和碎地效益，大力打造田间道路、完善农田防护、灌排水等基础设施，改善耕作条件；依托现有条件，集群打造 10 个万亩级粮油园区和 20 万亩知名有机农业公园；扩大高标准农田建设范围，纳入符合建设条件的撂荒地，安排技术人员积极解答高标准农田与撂荒地治理技术问题，将任务细化分解到每一块土地、每一个责任人，坚决遏制耕地"非农化"、防止耕地"非粮化"。

（二）重视过程，有序推进

蓬安县重视高标准农田建设，推进农田有序发展。按照"田成方、土成型、渠成网、路相通、沟相连、旱能灌、涝能排、土壤肥、无污染、旱涝保收"的标准，通过实施土地平整、土壤改良、灌溉与排水、田间道路等项目，持续推进高标准农田建设。在各地高标准农田的建设现场，机耕道、水渠等基础设施都初具雏形，分布于田间各处。利用高标准农田带动发展村庄，把农田基础设施较弱的村落如黄金沟村，纳入高标准农田建设项目，改善灌排条件，提高机械化耕作水平，助力农业增效、农民增收；建设过程中，县级相关主要领导多次到项目区现场办公，实地察看、听取汇报、查找问题、现场交办、跟踪落实，重视高标准农田建设，积极推进建设速度，为打造高标准农田"精品工程"提供了坚强保障；并且统筹整合已建高标准农田项目的经验，"以老带新""取旧补新"接续发展高标准农田项目，再建立完善规模健全的标准体系，用于指导项目建设实施；加强高标准农田队伍建设，发扬传帮带精神，"年轻活力"与"经验老到"相辅相成，定期或不定期进行理论学习与现场教学，加速新生力量成长，着力提升人员政策水平和业务能力；加大资金投入，强化要素配置，2022 年已足额配套 7 500 万元用于高标准农田建设，为项目顺利实施创造了良好条件。探索实行 EPC 建设模式，由县属国企蓬安县吉兴土地整理开发有限公司作为项目业主，统一设计、统一招标、统一实施。同时，建立主管部门、业主方、施工方、监理方、审计方、属地乡镇各司其职的"六位一体"监管模式，对项目建设进行全过程跟踪监管，确保项目质量达标过硬。

（三）创新机制，完善体系

蓬安县在实施高标准农田建设的村落优先开展农田管护员制度，把本村的村支书等村干部设为农田管理员，承担着管护高标准农田的职责。在睦坝镇武胜村以农田管护员制度为手段，以完善"横向到边，纵向到底"的基本农田管护网络为目标，实现了管护责任全覆盖，较好保障了高标准农田。高标准农田如何长远建设发展，可以说是"三分靠建、七分靠管"。蓬安县对于高标准农田的建设招式频出，制定出台《蓬安县高标准农田工程设施建后管护办法》，建立健全"以县级主导、乡镇（街道）负总责、村（社区）为主体、受益户具体负责"的高标准农田建后管护机制和县、乡、村三级田长制责任体系，定期开展"回头看"，实地察看设施完好程度及管护情况，建立管护机制、健全责任体制、建立后续管护机制，三管齐下保障农田发挥长久效益。

完善资金保障，打击非法行为。通过农田建设补助结余资金、项目工程收益和整合有关涉农资金，根据实际分配下达至各乡镇（街道），保障管护工作的落地落实。严格批地用地，严肃查处、严厉打击占用高标准农田及耕地绿化造林、挖塘养鱼等各类违规违法行为，坚决遏制耕地"非农化"、严格管控"非粮化"，确保"良田粮用"。

二、达州市达川区撂荒地治理

截至 2022 年底，达州市已累计整治撂荒地 37.16 万亩，以"旱涝保收、宜机作业、能排能灌"为目标，全市累计建成高标准农田 412 万亩，化解丘区农业地块劣势①。从 2011 年开始到 2021 年，达州市已经连续九年获得全省粮食产量第一的金字招牌，粮食产量节节攀升，做到"粮食丰收，颗粒归仓"。2022 年全市农机总动力达 291.62 万千瓦，水稻机收率达 93%，主要农作物耕种收综合机械化率达 64.36%。通过规模化、机械化、科技化发展及标准化管理，水稻的产量、效益每年都跨上一个新台阶②。

---

① 达州：勇担使命 奋力推动万达开地区统筹发展乘势跃升. 四川省人民政府网站，https://www.sc.gov.cn

② 四川达州多措并举保障"粮袋子". 新华网，http://sc.news.cn

达川区认真落实"藏粮于地、藏粮于技"战略总要求，坚持"摸清基数、减少存量、杜绝增量、分步整治、严格考核、逗硬奖补、优先种粮"的工作思路，通过建立"三大台账"、坚持"三大驱动"、强化"三大保障"，探索形成撂荒地治理"333模式"，有效破解耕地撂荒问题，有力遏制耕地"非农化"、防止耕地"非粮化"，为全区粮食安全、农民增收、农村稳定奠定坚实基础①。

（一）建好"三大台账"，分类精准施策

一是摸清"地块台账"。达川区制定出台《达州市达川区关于开展全区耕地撂荒摸底调查的紧急通知》《撂荒地摸底调查的交办通知》等文件，按照"村有清单、乡镇有台账、区有总账"要求，以村为单位，实行区级领导包乡镇（街道）、乡镇（街道）干部包村（社区）的工作模式，对所有地块开展拉网式排查，精准掌握耕地种植情况，建立撂荒耕地台账，明确撂荒耕地位置、面积、权属人姓名和撂荒原因，逐级分类形成信息台账。截至目前，全区建档撂荒地面积3.26万亩，涉及20个乡镇226个村29 320个农户。二是制定"整治台账"。坚持以问题为导向，制定出台《达州市达川区撂荒地整治工作规范台账》等文件，通过签订整改承诺书、流转协议、建立撂荒地整治台账等举措，因村施策、因地制宜，逐个逐块稳妥有序推进耕地撂荒治理，及时将今年需整治的2万亩撂荒地整治任务分解下达到20个乡镇，压实乡镇撂荒地整治责任。三是列出"奖惩台账"。建立健全耕地撂荒举报、巡查、监测、执法相结合的监管机制，将撂荒地整治工作纳入区级相关部门（单位）各乡镇（街道）"比学赶超"和年度目标考核重要内容，实行周调度、月通报、季考核制度，对撂荒地整治工作排名前三名的乡镇（街道）分别给予30万元、20万元、10万元奖励，对整治耕地撂荒工作推进不力、考核评比差的乡镇（街道）进行通报批评。同时，区目标绩效办对其主要负责同志进行诫勉谈话，扣减年度目标考核绩效，切实做到奖惩并重，保障耕地撂荒整治工作顺利推进。

（二）坚持"三大驱动"，发挥整治动力

一是坚持龙头带动。对排摸出的撂荒地，实行"一户一策""一地一

---

① 达川区探索构建三大模式 有序推进撂荒地整治 涉农补贴. 达州市达川区人民政府，http://www.dachuan.gov.cn

策"整治,对小面积分散的撂荒地动员群众自己复耕复种,对整户外出、无劳力不能自己复耕复种的,采取"农业企业+合作社+村集体+农户"等经营模式,动员农户将分散撂荒土地统一流转到合作社经营管理,签订土地流转协议,农业企业、村集体成立社会化服务组织,开展托管、半托管服务和代产、代收、代烘等方式进行生产,收益按7∶3进行利益分配,确保撂荒地全面复耕复种。截至目前,全区新型经营主体共流转撂荒地0.95万亩,流转的撂荒地占复种撂荒地1.185 6万亩的80.1%。二是坚持兜底推动。撂荒地整治后,在复耕复种上推行"四个一批"(农户认领一批、业主流转一批、代耕代管一批、集体兜底一批),对无法流转的撂荒地,由村集体经济组织统一兜底发展,采取统一整治、统一生产、统一经营的发展方式,壮大村集体经济。三是坚持利益联动。实施租金、薪金、股金"三金富农"行动,通过"专业人才+种植大户+农户""农业发展公司+村集体+农户""村集体+专业化服务组织+农户""农业发展公司+村集体+专合社+农户"等联农带农模式,预计带动1 120余户群众年均增收2 760元。

(三)强化"三大保障",巩固整治成效

一是强化组织保障。达川区成立区委、区政府主要领导任"双组长"的撂荒地整治工作领导小组,设立领导小组办公室,切实做好撂荒地整治日常事务工作。各乡镇(街道)设立相应工作领导机构,推行"田长制",将辖区内的生产田块按一定区域、一定面积落实到村,设专人监管,层层压实。主要领导牵头抓总、分管领导包片抓推进、村干部具体抓落实"三级同抓"责任,构建了分工明确、上下联动、齐抓共治的撂荒地治理工作体系。二是强化政策保障。制定出台《达州市达川区撂荒地整治工作方案》等文件,对集中整治10亩以上撂荒地种植粮食的大户、家庭农场、专业合作社、村集体经济组织给予最高每亩500元的补贴。同时,将撂荒地整治与耕保补贴、实际种粮农民 一次性补贴、稻谷补贴、种粮大户补贴等惠农政策有机融合,进行据实奖补。三是强化科技保障。加大院校合作力度,组织专家实地对撂荒地整治后适宜种植的粮食作物类别、施肥水平、田间管理等进行研判,因地制宜提出科学的种植方案。同时,整合驻村第一书记、科技特派员、农业技术人员等300余名农技方面的人员,深入田间地头开展技术指导、协助市场信息收集、帮助线上线下销售,切实提升土地的利用效率,助力农业增效农民增收。

三、内江市资中县宜机化改造

资中县是全省丘陵大县、农产品主体功能区，以资中血橙、优质蔬菜等四大特色农业产业为主导，是全省首个"五良"融合发展试点县。"五良"融合发展，对促进资中县这样的丘陵地区农机化发展，提高粮食和重要农副产品供给保障能力有着深远影响和重大意义。地相通、小改大、陡改缓、坡改梯，过去两年来，资中县实施"五良"融合宜机化改造1万余亩，实现良种、良法、良田、良制与良机深度融合。

资中县坚持耕地量质并举，整合涉农资金2.9亿元，建设高标准农田7万亩，实施宜机化改造4 500亩，根治撂荒地2.4万亩，4个万亩优质粮油示范园成势见效，粮食产量全市第一[①]。

（一）总体规划谋发展

2021年，作为省县共建的"五良"融合产业宜机化改造项目省级样板县，资中县委、县政府提出了"1134"的建设工作思路（即围绕一个总体目标，创新一种建设模式，规划布局三大基地，拓宽建设四个中心），破浪而行，以良种优质化、良田宜机化、良机现代化、良法普及化、良制创新化为抓手，积极探索现代农业发展新思路。打造"五良"融合宜机化改造省级样板区，规划粮油宜机化农田5 300亩，柑橘宜机化农田350亩，农机试验基地300亩，40亩综合农事服务中心一处，西南丘陵山区智能农机装备创新中心占地面积约20亩，形成"一廊（柑橘宜机化改造廊道）、一带（粮油宜机化改造带）、一核（农机试验基地）、一区（综合农事服务中心）"的功能区。通过实施宜机化改造，能够有效发挥机械作用，提升劳动生产效率，推动节本增效、农民增收及劳动力转移，促进产业的转型升级和结构调整。改造总体规划，全县耕地宜机化三种分类改造模式，一是高标准农田建设全面推广宜机化改造，二是浅丘地区宜机化改造，三是深丘、山区以及未流转土地的一般农户宜机化改造。配套建设机耕道路，参照农业园区梯次创建模式，分层分级推进"五良"融合园区创建。

---

① 获得省市先进 内江市资中县奋力书写乡村振兴时代答卷. 中国网. http://sc.china.com.cn

（二）注重细节谋改造

通过宜机化改造，破除宽田埂，整理巴掌地，资中县有效增加了耕地面积，农业生产条件大大改善，有效促进了县内土地流转和土地规模经营，减少撂荒地面积，助力乡村振兴。2022 年计划在龙江镇、孟塘镇、太平镇、银山镇、公民镇5 个镇建设"五良"融合产业宜机化改造耕地8 200亩，综合运用工程机械、农业机械进行地相通、小改大、陡改缓、坡改梯、渠理顺等宜机化改造。改造内容：地（田）块连通 593 亩、缓坡化旱地改造 755 亩、水平条田 2 575 亩、水平梯田 2 092 亩，坡式梯台旱地2 185亩，新增耕地面积 75 亩。地块实现了互联互通，大中型农机具能开展作业，主导产业粮油（玉米、红薯、油菜、蔬菜、大豆）和柑橘可实现全程机械化作业水平，为保障粮食安全打下了坚实基础。

（三）五良融合促发展

资中县坚持良种优质化，以良种为根本，助力农业提质增效，大力引进、筛选、推广优良的宜机化品种，以适应农业机械化生产需要；促进良田宜机化，以良田为基础，改善农业生产条件，实施水平条田、水平梯田、坡式梯台旱地、缓坡化旱地四类改造，改造前水田最小面积 0.1 亩，改造后最小面积为 2 亩，改造前缓坡旱地最小面积 0.4 亩，改造后最小面积为 4 亩，改造后可使用大中型农业机械进行耕、种、防、收；发展良机现代化，以良机为抓手，提升农业机械化率，注重投资资金，建设占地约20 亩的"西南丘陵山区智能农机装备创新中心"，探索建立"企业+科研院所+合作社+村集体经济+农户"的"产学研"模式。促进优势产业全程全面机械化、智能化、数字化；推动良法普及化，以良法为依据，优化农业生产模式，大力提高良种复种指数及资中血橙标准化种植。项目正式生产后，对所有改造后的土地进行两季栽种，水田大春栽种水稻，小春栽种油菜，旱地大春栽种玉米，小春栽种小麦，在项目区可栽种约 2 000 亩的水稻、油菜，约 4 000 亩的玉米、小麦。在柑橘宜机化改造项目区，安装了果园的单轨运输车，自动控制（施肥灌溉）系统，天空地一体化（监控）设施，购入了果园管理机等，科学合理施肥、打药、植保和园艺，真正实现了科技果园，智慧果园，提高生产效率，降低生产成本；鼓励良制创新化，以良制为保障，创新农业经营路径，"1+1+3"模式创新联农带农机制。具体来讲，每位业主依托一家以上的科研院所提供的技术支持。每位农户以土地入股到村集体经济组织每亩土地保底 500 元，村集体经济组织、农户、业主分别占比为 15%、30%、55%，实施全机械化作业后，节约人工成本每亩 240 元，入股农户保底加分红总收益 419 万元，村集体 59 万元，公司收益 218 万元。打造连片示范，实现"做一片，成一片，巩固一片，示范一片"的良性发展。

第六章 四川省实施"藏粮于地"的对策建议

粮食安全不仅关乎着国家民生安全最重要基础，也关乎着社会稳定的维系。四川省作为农业大省、粮食大省，其粮食生产对于国家粮食安全有着重要的影响。打造新时代更高水平的"天府粮仓"，良田是基础。四川省如何实施藏粮于地，应从高标准农田建设、完善政策稳定粮食生产、加大科技创新财政投入力度、加快科技成果转化等方面入手，多方共同努力，以保障粮食安全。

一、严守耕地红线，增强耕地保护和使用意识

严守耕地红线在藏粮于地、保障粮食安全方面发挥着基础性作用。在落实严守耕地红线上应用制度、举措等解决问题，注重发挥各主体主观能动性，并建立利益机制联结，有效实现恪守耕地红线。

（一）严守耕地保护红线，确保粮食生产种植面积稳定

四川作为粮食生产大省，要严格落实耕地保护制度，以保障国家粮食安全、农产品质量安全和农业生态安全为目标，继续夯实国家粮食安全省长负责制、各市（州）长对全省负责制度。落实"三区三线"管控规则、引导各类建设用地尽量不占或少占耕地等举措。对于耕地抛荒等实质问题，减少土地"非粮化""非农化"，出台有利于抛荒土地复耕的政策，对种植非粮作物补贴"清退费"，以保障已有耕地的充分使用。禁止耕地非农化、非粮化，坚决遏制耕地违法违规利用，树立耕地保护"量质并重"和"用养结合"理念，以新建的高标准农田、耕地退化污染重点区域和占

补平衡补充耕地为重点，推进工程农艺、农机措施相结合，依托新型经营主体和社会化服务组织，构建耕地质量保护与提升长效机制，守住耕地数量和质量红线。加强耕地用途管制，巩固"大棚房"问题清理整治成果，坚决制止和纠正耕地非农化、非粮化现象，已经非农化、非粮化的，能恢复种粮的要尽快恢复种粮，确保耕地数量不减少、质量不降低。绝不能占多补少、占优补劣、占近补远、占水田补旱地、占平原补山沟。

（二）增强各主体的耕地保护意识，落实"藏粮于地"

耕地不仅能带来经济效益，还能带来生态效益和社会效益，要充分利用数字媒体等信息化技术，宣传耕地蕴含的社会价值、生态价值。当前不仅应立足于解决粮食安全问题，更要考虑耕地的可持续发展性。提高耕地实际耕种者的质量保护意识，并制定相应的耕种行为激励机制，是确保耕地产能不降低的客观要求。广大小农户与专业大户、家庭农场、农民合作社、农业企业等各类新型农业经营主体的共存，是未来相当长时期内我国农业生产的现状。对此，既要考虑多元经营主体共存的共性要求，也要考虑不同主体的个性特征，注重通过制度化建设来规范他们的耕种行为。一是要加强耕地质量保护意义和耕地生态系统相关知识的宣传，强化耕地生态保护意识，避免有损于耕地生态系统的行为。二是要完善耕地的用途管制制度。明确耕地具体的农业生产用途，并在耕地利用强度和耕作行为上提出要求，尤其严防过量使用化肥农药。三是要强化经营权流转中经营者的职责。明确规范耕地经营者对耕地的使用，须以保持耕地肥力为原则，并对严重伤害耕地质量、违反耕地用途的耕种者给予严惩，禁止经营者的掠夺式耕种。

二、加快高标准农田建设，深化农村土地制度改革

建造"粮田"才能拥有"粮仓"。"藏粮于地"其关键在于建设高标准农田建设上，而"集中相邻、抗旱抗洪、宜机运转、经济高效、稳定高产、清洁环保"是实施"藏粮于地、藏粮于技"的基础，根据地理条件和粮食生产需求，确定粮田的数量及建设潜力，规划省内优质粮田的建设；增加对高标准农业用地的投资，适度提高标准，促进和支持关键粮食产区

改善基础设施，支持农田水平建设，提高排水和灌溉能力。以市场需求为导向，巩固农业供给侧结构性改革，调整并最优化农业结构，通过加强"三品一标"农产品的质量、认证和管理，促进粮食发展，确保高质量粮食项目的实施和绿色优质农产品的供应，调整优化多样性品种结构，发展多样化和多元化特征。

（一）推进高标准农田建设，保护农业生态环境

1. "藏粮于地"的关键藏在高标准农田里

四川地形地貌复杂，自然灾害较多，实施高标准农田建设是稳定提升全省粮食产能的关键。我省应以提高粮食综合生产能力为目标，围绕协调、绿色、现代、可持续的发展理念，划定粮食主产区和重要农产品区，实施山地丘陵地区宜机化改造，将中低产田变为高产田，并大规模开展田网、渠网、路网"三网"配套和耕地地力建设，全面提高农田排灌能力、土壤培肥能力、农机作业能力和综合配套能力；注重耕地质量和生态保护，大力推进有机肥代替化肥、畜禽粪污资源化利用以及种养循环，确保耕地可持续发展，稳定提升粮食产能。

2. 水利作为农业命脉，我省应在建设高标准农田上持续发展水利建设，发挥水利优势，持续推进农田水利设施建设

首先，加快建设大中型水利工程。以大中型水利工程构建整体的现代化水网体系，并加快骨干水网工程建设，发挥基础支撑作用。其次，加快实施重点水源工程、水务、已成灌区配套建设，在原有基础上进行现代化改造。最后，巩固农田水利建设，持续推进水利配套改进，加强农田排水、灌溉和蓄水设施建设，解决好农田水利灌溉滞后问题。

3. 保护生态环境安全是实现粮食安全的前提

"藏粮于地"中，保护生态环境是重要措施，有着重要意义。四川作为农业大省，保护生态环境尤其重要。继续实施以预防为主并和治理相结合的措施，在农业生态环境方面，重点关注农业生态源头、过程治理，完善农业生态环境保护体系。一是建立农业生态发展体系。建立农业负面清单，加强禽粪利用，推广清洁养殖生产和产业生态模式；推动可持续利用机制，减少化肥农药、塑料膜的用量，启动绿色食品防控试点项目。二是建立农业和农村污染防治体系。支持建立污染从工业和城市转移到农业的防治机制，促进农村"厕所革命"等重要问题的管理，对废物和废水处理

系统进行分类，加快改善农村环境。三是建立农业系统生态屏障。深入开展大规模绿化全川行动，继续实施天然林保护，划出农业生态保护区域，推进水土保持、水源涵养林、农田防护林建设，加强乡村进出道路、集中居住地、房前屋后、休闲地绿化，守好农业生态安全屏障。

（二）深化农村土地制度改革，构建社会化多元服务

1. 在农村土地集体所有制基础上，深化农村土地制度改革，推进农村土地的"所有权、承包权和经营权"三权分置，放活土地经营权，推动农业土地集约化利用。

提高土地有效流转，解决"有地无人种"问题，促进适度规模经营。土地资源要素流转是实现土地规模经营，发展新型经营主体的前提条件。加强土地流转信息服务平台建设，提高土地承包经营权的流转服务，建立健全土地承包经营权流转市场，同时完善市场交易规则和服务监管机制，确保农村土地资源规范有序流转和优化配置。制定针对粮食型新型经营主体的土地流转倾斜政策，因时因地因势制定相关政策，引导和鼓励新主体选择合适的利益分配方式，稳定土地流转关系。逐步完善城乡社保体系，缩小城乡差距，解决离土离乡农民的后顾之忧，积极有序地推进农村土地流转。此外，针对造成耕地"非粮化"现象，首先，应加强农村耕地流转规范管理，建立耕地流转信息平台。多种方式宣传流转主体使用和咨询，借助基层政府、第三方组织以及数字平台等方式动态管理和专业运营，减少耕地流转双方搜寻信息成本。其次，制定土地流转指导价格，应从多方面因素考虑，动态制定、定期公布土地流转价格，并在耕地流转过程中，充分发挥村集体职能，协调管理农户与耕地流转主体之间的相关事宜。再次，提高粮食规模化经营效益。应不断对粮食和经济作物等市场价格进行稳定和调控，减小粮食和经济作物等农产品间的收益差距。政府也应制定措施应对因农资价格上涨引起的种粮成本的增长，加大对农资价格的监管。最后，还应加快耕地有效保护等的制度研究，制定硬性指标，建立管控机制，明确永久基本农田重点用于种粮，高标准农田原则上全部用于种粮，并在对农业生态旅游、休闲观光农业等项目中也要对耕地进行严格划分。

2. 可持续的农业社会化服务体系是推动农业生产效率提升的重要保障。

随着农业的现代化进程，农业的细分化特征越来越明显。因此，在四川省农业活动过程中需构建一个细分的综合性农业社会化服务体系，覆盖粮食生产前、中、后全方面，达到加快粮食生产、保障粮食安全的目标。具体包括：首先，构建农业生产社会化服务体系。在农业生产环节提供测土配方施肥、病虫害防治、机耕机收、仓储烘干等服务，加速实现农业生产全程机械化、标准化，提高种粮生产效率，降低生产成本。其次，完善农村商品流通服务体系。积极发展现代种子和农业设备产业，补齐县乡村物流设施短板，完善农产品冷链干燥、储存和物流配套设施，为农民生产前后提供相关服务。再次，建立农村金融服务体系。鼓励并引导农业银行、农村信用社、商业银行等公共银行和规范小额贷款公司参与到农村金融服务之中，丰富农业生产保险或基金种类和范围，满足乡村农民生产资金需求。最后，建立一个健全、完备的农村综合信息服务系统或平台，为乡村农民提供农业生产信息、农产品市场价格等数据来源，重点解决农业数据缺乏的问题。

三、完善粮食扶持政策，加大财政投入力度

建议政府通过提高补助标准，完善财政政策；整合财政投入，推进粮食全产业链发展；落实粮食生产大县政策，完善高标准农田建设指标以及加大粮食品种研发扶持力度实现粮食扶持政策优化藏粮于地，以"输血式"带动转变为"造血式"带动。

（一）提高补助标准，完善粮食财政政策

建议政府发挥"兜底"作用，修改和完善水稻、玉米和小麦最低收购价格政策。此外，继续稳定对粮食作物生产的总额补贴，完善水稻、玉米和小麦等粮食作物的保险领域，稳定农民的基本收益需求。同样，在基于粮食"普遍优惠制"补贴的基础上，应提高规模种粮补助标准，并提高对种粮大户的收益补贴，提高标准可基于种粮大户的种植面积、种植产量质量、种植科学技术等方面落实等级阶梯补贴政策。

（二）整合财政投入，推进粮食全产业链发展

建议政府因地制宜制定建设标准，形成配套且完善的综合发展模式。粮食产业不仅是局限性的种子到原粮的过程，更应包含产销结合、从始端到终端的全过程。发展粮食全产业链也是保障粮食安全的重点。粮食全产业链模式中，整合财政投入建设粮食产业园区，贯穿粮食产前、产中、产后服务，发挥农业科技创新作用，防范化解粮食领域重大风险。创新资金投入机制，加大资金投入，助力高标准农田建设。推动乡村基层政府与当地银行、金融机构合作，将县乡政府作为主导者和担保者，为农民进行高标准农田改造提供资金保障，并指导农民用好用足土地收益，在保障合理合规的前提下，吸引和引导金融、社会资本等多渠道多主体多层次投入。

（三）落实粮食生产大县政策，完善高标准农田建设指标

首先，中央和省级政府要加大对粮食主产区、粮食生产大县的财政转移支付力度，进一步提高对粮食主产区县的财政转移水平，撤销对粮食风险基金的支持，加大对粮食主产区和县的支持力度，特别是对粮食主产县的"造血功能"支持力度。其次，建立一种机制，平衡较大地区和粮食产销区的利益，缩小地区之间的发展差距，实现较大地区和谷物生产区的基本服务，以达到全国（省）平均水平。最后，建立一个动态机制，调整较大粮食生产的财政激励措施。提高中央和省级财政对粮食生产机具购置补贴比例；优化新评定的省星级现代农业园区中粮油园区数量占比比例等。

（四）加大粮食品种研发扶持力度

政府作为支撑科技创新的主导力量，应以优势农业科研单位为重点扶持对象，加大投入扶持力度，助力科技创新研发，确保实现"高产""优产"的粮食科技创新，支持优势农业科研单位解决粮食领域"卡脖子"技术攻关问题，尤其是粮食种子问题。建议省政府围绕水稻、小麦、玉米等粮食作物，设立专项资金，鼓励科学家重点攻克水稻、小麦、玉米等粮食作物的品种培育、高效生产的机械设备，提高粮食生产质量和效率，以及维护耕地生态、病虫害防治、智慧农业以及粮食安全检测、追溯等方面的核心技术问题，提升粮食品质与安全。

四、促进科技成果转化，优化培育经营体系

四川省耕地资源总体较为有限，并且空间分布不均衡，加入科技元素，无疑能辅助四川省更好实施"藏粮于地"。因此，需加快加强科技成果转化，强化农业科技创新体系，加强"藏粮于地"的新型经营主体培育，完善其推广体系。

（一）强化农业科技创新体系，加大科技创新

技术作为第一生产力，先进的科学技术能带来更高的效益。充分发挥农业科技在粮食生产中的基础作用，需增加人力资源投资，加强农业科技创新体系。同时，四川应因地制宜，根据实际需求开展科技创新，加大农机装备方面的研发应用，完善宜机农作物配套建设，大力发展智慧农业。一方面，根据省内土地特征开展品种培育创新，侧重于高产优质的耐受品种选育；另一方面，遵循智慧农业、绿色农业的发展要求，加强研发绿色栽培、减少土壤农药污染、土壤自动修复等技术；提升农业资源高效利用率，推动研发小型农业机器全套设备，实现农业机械化基本覆盖，提升耕种效率。进一步优化粮食科技投入和财政科技投入机制，在市场机制作用下打造多样化的粮食科技投入队伍。此外，更要加快实际需求导向下的粮食科技供给，开发更智能、更灵活的粮食生产设备，提高科技支撑能力，实现粮食增产提质。

（二）加强新型经营主体培育，完善推广体系

要完善推广体系，一是增加对各类粮食生产经营主体的引导。一方面，积极引导各类新型粮食生产经营主体重视粮食安全问题，壮大新型农业经营主体从事粮食生产，以现代技术为支撑，推进新型农业经营主体专业化、标准化、规模化、组织化。在国家政策和资金支持方面，把符合条件的新型粮食生产经营主体纳入支持范围内，平等享受国家政策支持，以实现各类粮食生产经营主体之间的平等竞争和共同发展，实现粮食生产主体多元化。另一方面，应鼓励和引导各种社会力量参与，充分发挥龙头企业、农业大户、涉农金融机构等辐射带动效应和溢出效应，加速培养新型粮食生产经营主体，

并大力推动多元社会主体与新型粮食生产经营主体协同发展，实现共赢。

二是完善农业生产服务的基础设施。完善的农村公共基础设施以及公共服务是新主体规模化、集约化、专业化和可持续化发展的硬性要求。基于新型农业经营主体的"新"特点，推进农田宜机化改造，逐步扩大农用地"宜机化"试点面积，促进农机提质增效，稳步推进农田基础设施机械化建设，提升农业耕种收综合机械化率，推进农田基础设施建设标准化。加快农业农村信息化建设，健全农业信息服务平台，进一步推进现代信息技术与农业农村融合，开展农业创新应用示范，利用数据平台和信息技术，提高农业生产经营全过程监测和全服务提供水平。利用信息平台拓宽农业农村产业链，实现农业兴、农村美、农民富的美好愿望。地方针对各地条件施行扶持政策，改进粮食生产服务基础设施建设、为新型粮食经营主体提供良好的外部环境。

三是发展特色产品，增强辐射带动能力。发展成熟的新型粮食生产经营主体，充分发挥其带动性和辐射性作用，带动周边的农户发展，并且还可以搭建交流平台，分享实时经验、农资信息、最新政策等，实现良性互动。一些新型粮食生产经营主体以高校和科研院所作为技术支撑，能够及时获得最新农业技术和农业资源。同时，在水稻、玉米、红薯等省内主要粮食作物的基础上，以粮食作物消费需求为导向，各新型粮食生产经营主体应适时调整生产结构。此外，应大力支持新型粮食生产经营主体，充分发展其具有优势的特色粮食产业生产，鼓励粮食生产龙头企业到粮食产区加工生产，带动周边农户共同发展。

四是推广创新，增强新型农业生产经营主体的市场竞争力。创新农业科技和农业科技服务体系不仅有利于推动新型粮食生产经营主体发展，还能提高其市场竞争力。首先，完善农业技术推广站服务，加快成果转化，将农业科技应用第一时间投入粮食主产区中，构建农业科技信息化平台，实时传递农业科技信息。其次，不断加深高校、科研院所合作，借助高校和科研院所人才下乡进行技术试点和基地合作，通过知识溢出带动新型农业经营主体发展。最后，在提升粮食产量的同时，还应提升粮食质量，保障粮食安全。应落实培育主体、企业等社会责任制，提升新型粮食生产经营主体的粮食安全意识，规范使用农药和肥料，以免造成土地生态破坏，强化对食品安全监督和管理，通过完善组织体制建设、强化粮食安全意识等多种举措稳步推动粮食增产增收。

子课题二

四川落实"藏粮于技"

战略的实践研究

粮食是关系国计民生的重要战略物资，保障粮食安全是关系到我国国民经济发展、社会稳定和国家自强自立的全局性重大战略问题、国之大者。四川是全国 13 个粮食主产省之一，集农业大省、产粮大省与人口大省于一体，粮食消费和粮食调入量均居全国第二位，四川的粮食安全在全国既具有典型性，也具有代表性，对国家粮食安全和维护地区稳定有重要战略影响力。在四川粮食持续增产进入"滞涨期"、粮食需求增加进入"新增长期"、粮食大量调入进入"常态期"三期叠加的背景下，深入学习贯彻习近平总书记关于粮食安全的重要论述，立足"保障口粮绝对安全为底线、提高专用粮自给率为目标、做强川粮特色品牌为突破口、科技创新驱动为引领、实施重大工程为抓手、创新机制为保障"的工作思路，围绕保障粮食安全，全面落实"藏粮于技"战略，聚焦"强核心技术、强重大品种、强粮食单产、强粮食品质、强粮食效益、强转化应用"的六强目标，实施"自主创新、单产突破、绿色发展、资源高效、加快转化"的五大路径，构建强化投入、深化改革、培优主体、上下协同的机制，为加快推进四川粮食产业高质量发展提供有力科技支撑，为保障国家粮食安全贡献四川力量。

第一章 "藏粮于技"的战略内涵及战略意义

"国以民为本，民以食为天""五谷者，万民命，国之重宝"，粮食是关系国计民生的重要战略物资，粮食安全是关系到我国国民经济发展、社会稳定和国家自立自强的全局性重大战略问题。党的十八届五中全会通过的"十三五"规划建议提出，要坚持最严格的耕地保护制度，坚守耕地红线，实施"藏粮于地、藏粮于技"战略，这是保障国家粮食产能和安全的必然选择。农业科技创新成为摆脱粮食发展困境、提升粮食综合产能最关键，也是最根本的出路。《建设新时代更高水平"天府粮仓"行动方案》将"深入实施种业振兴行动"和"强化农业科技引领"作为重点任务。

一、"藏粮于技"的战略内涵

中央对四川粮食生产有着明确的要求，就是确保粮食总量平衡、基本自给。四川作为人口大省、农业大省，搞好粮食生产既是全省9 000多万人口生存的基本需要，也是不可推卸的重大政治责任。随着北方粮食生产供给能力不断增强，如东北大米地位渐高，泰国大米、越南大米大量涌入，以及全国粮食种植结构调整等因素影响，四川粮食产业面临增速变慢、地位下降、比较效益走低等严峻挑战。为贯彻中央"保障粮食安全"的重大决策，四川绝不能把粮食安全供应完全寄托于依靠市场、依靠其他产粮大省，四川粮食主产省份的地位绝不能丢，这是没有任何回旋余地的。因此，必须增强忧患意识、底线思维，把"藏粮于地、藏粮于技"的战略不折不扣地落实到位，保障好"米袋子"，确保粮食安全。

"藏粮于技"，顾名思义就是通过科技创新解决当前粮食生产中的难题，让科技为内涵式现代粮食产业发展提供有力支撑。其中"技"的关键在于促成"良种、良法、良地、良机"等耦合叠加。具体来说，涵盖了生物、栽培、植保、土壤修复、装备、贮藏加工、信息等多领域技术，着力解决粮食生产中节本、增效、提质、安全、绿色、环保和循环发展等难题，在确保粮食数量安全的基础上，提升粮食产业综合竞争力。新时代的粮食安全须比以往任何时候都要更加重视农业科技的进步与创新。

四川实施"藏粮于技"战略，就是要围绕国家粮食安全战略目标，立足四川粮食生产优势和特色，依靠农业科技进步提升粮食产业发展水平，转变粮食产业发展方式，突破粮食产业发展的资源、环境瓶颈约束，走内涵式发展道路，全面提升粮食供给保障能力和产业综合竞争力，确保全省粮食总量平衡、基本自给。

二、"藏粮于技"对四川的战略意义

四川实施"藏粮于技"战略具有重大意义，集中体现为"四个有利于"：

（一）有利于守住粮食产能底线，保障国家粮食安全

从整体来看，四川是全国战略大后方，在国家发展大局中具有独特而重要的地位；从粮食安全来看，四川是全国13个粮食主产区之一和西部唯一的粮食主产区，在全国粮食安全格局中居于重要位置，四川保障粮食安全对于全国而言具有重要意义。四川粮食单位面积产量从2000年的5 206.5千克/公顷提升到2022年的5 431千克/公顷，提升了4.3%，但与全国平均水平相比还有较大差距，比全国平均水平5 802千克/公顷低371千克/公顷。因此，四川省实施"藏粮于技"战略，更需要挖掘区域粮食产业的比较优势，促进粮食产业集聚提升，有利于稳固四川粮食主产省地位，为形成国家战略后方提供坚实支撑。

（二）有利于改变旧有粮食生产方式，推进农业供给侧结构性改革

2020以来，四川粮食产量稳定在3 500万吨以上，播种面积稳定在630万公顷以上，但粮食消费总量长期维持在4 000万吨以上，粮食大量调入成为常态，口粮数量基本上能省内自给，但品种与品质结构性矛盾突出。因

此，必须在有限的耕地上推进农业供给侧结构性改革，不能延续以往粗放式的生产方式，应提升粮食生产科技含量，必须确保粮食生产能力不降低。

（三）有利于缓解农业生态压力，促进农业可持续发展

根据《2019年全国耕地质量等级情况公报》，全国耕地质量平均等级为4.76等、西南地区为4.98等；而2019年，四川耕地质量平均等级仅为4.09等①，比全国平均水平低0.67等、比西南地区平均水平低0.89个百分点。实施"藏粮于技"战略，实施高标准农田建设工程、耕地质量保护与提升行动等以及粮食绿色高质高效创建工程等，可以在很大程度上缓解耕地有机质含量减少、环境污染加重等问题，从而提高耕地质量，增强耕地的可持续生产能力。

（四）有利于提升耕地产出效益，促进农民增收

四川粮食生产以小农户为主，种粮营利能力与增加收入之间的矛盾更加突出。2010—2018年，四川生产的稻谷、小麦和玉米每公顷利润不断下滑，严重挫伤了农户种粮积极性。到2022年，《全国农产品成本收益资料汇编2023》显示，四川中籼稻、小麦、玉米亩平净利润仅为35.59元、-309.30元、-246.94元，分别低于全国平均水平0.6元、735.22元、410.19元。实施"藏粮于技"战略，可以促进粮食生产节本增产、提质增效，通过多种途径提升种粮效益，增加种粮主体收入。

三、四川实施"藏粮于技"战略取得的主要成就

（一）育种科技创新能力持续增强

四川省委省政府从第六个五年计划开始持续支持"农作物及畜禽育种攻关项目"，这是中国最早设立、持续时间最长的省级育种科技专项，在全国育种科技界享有较大的知名度与影响力。截至"十三五"末，共建立20个现代农业产业技术体系四川创新团队，使四川省育种攻关取得了重大

---

① 四川省人民政府. 强化责任担当 高质量做好第三次土壤普查工作 [J]. 农村工作通讯, 2022（8）：20.

突破，为保证四川省粮食安全、优化农产品品质结构、凸显"川种优势"作出了巨大贡献。为破解种业"卡脖子"难题，四川不断加强种业技术攻关，持续做大做强现代种业的基础环节和关键环节，已建成功能分区合理、作物种类较为齐全、田间基础配套设施较为完善的南繁科研基地和全国首个省级综合性的资源库——四川省种质资源中心库。四川省现代农业种业正加快发展，已完成 162 个农业县种质资源普查，建各类种质资源圃 5 000 余亩，保存农作物种质资源达 5.42 万余份，居全国前列。建成现代化农作物种子生产基地 2.06 万公顷，农作物良种覆盖率 97% 以上，主导品种和主推技术入户率超过 80%。2022 年，四川农业科技进步贡献率提升到 61.5%。四川还通过加快推广新技术、新模式，促进农业增产节本增效，如四川广汉市稻麦轮作区推广的新品种和配套免耕播种新技术，实现农作物产量增长 10%~15%，成本降低 20% 以上。

（二）设施装备条件明显改善

"十三五"期间，高标准农田加快建设，全省共新建高标准农田 1 311.33 千公顷，累计建成 3 032.67 千公顷，占耕地面积比重 45% 以上。2023 年，全省新建和改造提升高标准农田 425 万亩，累计达到 4 989 万亩，占 2035 年耕地保有量目标的比重提高到 66%，比全国平均水平高 10 个百分点，有效提高田网、渠网、路网"三网"配套能力。农业水利设施持续完善，到 2022 年，全省耕地灌溉面积达 297.57 万公顷，农机总动力达到 4 923.33 万千瓦，机耕面积达到 749.37 万公顷，主要农作物耕种收综合机械化水平达到 67%；到 2023 年，四川增加农机装备 34.5 万台套，全省农机装备总动力首次超过 5 000 万千瓦，全省主要农作物耕种收综合农机化水平达到了 69%，其中水稻和小麦的耕种收综合机械化率均超过 80%。

（三）生态环境建设持续增强

四川在 65 个省级病虫重点测报站建成自动化、智能化田间监测点 617 个，粮食生产灾害损失率控制在 4% 以下，每年可多挽回粮食损失 10 亿斤~15 亿斤。全省粮油作物秸秆综合利用率达到 89.5%，肥料利用率达到 39%，病虫统防统治、绿色防控覆盖率分别达到 39.5%、38.6%，初步建立科学的施肥施药管理技术体系和废弃物资源化利用体系，建成一批"多元协同、循环再生"种养循环农业示范区。

第二章 四川粮食安全生产
面临的形势与挑战

近年来，在一系列惠农支农政策的刺激下，四川省粮食产量稳步提升。粮食产量从 1978 年的 2 381.8 万吨，上升到 2023 年的 3 593.8 万吨，创 26 年来新高，粮食总产量稳居全国第 9 位，2023 年粮食增幅在 13 个粮食主产省区中居第 3 位，全年农作物受灾面积为 22.8 万公顷，仅占农作物播种面积的 2.23%。但总体上来看，粮食持续增产仍进入了"滞涨期"。一方面，从粮食单产水平的全省历史数据对比来看，虽然单产水平整体呈现提高的态势，2022 年全省粮食单产水平为 5 431 千克/公顷，虽然与2007 年的 4 713 千克/公顷相比每公顷产量增加 718 千克，但是自 2020 年以来再次出现单产下降，而且是自 2016 年以来再次低于 5 500 千克/公顷的水平，产量不仅呈现出波动性，而且具有明显的阶段性特征：2016 年以前单产提升幅度大，年均每公顷增产约 90 千克，而 2016 年以后单产提升慢，即便不考虑 2022 年单产下降的因素，2016 年至 2021 年的五年期间，年均每公顷增产也仅 17.8 千克。另一方面，从粮食单产水平的全国数据对比来看，四川粮食单产水平整体低于全国平均水平，2007 年至 2022 年，仅有 2009 年、2010 年和 2011 年三个年度的粮食单产水平高于全国平均水平，而且平均仅高出不到 100 千克/公顷，而低于全国平均水平的 13 个年度中年均低约 127 千克/公顷；2016 年以来，四川粮食单产水平与全国平均水平的差距基本呈持续扩大之势，而 2022 年四川粮食单产与全国平均水平的差距高达 371 千克/公顷，如表 6 所示。这表明，在现有技术和条件下，四川粮食生产可能已经接近或者达到最大单产水平，在粮食播种面积难以大幅增长的情况，增加粮食总产量的关键在于技术突破，尤其是实施"藏粮于技"战略，通过发展新质生产力突破粮食生产的瓶颈制约，破解以下挑战。

表6　2007—2022 年四川省粮食单位面积产量变化及与全国比较

年份	四川/千克·公顷⁻¹	增速/%	全国/千克·公顷⁻¹	增速/%	四川单产与全国单产/千克·公顷⁻¹	四川增速与全国增速/%
2007	4 713	6.28	4 756	0.23	−43	6.05
2008	4 854	2.99	4 969	4.48	−115	−1.49
2009	5 022	3.46	4 892	−1.55	130	5.01
2010	5 138	2.30	5 006	2.33	132	−0.03
2011	5 244	2.07	5 209	4.06	35	−1.99
2012	5 229	−0.28	5 353	2.76	−124	−3.04
2013	5 321	1.75	5 440	1.63	−119	0.12
2014	5 320	−0.02	5 446	0.11	−126	−0.13
2015	5 400	1.51	5 553	1.96	−153	−0.45
2016	5 515	2.13	5 539	−0.25	−24	2.39
2017	5 545	0.54	5 607	1.23	−62	−0.69
2018	5 576	0.56	5 621	0.25	−45	0.31
2019	5 571	−0.08	5 720	1.76	−149	−1.84
2020	5 588	0.30	5 734	0.24	−146	0.05
2021	5 634	0.83	5 805	1.24	−171	−0.41
2022	5 431	−3.60	5 802	−0.05	−371	−3.55

数据来源：根据《中国统计年鉴 2023》和《四川统计年鉴 2023》整理计算。

一、突破性品种和关键技术研发及产业化应用不足

一是四川粮食品种数量多，但突破性品种少、商品品质良莠不齐。四川近年育成的粮食作物新品种大幅度增长，特色粮油作物及农产品也十分丰富，但高产和优质融合、可大面积推广的突破性新品种偏少，市场认知度高、影响力大的川粮品牌较少，在全国叫得响的优质"川粮"品牌不多。在全国十佳大米品牌中，四川无一入选。二是四川粮食加工企业深受

"稻强米弱"局面困扰。"大资源小产业低效益"的特征较为明显，大部分产品加工率不高、品牌偏弱。全省大米品牌繁多，但大部分稻米加工企业还处于初加工和部分精加工阶段，呈"小、散、乱、低"状态，原粮加工率在粮食主产省份中长期处于垫底位置。三是高产优质品种生产潜力挖掘不够。一方面是种业成果转化不够，新品种转化推广机制不优，种子科研、生产、推广和销售相互分离，2020 年以来没有一个品种推广面积达百万亩。另一方面是良种良法不完全配套。以小麦生产而言，四川属于中筋、弱筋小麦优势生产区域，是全国生产酿酒专用小麦的优势区域。针对选育的优质专用小麦品种特性、土壤环境、关键种植技术等研究不够，导致小麦产品品质波动大，难以支撑川粮、川酒等品牌创建。

二、资源环境等对粮食生产的制约不断增强

四川土地资源分散化、细碎化特征明显，国土"三调"数据显示，四川省坡度在 15 度以上的耕地占 26.2%[①]，耕地图斑面积小于 5 亩的占比高达 58%[②]，土地资源的不足是制约全省粮食产能提升的重要因素。按农村户籍人口计算，四川人均耕地面积仅 1.39 亩，大幅低于全国 2.46 亩的平均水平。而且，我省一般农户户均地块少的 20 多块、多的达 50 多块，户均耕地面积 5 亩左右、不足全国平均水平的 70%。

随着资源环境约束的加强，种粮面积和耕地质量明显有所下降，粮食增产、稳产难度将进一步提升。目前，四川粮食播种面积和总产量的排名整体均处于下滑趋势（如表 7 所示），尽管采取了耕地占补平衡的措施，但占补平衡的新开垦耕地质量等级普遍不高，个别地方仍存在占优补劣的现象。从耕地质量来看，四川中低产田面积大、比重高，截至 2022 年底，我省已经建成 5 476.6 万亩高标准农田，但是真正能够达到"旱涝保收、能排能灌、宜机作业"标准的只有四分之一左右。四川省土壤污染状况调查公报（2014）显示，全省土壤环境状况总体不容乐观，耕地质量整体偏

---

① 四川省自然资源厅. 四川省第三次全国国土调查主要数据, https://dnr.sc.gov.cn/scdnr/scsdcsj/2022/1/18/86b3d6a942e24b71bb91b419053c56f5. shtml.

② 守住全省 7 841 万亩耕地　四川正发力, http://www.scspc.gov.cn/hyzt/cwhhy/1335/202206/t20220608_41661. html.

低，土壤点位超标率为 34.3%，超出全国平均近 15 个百分点，对保障粮食质量安全产生严重威胁。2022 年开展了 604 个土壤风险点的监测，虽然全省农用地土壤环境质量总体稳定，但黑色金属矿采选业、有色金属矿采选业、化学原料和化学制品制造业、黑色金属冶炼和压延加工业、有色金属冶炼和压延加工业周边土壤污染风险高。

表 7　2000—2022 年四川在全国粮食播种面积和产量的排名变动趋势

年份		2000	2005	2010	2015	2020	2021
播种面积排名变化情况	粮食	5	4	5	5	7	7
	稻谷	7	7	8	7	7	7
	小麦	6	6	6	7	10	11
	玉米	8	8	10	10	8	9
产量排名变化情况	年份	2000	2005	2010	2015	2020	2021
	粮食	3	3	5	7	9	9
	稻谷	3	5	6	6	7	9
	小麦	6	6	7	8	10	10
	玉米	8	9	9	9	8	8

数据来源：根据历年《中国统计年鉴》数据整理。

另从四川种粮劳动力供给情况来看，全省有 2 500 万农村劳动力外出务工，在家留守务农的多是老年人，精耕细作的种粮传统正慢慢丧失，种"应付田""耍耍田"的比重越来越高，粮食生产的商品化属性不断退化，80% 以上的种粮农户属于自给自足式生产，小农户对于农具机械和科学种植方法不会用、不愿用。

三、稳定粮食生产的现代化支撑能力较弱

一是农田基础设施配套性较差。四川地区大多为典型的丘陵山区地带，耕地田块小且不规则，农田基本建设工程复杂。尽管全省每年都在持续加大农田基础设施投入，但亩均基础设施投入依然相当有限；全省农田有效灌溉面积占耕地面积的比重尚不足六成，部分坑塘井坝设施废弃、老化、失修状况严重；部分新修建的农田水利设施由于分布散乱、管护不到

位、配套不完善而功能受限，难以有效发挥作用，抗御旱涝灾害能力脆弱，使粮食规模化和机械化生产受到影响；2021 年，全省耕地灌溉面积为 296.29 万公顷，仅占年末实有耕地 519.55 万公顷的 57%；"靠天吃饭"的局面还没有得到很好的解决，对高产稳产带来极为不利的影响。二是农业机械化作业水平偏低。尽管四川农业机械化总动力在全国位居前列，粮食生产在机耕、机播、机收等方面也有了很大的发展，但受制于人多地少、地形复杂、种植模式多元、气候特殊等原因，四川农业机械难以适应粮食生产方式，农机农艺有效融合程度不高，主要农作物耕种收机械化率更是位列全国倒数位置；基层农机化服务供给明显不足。到 2022 年，全省共有农民合作社 105 508 个，但其中从事农机服务、植保服务的专业合作社分别仅有 2 174 个、1 004 个。正是受制于农业机械化作业水平偏低，四川种粮用工量减少趋势并不明显，以中籼稻种植为例，每亩家庭用工天数、雇工天数之和从 2019 年的 8.78 天减少为 2022 年的 8.25 天，而同期全国每亩家庭用工天数、雇工天数之和从 6.15 天减少到 5.35 天，无论是降低幅度还是比例均低于全国平均水平，导致粮食生产人工成本长期居高不下。与此同时，丘陵、山区农田基础设施薄弱，田块小、多样性，大型农用机械耕作困难，抑制了社会化服务发展进程，同时社会化服务能力有限，且与种粮农户需求不相匹配，又进一步阻滞了全省粮食规模化经营步伐。三是粮食科技基础条件现代化水平不高。具有突破性意义的科技创新成果不多，科技成果转化机制不畅，特别是对集科技创新、成果产业化于一体的成果转化机制探索不够。同时农村转移输出劳动力规模大，高素质农村劳动力严重不足，农民对新技术接受能力不强。2022 年，全省从事粮食产业的农民合作社为 10 358 个，仅占种植类农民合作社总数的 21.05%。规模经营主体数量不足，烘干、仓储物流等产后服务能力薄弱，全产业现代化水平亟待提升。

四、病虫害和自然灾害防治难度增大

近年来，四川旱灾、水灾频发，加上粮食生产病虫害防控形势日益严峻，国内外有害生物传入风险日益增大，对粮食生产构成较大威胁。据统计，四川省常年因干旱、洪涝等自然灾害损失的粮食达到 75 万~100 万吨。

2022 年，四川水灾受灾面积 5.5 万公顷、绝收面积 0.9 万公顷，旱灾受灾面积 52.3 万公顷、绝收面积 5.4 万公顷，两者之和占到全部受灾面积、绝收面积的 94.44% 和 70.48%。2022 年，全省农业受灾面积达到 61.61 万公顷，是 2019 年的 1.89 倍；绝收面积达到 8.9 万公顷，是 2019 年的 2.68 倍。综观近年来的情况，全省农业气象年景总体偏差，区域性、阶段性旱涝灾害并存，由此带来的异常气候和极端天气将会加剧，新发草地贪夜蛾等防控形势严峻。未来我省面临的干旱、水灾以及阴雨、病虫害等灾害依然存在，而且波动可能加剧，给稳定发展粮食生产带来诸多不确定性。如图 5 所示：

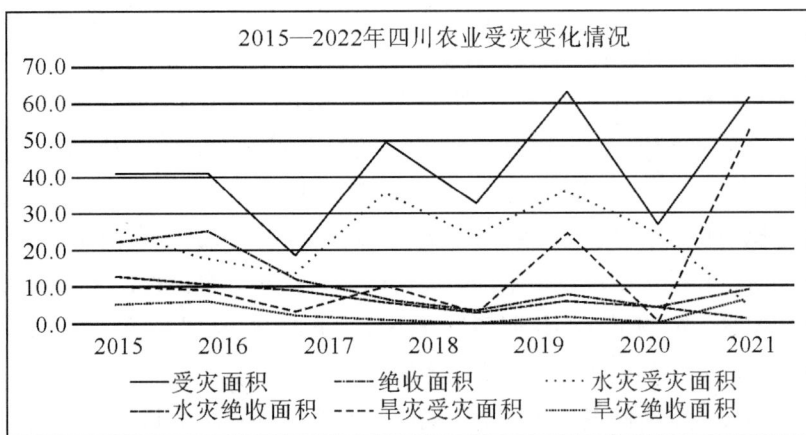

图 5　2015—2022 年四川农业受灾情况变化趋势图

注：根据《四川统计年鉴 2023》整理绘制。

第三章 国内外"藏粮于技"的经验与启示

一、国外经验

(一)注重品种引进和选育

20世纪70年代,巴西从美国南方引入营养生长期长的大豆品种,大幅提高了热带大豆产量,逐步形成了独具特色的热带大豆品种类型。

印度作为一个人口多、劳动力丰富、土地资源有限的农业大国,从墨西哥引进了优良小麦品种,较快解决了温饱问题。20世纪80年代,为了实现粮食产业的多样化和商业化,印度还引进、培育及推广了优良的鱼种和畜种。

澳大利亚小麦种植与市场消费结合非常紧密,根据不同国家的消费需求种植不同的品种,且严格实行不同品种小麦的专种专收,以保证小麦的品质,如根据欧美以面包消费为主的偏好种植优质面包小麦,根据意大利喜食通心粉种植硬粒小麦,根据日本的糕点需求种植糯小麦。泰国也始终把市场质量作为水稻品种选育的第一目标,设立了27个水稻研究中心和23个水稻种子生产中心(试验站),种子生产中心和部分农民专业合作社、私有经营者年生产近90万吨常规良种,经政府定价后提供给农户种植,农户基本不自留种子。泰国最有名的茉莉香米KDMLI05已经种植了近50年,但仍受稻农青睐,是加工出口米的最佳原料。

(二)有效保护利用耕地资源

美国在城市化中也曾经导致优质耕地大量减少、粮食生产能力下降。

为了保护耕地，美国采取了一系列的法律和政策措施，不仅制定了《水土保持和国土资源配给法》，对优质耕地进行保护，而且制定了《耕地保护政策法》，对纳入保护计划耕地的所有者给予补贴，并通过农业区划政策、土地开发权计划、优惠性税收和农业补贴计划等政策措施，形成了"疏""堵"结合的耕地保护制度体系，推动耕地使用者进行保护性耕作。

日本广泛采用了轮作休耕制度，逐步摒弃了在同一块土地上反复耕作的传统种植模式，注重维持土地肥力。2010 年 12 月实施的新《农地法》，制定了土壤保护、农田防灾、农业用水、应对极端气候等一系列促进粮食产业可持续发展的政策。

（三）大力发展节水农业

由于澳大利亚水资源缺乏，为了提高水资源利用效率，政府十分重视灌溉设施及技术，发展出两个显著的特点：一是灌溉设备注重自动化和精准施肥技术，二是注重对灌溉设备的研究与开发。

以色列水资源匮乏且降雨时空分布极为不均，但其水资源利用效率稳居世界前列。关键在于以色列将大量的农业预算用于支持科技研发，形成了以智能操控、数字节水为支撑的世界领先精准滴灌技术，并通过管线深埋、滴头内置、水肥一体等措施构建起了以节水为导向的精准灌溉系统。通过取代传统的沟渠漫灌方法减少渗漏和蒸发损失，农业用水减少了 30%以上，水、肥利用率达到 80%~90%。

（四）广泛运用生物技术

为提升粮食作物单产水平，美国、阿根廷等国于 1994 年开始施行转基因大豆商业化，并在很短时间内普及。巴西于 2003 年开始正式认可转基因大豆种植。2012 年，美国转基因大豆种植面积占总面积的 93%，其中主产区艾奥瓦州转基因大豆种植面积达到了 97%；巴西转基因大豆的采用率达到 88%；阿根廷是世界上接受转基因作物最迅速和最彻底的国家。截至 2019 年，全球转基因作物种植面积超过了 1.9 亿公顷，其中美国（93.3%）、巴西（93%）、阿根廷（近 100%）、加拿大（92.5%）和印度（95%）的转基因农作物种植面积占全球转基因作物种植面积的 91%，转基因大豆在全球的应用率最高，占全球转基因作物面积的 50%。

（五）高投入提升粮食生产效率

提高劳动生产率是确保粮食安全的必由之路。如荷兰在粮食生产上，对财力、人力、物力和智力都实行集约发展政策，在有限的土地上投入较多的资金和技术，用资金和技术替代土地。据 FAO 统计，早在 20 世纪 80 年代，荷兰每公顷耕地农业固定资本投入量最多的高达 1 953 美元，相当于美国的 12.3 倍。

（六）重视机械化及信息化

日本非常重视以农业机械引领现代粮食产业发展，并根据本国需求适时调整农业机械化研发重点。日本农业机械化始于 20 世纪中期，并在 70 年代得到充分推广，从而使日本粮食生产率有了明显提高。其农业机械不仅种类齐全，并且在向适用化、小型化、轻型化、系列化、高效化方向的发展上卓有成效。为应对劳动力短缺问题，日本近年来还大力推广农业自动化和智能化技术，在《第五期科学技术基本计划（2016—2020）》等战略规划中提出加快农业智能化，到 2020 年实现无人农场和除草机器人、采摘机器人等 20 种以上的新型机器人的应用。

二、国内经验

（一）稳定粮源和改良品种

江苏省自 20 世纪 90 年代便开始实施"籼改粳"计划，粳稻面积、总产、单产取得了突出进展。在此基础上，江苏省还大力提升品种优质化率，优质常规粳稻南粳系列三个品种（南粳 9108、南粳 5055 和南粳 46）应用面积 466.67 千公顷，占水稻播种面积的 1/5 以上。

山东省自 1995 年持续实施农业良种工程，20 多年来累计投入 10 多亿元，聚焦"保、育、测、繁、推"生物种业全产业链，坚持项目、人才、平台一体化推动，在推动种业强省建设方面取得了显著成效。累计收集保存农业种质资源 45 000 余份，选育国审农作物新品种 300 多个，省审品种 1 800 多个，培育了"济麦""登海"等多个系列品牌，全省良种对增长的贡献率达到 47%，农业品种更新换代 5 次以上，实现了主要农作物品种

4~5 年更换一次的较高频率，为提升山东省粮食作物单位面积产量及品质奠定了良好基础。

近年来，湖南省在杂交水稻育种栽培上也取得了丰硕成果，选育出了一批优质高产水稻品种并在生产中示范应用，产生了较好的引领示范作用，尤其是袁隆平院士带领的湖南杂交水稻研究中心建立了成熟的第三代杂交水稻育种技术体系，选育了一批第三代杂交水稻，并通过籼、粳亚种间优势利用，培育出系列苗头强优组合，已能实现一季稻每公顷 20 吨的产量目标。而第四代杂交水稻的培养目标定在提高光合效率 30%，一季水稻产量提升到每公顷 22 500 千克的水平。

（二）多举措实施土地整治

山东省于 2013 年启动了国家重大科技支撑计划"渤海粮仓"科技示范工程，主要对环渤海地区 2 666.66 多千公顷中低产田和 666.66 多千公顷盐碱荒地改造。"渤海粮仓"科技示范工程在耐盐碱粮食品种选育、小麦玉米一年两熟、棉改粮技术模式、稻麦轮作技术模式、冬小麦夏玉米棉花两年三作增粮技术模式等方面取得了丰硕的成果，实现了到 2017 年增粮 300 万吨、到 2020 年增粮 500 万吨的目标。

为提升土地肥力和保护生态安全，江苏省自 2011 年起实施了"蓝天沃土工程"，运用秸秆粉碎还田机、双轴型旱田灭茬旋耕机、水旱两用埋茬耕整机、反旋灭茬机等秸秆还田机械，对小麦、玉米、水稻等粮食作物秸秆进行粉碎、埋茬、深旋耕处理，取得了较好的经济、社会、生态和产能效益。经过 3~5 年的治理，土壤结构和透气性有了明显改善，有机质含量特别是氮、磷、钾的含量有了明显提高，每公顷可减少化肥施用量 75~150 千克，提高了集成机插稻的大米品质；粮食持续增产 5%~10% 以上，小麦每公顷增产 375 千克左右，水稻每公顷增产 450 千克以上。

（三）提高水资源利用效率

近年来的生产实践表明，我国西北适宜地区实施地膜覆盖、土壤配肥、保护性耕作等旱作农业综合措施，能大幅增加粮食产量。甘肃采用双膜双垄沟播、膜下滴灌等旱作节水技术，可使现有种植的地膜玉米每公顷增产 3 000 千克，露地玉米每公顷增产 6 000 千克。在四川光热良好的川西南等区域，若能解决水资源问题，必然能提升粮食单产水平。

（四）改善粮食生产基础条件

山东省省作为我国的粮食生产大省，在粮食生产上也面临着耕地面积持续减少、水资源紧缺状况突出等问题，为有效带动辐射全省粮食稳步增产，山东省自 2008 年以来统筹全省粮食生产能力布局，以 73 个产能任务县为核心，12 个产能后备县为重要补充，大力实施水利骨干工程、高产稳产良田建设工程、中低产田改造工程、土地整理复垦及黄河三角洲荒盐碱地治理工程、科技提升工程、农业机械化体系建设工程、农业减灾防灾体系建设工程"七大"工程，先后投资 400 多亿元，大大改善了粮食生产基础条件，同时强化科技支撑、提高装备水平、转变粮食产业发展方式，建立了粮食可持续发展的长效机制。

（五）推进农业机械信息化

黑龙江作为全国人均耕地最多、土地最平整、农业规模化、集约化水平高的粮食主产省，在粮食机械化水平上具有较高水平，农作物耕种收综合机械化达到97%以上，稳居全国首位。在高位推进粮食机械化水平的基础上，黑龙江省率先实施了农机信息化管理，构建了由 1 个省级平台、13 个市级平台、73 个县级平台的农机管理调度指挥平台，有效提高农机出勤率和农时利用率，提高了粮食生产的机械化水平。

三、国内外经验启示

（一）加强种业科技创新，着力提高粮食单产水平

四川省稻谷、小麦、玉米及大豆单位面积产量与美国、法国、日本等粮食生产大国相比还有一定差距，小麦、玉米等产业与法国、美国相比更是差距较大，因此四川省在耕地及资源有限的情况下，亟须提升粮食种植效率，提高单产水平，保障粮食数量安全。四川省面对日趋复杂的经济环境和逐步趋紧的资源环境，在多方共同努力下粮食产量仍实现多年持续增长，但是进入了增产"滞涨期"。因此，要加大育种攻关投入力度，选育和推广动植物新品种、生物农药、生物肥料以及农业微生物发酵工程新产品等，提升单位耕地面积和单位能源消耗的产出量，切实提高粮食产能及生产效率。

（二）实施"一控两减三基本"，推进粮食产业品质提升

国内外在粮食生产数量达到一定标准后，均日渐关注粮食品质。四川省在粮食产量达到一定阶段以后，在关注粮食数量安全的同时，也应关注粮食质量安全，不断提升粮食品质。在农业科技上，应加强粮食质量检验检测技术研发，严格监控粮食生产质量，严格管制乱用及滥用农药、化肥及其他添加剂等农业投入品，确保粮食质量安全，建立健全"从田间到餐桌"全流程覆盖的粮食质量安全监管制度。加大守护土壤健康的科技创新，强化土壤和耕地质量保护提升、土壤污染治理修复、土肥水协同管理等共性关键技术的有效供给。以消除土壤障碍因子、深入挖掘土壤生物学潜力，提高资源效率，强化生物学过程，协同地上地下生物互作等为核心，积极培育健康土壤。

（三）合理有效利用资源，实施生态保护

为了切实解决资源要素日趋紧缺及生态环境日趋严峻的现实问题，须合理利用资源，防治和减轻面源污染、灌溉水污染。根据四川省情况，当前粮食资源及生态安全仍要以财政投入为主，积极探索建立多元化的投融资模式。引导绿色种业的科技研发，建立种子绿色认证标志，鼓励培育少药少肥、节水抗旱、优质高产的粮食种子，研发无污染、安全、优质的种子，并对研发过程实施监督。要以加强粮食绿色生产技术推广为重点，通过农药化肥减量化、秸秆综合化利用、畜禽粪便循环利用等推进农业资源循环利用、高效利用，提高粮食生态资源安全水平。

（四）大力发展信息技术，实现生产全程机械化及智能化

粮食机械装备及信息化水平的提升，能提高劳动生产率、降低成本，提高投入产出率，是科技进步和创新促进粮食产业发展的重要途径。美国、加拿大、澳大利亚等"人少地多"的国家，就是通过以粮食机械技术为依托的劳动力替代技术，走上了劳动力节约型发展道路。

针对四川省粮食生产劳动力不断流失、投入产出效率偏低等现实困境，应以生产机械化和信息化为手段，提升粮食生产的劳动生产率及单位面积产量。在耕地阶段，通过农业机械实现深耕、深松，提高土壤的透水、透气性；改善土壤结构与养分状况，提高土壤耕作层的有机质含量。

在播种阶段，通过精量机械播种，保证播种量、深度、植株间距等。在收割阶段，使用机械干燥法，降低粮食变质、变霉数量。在推进机械化水平提升的同时，注重机械化与信息化的融合，以卫星定位导航、精准作业控制、气象灾害防控等为手段，实现粮食作物播量精准控制、施肥量自动调整、农药变量喷洒等，提高资源利用效率。

（五）实施数据动态采集，建立粮食监测与预警制度

加强粮食数量与质量安全监测，建立长效管理机制，逐步建立完善的粮食安全预警体系，将粮食安全关口前移，提前采取有效措施，防患于未然。监测的基本职能主要体现在数据的动态采集上，通过监测手段，准确地采集粮食生产数量、品质等数据，确保粮食生产数量真实、质量良好、生产规范，为研判粮食生产形势和安全状况奠定基础。

鉴于四川粮食数量与质量安全形势趋紧，亟须建立和完善粮食生产监测与预警制度，从粮食种植源头开始监测，实现粮食生产数量与质量的实时监测。整合不同部门监测数据，实现数据共享、互联互通，利用大数据分析技术，及时发现区域性、趋势性问题，做好粮食生产风险预警，为保障四川省粮食生产数量和质量提供信息决策支撑。

第四章 四川"藏粮于技"的实现路径

资源禀赋、技术进步、农民种粮意愿以及制度或政策等深层次因素，主要通过影响播种面积和单产引起粮食产量的变化。从实证分析角度对四川增产的贡献因素进行分析，其结果主要集中于影响粮食产量的两大直接要素，即粮食播种面积和单产，其中科技进步对于提高粮食单产水平具有极为重要的作用。2022 年，全省农业科技进步贡献率达 61.5%，提高 1.5 个百分点。2012 年至 2022 年，四川粮食总产量从 3 271.3 万吨增加到 3 515.5 万吨，增长 7.46%；而同期粮食播种面积从 625.6 万公顷增加到 646.3 万公顷，增长 3.31%。这表明，虽然播种面积增加和单产水平提高均对增加粮食产量具有重要作用，但相对而言，单产水平的提高对粮食增产具有更大的贡献。

四川作为农业大省，是全国十三个粮食主产省之一，对保障国家粮食安全有着重要的责任。中央对四川粮食生产有着明确的要求，就是确保粮食总量平衡、口粮基本自给。因此，四川推进"藏粮于技"必须按照"确保粮食总量平衡、口粮基本自给"的要求，立足自身优势和特色，贯彻落实"八字宪法"①，实施"自主创新、单产突破、绿色发展、资源高效、加快转化"的五大路径，全面提高粮食科技水平，稳步提升粮食综合生产能力，实现"强核心技术、强重大品种、强粮食单产、强粮食品质、强粮食效益、强转化应用"的六强目标。通过以上措施的实施，到 2025 年，确保四川粮食产量稳定在 3 700 万吨以上，保障口粮自给率，提升加工、转化用粮自给率，"总量平衡、基本自给"目标稳定实现。到 2035 年，粮食供给保障将更加有力，优质专用粮食可以更好满足人民多样化需求。四川的粮食产业竞争力持续增长，建成粮食强省。

---

① 农业的八字宪法"土肥水种密保管工"。土：深耕、改良土壤、土壤普查和土地规划；肥：合理施肥；水：兴修水利和合理用水；种：培育和推广良种；密：合理密植；保：植物保护、防治病虫害；管：田间管理；工：工具改革。

一、以自主创新为核心，开展协同技术攻关

（一）大力推进粮食作物种质资源收集保存与精准鉴定

一是强化四川种质资源库建设。要进一步加大对四川省种质资源中心库建设的长期、稳定支持，抢救性收集一批珍贵、稀有、濒危粮食资源，为全省粮食种质资源的保存和更新提供充分的条件保障。

二是建立四川省种质资源研究专项和种质资源表型组学鉴定平台。通过专项支持和平台建设，高通量、精准化、规模化对资源进行鉴定评价，编目入库，提前做好我省资源战略储备。评价鉴定出一批在育种中急需的高产、高配合力、优质、抗病、抗逆等优异作物种质资源，并提供给育种单位利用。

（二）集中突破粮食作物重要基因发掘与新材料创制

强化作物重要性状功能基因克隆、优异等位变异发掘和功能标记开发，分离鉴定控制一批产量、品质、抗逆、抗病及种子发育等复杂农艺性状的关键基因 QTL（Quantitative Trait Locus）并解析其分子调控机理。"十四五"期间，利用细胞工程、染色体工程、分子标记辅助选择、基因转移等生物技术，挖掘一批有关农艺性状、经济性状、抗性等有利用价值的基因；利用远缘杂交、分子标记等生物技术，引入、创新出具有特殊优异基因的种质和育种新材料。

（三）全面加强粮食作物生物育种

一是加强育种方法研究。深入开展分子标记辅助选择聚合育种、高效细胞育种、计算机模拟育种、作物分子设计育种的理论和方法研究，并探索其在新的优良品种培育上的应用研究。

二是加强种业关键技术研发。以培育具有重大应用价值和自主知识产权的新品种为重点，培育一批绿色高效性状突出的功能型和生态型品种并大面积推广；创新现代农作物育种技术体系；培育高产、高效、优质、抗病、抗逆的突破性农业生物新品种；加速适宜机械化生产的主要农作物新品种选育，开展杂种优势利用作物不育化、标准化、机械化、高效低成本

制种技术研究；重视种子精加工技术、分子检测技术、无损生活力测定技术、贮藏和包衣新技术研究，开发种子生产田间控制与采收技术，种子加工、检测与安全储藏、物流与质量控制技术，提高种子质量。

三是开展重大新品种选育与试验示范。依据不同作物生态区域特点及育种目标，建立新品种标准化和规模化测试体系；强化多性状的协调改良，科学制定不同农作物不同生态区的育种目标，选育主要农作物强优势杂交品种和常规新品种；加强生物育种与常规育种技术的结合，培育重要粮食作物新品种，并进行试验示范。

（四）聚力突破粮食生产智能农机装备的研发与应用

一是主要粮食作物实施机械化、信息化、智能化融合工程。加大对主要粮食作物生产全过程机械化、信息化、智能化融合关键技术的研究、集成和应用，推进机械化、信息化、智能化生产技术在粮食生产中的融合应用。推进新型高效节能农用发动机和丘陵山地自适应悬挂装置、智能动力底盘、自调平转向驱动桥等关键核心部件研究。将现代物联网技术引入大田生产，建立粮食生产智能物联管理系统平台，建立大田信息智能监测点、县乡信息监测站和综合监测管理中心的多级化粮食生产信息化管理系统，实现农田生态环境、苗情、灾情的可视化、数字化，生产信息、技术指导信息和农情管理信息等能在生产主体、技术部门、管理部门之间无障碍传递。对于粮食生产功能区，要推进信息化和精准化管理，对粮食生产情况要实现数字化监测。加大智慧气象对粮食生产的服务，提高信息技术对自然灾害的预警、监测和减损能力。

二是推进主要作物生产全程机械化，促进农机农艺深度融合。以水稻、小麦、马铃薯等为重点，实现耕整地、种植、植保、收获、烘干、秸秆处理全程机械化。实施大中型机械作业智能监控。按产业布局，引进推广一批适宜农机装备，形成一套可复制、可推广的全程机械化解决方案。建立健全农机和农艺科技协作攻关机制，加强农机农艺技术集成研究，探索建立科学合理、相互适应的农机作业规范和农艺标准，逐步形成良机良种良法配套、农机农艺融合的技术体系。加强粮食生产过程中减损技术研发。

（五）大力推进节粮减损技术的研发与应用

牢固树立"减损就是增产"意识，着力强化粮食减损技术研发与应用，促进粮食产业高质量发展，尤其是要强化粮食生产阶段减损技术研发与应用。研究发现，我国主粮全产业链总损耗率约为 7.9%，损耗主要发生在生产阶段。因此推进节粮减损，关键在于生产阶段的节粮减损技术支撑。随着主要作物生产全程机械化的推进，减少机收环节损耗已成为增加粮食产量的重要措施。在加强播种收获环节关键共性技术研发的同时，要针对粮食作物的生产特征和四川的地形地貌特征，重点研究推广倒伏等受灾作物收获机械、粮食高效低损收获机械和丘陵山区先进适用机械，减少粮食因机械收获造成的损耗。

二、以单产突破为核心，提高粮食生产能力

播种面积能维持稳定已是一个不小的挑战，在耕地压力持续增大的情况下，扩大粮食播种面积更是非常艰难，且必然面临农业种植结构调整带来的对耕地资源利用的竞争。因此，必须依靠粮食科技的突破来提升单产能力，以单产水平的提升为核心来保障粮食总产量稳定增加。前面对粮食增产不同影响因素的累计贡献率分析表明，2014—2019 年四川粮食单产在粮食增产上贡献率达到 90.94%，但仍然低于全国单产累计贡献率133.09%。从这个角度而言，未来粮食单产水平的提升还有一定的空间，单产应该也能够为粮食增产作出更大贡献。

（一）继续瞄准高产导向，培育高产优势品种

随着城镇化进程的加快和人们消费水平的提高，虽然对原粮的消费趋于减少，但对粮食的总消费需求增加，而且居民膳食结构不断升级，对粮食尤其是口粮的品质、口感要求不断提高，因此，育种目标不再是单一的增产目标，而是既要"高产"又要"优质"的双重目标。特别是在当前国际形势复杂多变、粮食供需紧平衡的情况下，要始终把"高产"作为粮食品种选育的第一目标，在保障"高产"的基础上追求"优质"，这就要求针对农村劳动力结构性短缺特征而更适于机械化生产、针对高产需求而更具抗逆丰产能力、针对土壤污染尤其是重金属污染而具有重金属低吸附性、针对品质要求而具有好口感、多功能等多重特性于一体的优势品种。

（二）大力强化粮食高产高效技术集成与应用

围绕粮食作物产量形成机制，针对四川粮食主产区产量制约因素，应开展高产关键技术研究与集成，加强技物配套，提高粮食作物整体产量水平。要针对四川地形地貌复杂、耕地细碎化程度高、务农人口"老龄化"程度高等特征，因地制宜构建栽培轻简化、劳动力减量化、农机小型化的高产高效生产技术体系。日本有许多适用于地块狭小零散的中小型农业机械设备和适合老年人与妇女操作的小型化、轻便化、智能化农业机械的研发推广案例，对于四川（山地多、地块小、农业劳动力弱质化的粮食生产条件）具有重要的借鉴意义。应因地制宜集成应用粮食优质高产高效技术模式，示范带动四川粮食生产再上新台阶，转变过去依靠拼资源消耗、拼要素投入的生产技术，进一步提高粮食产品质量、粮食产业效益、种粮农民的素质与收入。

三、以资源高效为目标，提升粮食生产效率

面对日益增加的资源环境压力，必须在粮食科技上围绕节水、节肥、节地开展技术攻关。

（一）强化节水节肥技术研发，提高水肥资源利用效率

一是加强耐旱耐瘠品种的选育和推广。加强对作物生产与水肥资源利用的关系研究，加强对耐旱耐瘠基因、水分养分高效基因的发掘，选育节水节肥型品种。在种植结构上，通过节水节肥型作物、品种对耗水耗肥型作物、品种的替代，降低水肥资源消耗。

二是研发推广节水节肥生产技术。要在生产技术上，通过智慧农业、精准农业，推进农田设施设备的改造，研发推广节水节肥型栽培、管理技术，提高水肥资源利用效率。

（二）合理配置耕地资源，提高耕地粮食生产效率

一是以提高单产为核心，创造耕地节约利用条件。从节地的角度来说，重点是要通过提高单产水平来节地。在保障粮食总产量这一基本前提

下，节地的根本在于单产的提升，从而有条件来降低土地利用强度。

二是以优化耕地利用为手段优先保障种粮用地。强化耕地用途管制，落实耕地利用优先序，把粮食生产摆在耕地利用的首位，把最好的耕地优先用于粮食生产，确保"良田粮用"。积极探索城市农业、立体农业、工厂化农业技术等方式，通过将一部分蔬菜、水果生产用地节约出来用于粮食生产，改变农作物用地结构，增加了粮食用地，也是一种节约利用土地资源，更好发展粮食生产的有效方式。

四、以绿色发展为重点，提升粮食营养安全水平

提高川粮品质，核心在于"好吃、营养、安全"。构建粮食产业绿色发展的技术支撑体系，以绿色发展为重点提升粮食品质，提高川粮营养安全水平。

（一）从育种入手，培育优质营养安全新品种

在"高产"目标基础上，着力找到影响粮食口感、风味、营养等品质要素的因子，加强高产与优质、多抗与广适、营养与安全相结合的育种研究，创制满足不同市场需求的育种材料，通过现代育种手段，选育适宜在四川推广的高产、优质、安全、高效的突破性新品种，满足规模化标准化生产需要，促进种业和产业的同步发展。根据粮食加工用途，开发专用性、功能性粮食品种选育。针对农业面源污染、农田重金属等问题，选育重金属低积累、低吸附的品种。

（二）加强粮食作物绿色优质丰产技术和配套产品研发

深入开展粮食作物品质形成机制与区域限制因素的研究，并围绕品种特性开展群体构建、生长调控、肥水管理等关键技术研究，形成绿色优质生产技术。开发安全高效农药，通过农药效能提升降低同等情况下的农药使用量。研发、推广生物防治技术，实现农药替代，降低农药使用强度。开发高效肥料和肥料高效利用技术，实现化肥利用强度的下降和替代，显著提高粮食作物食用的安全性。开展以纳米为代表的农业新材料技术在智能控释肥料、环保型纳米农药、可降解地膜制品等绿色投入品创制中的应

用，提升农业投入品的有效性与安全性。通过纳米微粒化和微囊化方法构建靶向传输和动态释放等功能的农业投入品纳米载体系统，创制一批高效、安全与环保型的化肥、农药，大幅度提高有效利用率，降低农产品残留和环境污染，改善粮食质量与环境安全。

五、以加快转化为支撑，推进粮食科技应用

坚持以市场需求为导向，加快转化先进实用粮食科技成果，推动"藏粮于技"科技成果转化为现实的生产力，切实提高粮食生产科技水平。

（一）以粮食种植结构优化调整为手段，推进优良品种推广

围绕市场需求，加快全省粮油种植结构协调性调整、特色性调整、竞争性调整，不断优化粮油产品供给结构和质量，推进优良品种的大面积转化推广。将粮食优良品种推广与优化产业布局相结合，重点围绕90个产粮大县布局一批粮食生产基地。水稻生产应加大国际Ⅱ级以上优质稻推广，其中，盆西平原稻区、盆东南丘陵稻区积极发展国标二级优米，盆中浅秋稻区发展国标三级优米，盆周边缘稻区发展国标二级优米和特种稻，川西南山地稻区发展国标一级优米和特种稻米。小麦生产要针对四川的自然条件，大力发展用于加工的中筋或中强筋小麦；玉米生产要因地制宜发展青贮饲用玉米和甜糯玉米，适度减少籽粒玉米，调优产品结构。马铃薯生产要大力发展优质专用马铃薯，积极引导马铃薯主食消费，提高优质脱毒种薯普及率。高粱生产要打造川南（东）酿酒专用高粱产业带，集中连片建设"中国白酒金三角"优质订单原料基地。

（二）加强粮食科技转化体系建设，促进先进科技"落地到人"

第一，要充分调动高等院校科技人员从事粮食科技转化的积极性，保障科技人员赴一线开展粮食科技中试熟化、示范转化的专项资金。建立激励机制，将粮食科技转化的业绩作为评职称、推先进的重要指标，与科技创新成果同等对待。第二，进一步改革和完善基层农技推广体系。充分保障基层农技推广体系的人员、经费和设备，提高基层粮食科技推广的覆盖面和推广绩效。第三，重视粮食科技推广人员中的人才队伍建设。出台相

关政策，鼓励并支持科技推广人员到基层工作，特别是要推进青年农业推广人员下基层，优化基层农业推广人员队伍的年龄结构。第四，对粮食科技推广人员的工资待遇、福利给予适当合理地提高。对艰苦的工作环境加以改善，充分调动科技人员的积极性，使之能够更加全身心地投入工作中，留住、用好人才，为农业发展做贡献。第五，重视基层粮食科技推广人员的再深造，对其进行新知识、新技术的培训。根据农业生产中遇到的具体问题、农民的切实需求和农业的发展水平及相关科技的研究等，以农技推广示范项目为依托，对基层农技人员进行针对性的培训，真正培养一批业务水平高、服务意识强、知识技术储备新的高素质农技推广人员。

第五章　四川"藏粮于技"的机制构建

为了确保"自主创新、单产突破、绿色发展、资源高效、加快转化"的五大路径能够落地落实，实现"强核心技术、强重大品种、强粮食单产、强粮食品质、强粮食效益、强转化应用"的六强目标，需要构建与"藏粮于技"相适应的机制。

一、以财政投入为主体，完善粮食科技投入机制

以提高粮食科技创新能力、增强粮食产业市场竞争力为目标，紧密结合粮食生产发展的实际需要，积极稳定和拓展粮食科技投入渠道，建立多元投入、分工明确、结构优化和管理完善为特征的粮食科技投入体系。通过国家、省级重大科技计划支持"藏粮于技"战略的实施，充分发挥财政科技资金的主导作用，引导企业和社会科技创新资源增加粮食科技投入，形成政府、企业、社会相结合的多元化、多渠道的资金投入长效机制。

（一）加大政府财政对粮食全产业链科技的投入力度

一是明确政府在粮食科技创新投入中的主体角色。粮食是国家重大公共产品，粮食科技成果大部分是"公共产品"和"公共服务"，在我国现有国情下，政府必须成为承担粮食科技投资的主角。粮食科技活动是一项风险性极大的探索性、公共性活动，其创新活动具有极大的外部性，当前企业成为粮食科技创新体系的主体的条件目前尚未成熟。因此，在目前或今后一个较长的阶段，政府应成为粮食科技创新的主要投资者。

二是持续加大对粮食科技创新的财政投入力度。遵照国务院办公厅"非农化""非粮化"的意见要求，切实改变政府在科技投入上存在的非农、非粮偏好倾向，通过立法保证国家对农业科技投入特别是粮食科技投

入的逐年增加，建立起符合粮食科技特点的稳定投入机制，实现对重大粮食科技创新的稳定支持。

（二）优化财政对粮食科技投入的结构

一是明确政府投入和非政府投入的领域。根据各种粮食产业技术公益性程度、投资回报情况等进行分类，确定符合粮食产业及科技产品特性的投资政策。对于粮食产业基础性研究、应用基础性研究、重大高新技术研究、重大关键性或共性技术研究以及对粮食产业经济结构调整有较大影响的先导性技术研究以及处于粮食产业链前端的技术，应由政府投入为主，企业等非政府投入为辅；对于可明确界定产权和产权主体，易于进入市场交易的一般实用型技术、科研项目、科技成果，应由非政府投入为主，即企业、科研机构、科技中介机构等。政府工作的重点是培育市场供给机制，创造相应的政策环境。

二是合理调节基础研究、应用研究和开发研究三者的比例。提升粮食科技投入的合理性，由政府加大对粮食生产基础性、通用性、关键性技术的研究投入力度；要制定税收优惠政策、健全科技金融支持体系，引导市场主体投资应用研究尤其是开发研究，从而形成基础研究以财政投入为主、开发研究以市场主体投资为主的科研投入格局，并加强三个环节之间的衔接，促进多元主体合理分工。

三是优化粮食科技创新投入的领域。四川粮食科技投入结构要与粮食产业结构一致，要与国家粮食安全战略中各类粮食的需求定位相协调，在生产环节上，要逐步向产前和产后倾斜；在产品重心上，应将水稻等口粮、四川调入量大的玉米等作为科研投资的重点；在技术领域上，要将节水技术、复合栽培技术、机械化耕种收技术等作为重点进行研究与推广。

二、以深化改革为重点，完善粮食科技创新机制

深化推动农业科技创新体制机制改革，解决粮食科研与生产脱节的问题。要加快科技管理职能转变，加快推进科研院所改革，赋予高校、科研机构更大自主权。要提高公益性科研机构运行经费保障水平，完善科技成果转化机制和人才评价机制，放活成果、放活人员，激发科研人员创新创

业活力。

落实"藏粮于技"战略，必须抓住种子这个要害，加快完善"育繁推一体化"机制。一要健全种业核心技术攻关机制。完善以企业为主体、科研单位和高等院校为骨干、市场为导向、产学研用协同、"育繁推一体化"的育种创新体系，聚焦我省种业重点关键技术实行"揭榜挂帅"，健全要素跟着市场走的"企业+创新平台+研发团队"协同创新机制。创新种企之间以及与省外海外种企之间"明确产权归属、共享市场信息、共用生产基地、共担市场风险、共同分享利润"的合作方式。二要完善种业企业培育壮大机制。建立种业保险基金，健全农业信贷担保，加快构建多层次、广覆盖、可持续的种业发展金融服务体系，支持种业企业通过兼并重组做大做强。三要完善优良品种推广机制。探索建立"财政保底+超产分红"的科技推广利益驱动机制，组织省内科研院校和各级农技推广机构构建包市包县包乡服务工作机制，制定突破性新品种后补助和重大推广品种奖励政策。强化农业科技创新激励机制，深入推进种业人才发展和科研成果权益改革，推动资源、成果和人才依法有序向种企流动，加快推进科技成果转化收益、科技人员兼职取酬等政策措施落实。

（一）促进科技资源的有效整合和高效利用

支持重大创新平台建设，推动关键核心技术研发及产业化示范，聚焦农业数字化、智能化、生态化、高效化等农业新质生产力，完善联合研发和应用协作机制，协同实施短期竞争性科研项目和长期稳定性科研项目，推进跨学科、跨领域的联合攻关。比如，搭建种业创新平台，建好用好四川省种质资源中心库和"天府种业"实验室，承担全省特色种质资源挖掘利用任务，实施优质专用品种培育引进工程，推动种业集成创新。创新种企之间以及与省外海外种企之间"明确产权归属、共享市场信息、共用生产基地、共担市场风险、共同分享利润"的合作方式。探索建立"财政保底+超产分红"的科技推广利益驱动机制，组织省内科研院校和各级农技推广机构构建包市包县包乡服务工作机制，制定突破性新品种后补助和重大推广品种奖励政策。强化农业科技创新激励机制，深入推进种业人才发展和科研成果权益改革，推动资源、成果和人才依法有序向种企流动，加快推进科技成果转化收益、科技人员兼职取酬等政策措施落实。

（二）以社会化服务为载体，构建粮食科技服务机制

完善的农业社会化专业化服务体系是农业现代化的重要标志。随着农村经济社会的发展，各种类型农业生产主体对社会化专业化服务的需求愈来愈强烈。要以粮食生产社会化主体培育为支撑，推动以托管为核心的产前、产中和产后全程产业链服务，通过粮食生产社会化专业化服务组织来推广农业科技，使粮食生产从产前技术咨询和培训、繁种育秧、代耕代收、统防统治、专业收获、初级加工、烘干储藏等各环节做到社会化服务全覆盖。

三、以职业农民为核心，构建粮食生产主体培育机制

"藏粮于技"战略的实施，离不开一支高素质的新型农业生产经营者队伍。必须以职业农民为核心，积极培育多元化的粮食生产经营主体，积极推进粮食适度规模经营，加大对粮食生产主体的专项扶持，建立一支稳定的、具有现代粮食生产经营能力的现代化农民队伍。

（一）积极培育以职业农民为核心的生产经营主体

一是因地制宜发展不同类型的粮食生产经营主体。以家庭农场主、粮食种植大户为重点，在资金信贷、培训、土地流转、农业保险、农机服务等方面给予政策支持。鼓励、吸引更多的粮食科技人员、返乡农民工、工商业主、回乡创业大学生投身到粮食生产经营中来，形成良好的激励机制、营造良好的职业氛围。积极支持粮食生产合作社、产业化龙头企业与职业农民建立稳定的合作关系，发展粮食生产。

二是加大对农民技能培训力度，培养一大批有文化、懂技术、会经营的职业农民。借鉴德国系统性农民职业教育培训的经验，加大对我国职业农民的教育培训。加大对从事粮食生产的农民进行专项培训，将农民素质的提高列入粮食工作的重要内容中。继续办好农广校，加大农技校、农业中专以及农业技术学院的建设力度，加强粮食产业相关专业建设，定向培养职业农民。促进农科教紧密结合，提高职业农民的科学文化知识水平和应用粮食科技的能力，大力培养和稳定一批具有粮食产业知识的农业技术

推广人员。加大对农民的农业技能和农业经济管理知识的培训力度，提高农民生产、经营、管理等综合技能。大力发展职业技术教育，办好农业广播电视及函授教育、农业中等教育和农业职业中学，农村普通中学要积极创造条件增设农业劳动技术课程。农业高等院校要调整专业结构和内容，采取扩大定向招生措施，制定相应的政策，使培养的人才流向农村，适应现代化农业发展。

（二）加强粮食生产政策扶持，提升农民生产粮食的意愿

一是严格执行农业支持保护补贴政策，强化粮食生产的补贴支持。持续稳定并提高耕地地力补贴，确保耕地地力不降低。加大粮食生产补贴发放的针对性，粮食适度规模经营补贴等要向职业农民优先倾斜，并通过贴息、现金直补、农业信贷担保、重大农业技术推广补助等多种方式，解决职业农民、粮食种植类家庭农场等粮食生产主体"融资难、融资贵"的问题，提高粮食生产集约化、社会化水平，转变粮食生产发展方式。积极探索种植面积、粮食产量及质量等级补贴模式，给予种植面积大、产量高、质量高的农户更多资金支持和物质奖励。以 90 个粮食生产重点县为主体，积极探索对粮食生产大户和大县的专项奖补。

二是积极支持职业农民开展适度规模经营。在明晰和稳定农村土地产权关系的基础上，按照依法、自愿、有偿的原则，积极推进农村土地流转。创新和完善土地业主租赁、股份合作制等经营方式，使土地向种植能手集中，向职业农民集中，实现土地的规模化经营，引导职业农民致富增收。

四、以政策统筹为重点，构建上下协同机制

实施"藏粮于技"战略，必须充分发挥政府的主导作用，厘清各级政府在实施藏粮于技战略中的责任，权责对等，上下协同，推进藏粮于技战略各项措施的落地落实。

（一）上下协同推进粮食科技创新

各级政府应该大力支持粮食科技创新，加强粮食领域基础研究和关键

技术研发，促进科学技术研究开发与产业发展相结合，加快粮食科技成果推广应用，提高粮食生产、储备和流通科技水平。加强粮油作物种质资源保护与利用，支持粮油作物种业发展；加强粮油作物种质资源保护基础理论、核心技术研究，鼓励粮油作物种子科技创新，培育具有自主知识产权的优良品种；加强粮油作物种子生产基地建设，强化种子市场监管，确保用种安全。考虑到财权与事权的对应，除了支持科技创新主体积极争取国家财政粮食科技投入外，省级政府应该通过增加粮食科技专项等方式，加大粮食科技投入，在粮食科技制度创新、保障农业科研单位运行、加大农业科技人员创新激励、制定粮食科技中长期规划、深化粮食作物育种攻关等方面，为粮食科技创新提供基础保障。鼓励和支持市（州）、县级政府对区域性粮食科技创新提供财政支持。

（二）上下协同推进粮食科技转化应用

省级部门要重点在制度创新、财政支持、重大专项设立、主推技术遴选、规划指导等方面着力，市（州）特别是县级政府，重点抓落实。基层政府应该加大对粮食农业技术推广人员的人力、物力保障，加大对粮食农业技术推广人员在岗位设立聘任、职称晋升等方面的支持，为粮食科技推广创造条件保障。在粮食生产大县或者粮食集中生产区域，设立粮食作物农技专员，对典型的粮食作物，应该保证有专业对口的农技人员提供技术服务。充分保障粮食作物农业技术推广人员专职工作时间，减少非专业工作抽调，确保粮食农业技术推广人员将主要精力放在粮食生产技术保障上。加强对农资质量的监管，特别是对粮食种子市场的监管，坚决保护优质品种的供给，严厉打击假冒伪劣品种流入生产。

子课题三

四川落实粮食安全的

政策实践与未来选择

粮食是人类生存的必需品，是国民经济的重要保障。粮食安全关系经济社会的发展全局，关系人民群众的切身利益。当前，国际形势日趋紧张，受到地区冲突及战争的影响，国际粮食供求矛盾加剧，国内粮食安全也面临严峻挑战。习近平总书记强调："地方各级党委和政府要扛起粮食安全的政治责任，实行党政同责，'米袋子'省长要负责，书记也要负责。"四川省作为粮食生产和消费大省，人增地减矛盾逐渐显现，自然灾害频发，工业生产和城乡居民消费对粮食质量和数量要求越来越高，粮食自求平衡的压力不断加大。在新的历史背景下，四川省要建设"天府粮仓"，落实粮食安全责任，出台有效的政策，需要重点破解落实粮食安全责任的内在矛盾和问题挑战，通过制定相应的激励约束政策，建立起推动各方主体积极主动地落实粮食安全责任的内生动力机制。

"制定相关政策，推动粮食安全责任的落实"属于宏观调控的手段，要实现政策目标，则必须从理论上厘清粮食产品的属性、承载的职能以及实现调控目标的内在机制。故本子课题首先进行理论分析框架的建构，以从理论上厘清落实粮食安全责任的宏观调控机制。其次，要对粮食安全政策进行优化与创新，则必须对历史上粮食安全政策的演进阶段与演进逻辑进行分析，同时也要对新的发展形势下落实粮食安全责任所面临的挑战进行分析，并对目前的政策绩效进行分析判断，这样才能把握政策改进的方向。在分析了历史与现实情况并对目前的粮食安全政策绩效有了充分了解之后，本子课题将提出下一阶段制定相关政策的目标和基本原则。最后，在理论研究与实证分析的基础上，本子课题将分别从纵向与横向两个方向提出相关的政策建议。一是基于产业链的视角，提出与粮食生产、储备、流通与消费等纵向环节有关的政策建议。二是从横向的角度提出覆盖所有相关主体的激励约束政策建议。

第一章 粮食安全调控机制：
一个理论分析框架

粮食安全就本质而言，很大程度上是具有全局性、战略性和根本性的公共产品，蕴含效用不可分性、受益非排他性和消费非竞争性三个鲜明特征。首先，粮食安全效用不可分割。其次，粮食安全具有受益非排他性。最后，粮食安全具有消费非竞争性。粮食安全无法遵照"谁付款、谁受益"的一般原则，因而属于公共物品。但粮食与粮食安全的属性相异，其核心属性仍是商品属性，因为其要确保人们所能够消费的粮食是一种可以营利的私人物品。但粮食又具有特殊性，即维持生存的不可替代性、风险的弱可控性、需求增长的刚性以及物价水平的基础性，因此粮食还具有部分公共产品属性。总之，粮食是一种兼具一般商品属性和准公共物品属性的特殊商品。

粮食自身具有一般商品属性和准公共物品属性两种属性，使得粮食本质上既是私人产品，又是战略产品。事实上，粮食安全既是经济问题，也是社会问题，更是政治问题。这就要求从理论上厘清粮食安全调控中的要素关系以及其中的均衡运行机制，并以此为基础通过市场手段和行政手段激励多种微观经济主体实现粮食安全。

一、粮食安全调控中五对要素的理论辨析

（一）粮食安全调控中需厘清的五对关系

1. 市场与行政

在实现粮食安全中，市场化的作用体现为：一是在价格确定和资源分

配上，市场通过供需关系来确定粮食价格，并通过价格信号来引导资源分配。二是在促进国际贸易上，市场化有助于增加供需之间的调适灵活性，缓解单一地区的粮食供应不足或过剩问题。三是在满足消费多样化偏好上，有利于契合消费者多样化的购买行为，提高效用总值。四是在风险管理上，通过风险对冲能有效转移农产品价格波动风险。

粮食安全调控中行政的作用体现在：在生产和供应的管理层面，政府通过制定包括农业支持政策、农田保护政策等调控市场供求关系并保障粮食的稳定供应。在储备粮管理层面，政府通过建立国家储备粮库，完成储备粮食的采购、储存和管理。在监管和执法层面，政府制定粮食安全相关的法律法规。在监测和信息发布层面，行政建立监测系统，追踪和评估粮食供应和需求的情况。

2. 效率与公平

粮食安全层面的效率，意味着可以在有限的现实资源禀赋条件下有效确保和提升粮食安全的保障水平。一是效率能有效帮助提高粮食生产效益。高效的农业生产可以提高耕地利用率和粮食综合生产能力。二是高效的粮食供应链能够防止粮食价格波动、减少粮食短缺和饥荒。三是农业生产的资源利用效率提升能够减少资源浪费和环境压力。四是效率的提升最终会提高农民收入和生活水平。

除效率目标外，粮食安全调控制度还要保障粮食安全的公平，即要保障粮食安全体系各参与主体和利益攸关方的利益大致均衡，包括中央与地方、地方与地方、粮农与非粮农以及不同消费者之间的利益平衡。首先，粮食安全上的公平可以避免食物不平等，确保食物的公正分配。其次，粮食安全上的公平可以促进社会的发展和经济的繁荣。最后，粮食安全上的公平也可以推动农业的可持续发展。

3. 经济与社会

粮食安全的经济属性表现在以下几个方面：一是经济增长方面，粮食安全是实现国家经济增长和发展的基础。二是国内消费和稳定物价方面，粮食作为人类生活的基本需求之一，其安全的保障能够稳定市场经济的运行。三是在减少粮食进口压力方面，过度依赖粮食进口必将会增加经济风险和社会不稳定性。四是在提高农业竞争力方面，粮食安全的实现意味着农业的现代化和科技进步，农民的种植技术和管理水平得到提高。

粮食安全具有不可替代的社会属性表现为：首先，粮食是人民基本的生存需求，稳定的粮食供应是人民赖以生存的基础。其次，保障粮食安全会通过加强农村基础设施建设、改善社会服务和提升农村居民的生活水平，促进农村的全面发展。再次，粮食安全要求农业生产的可持续性，即增产要与环境保护相协调。最后，作为国家安全的重要组成部分，粮食安全能够保障一个国家的粮食供应自给自足，从而减少外部因素对国内经济和政治的影响。

4. 一般时期与特殊时期

一般时期是指拥有相对平稳的粮食生产和供应状况的时期。首先，一般时期是粮食生产的主要阶段。一般时期内，粮食从业者可以在正常的经济社会环境下进行粮食的种植和管理等市场行为。其次，一般时期也是粮食供应和消费的相对稳定时期。在一般时期，粮食供应链的各个环节相对稳定。最后，一般时期是粮食质量和安全监管的关键时期。监管部门可以更好地执行质量和安全标准。

在特殊时期进行粮食安全调控具体要保证：在最重要的生产上，要保障生产条件。在粮食供应上，要稳定供应链，发展多样化供应渠道。此外，特殊时期还需强化政府对粮食市场的监管，防止价格剧烈波动。同时，保障特殊时期的粮食安全也需要在一般时期有所行动。

5. 国内市场与国际市场

国内市场是中国粮食安全的基础和重要组成部分。究其原因，国内市场作为满足国内居民粮食需求的主要渠道和根本保障。同时国内市场还是农产品的主要出口渠道，保障国内市场的粮食安全有助于提高农产品价格和拓宽农民收入渠道，具有发展性意义。而且，保障国内市场对于维护国家安全和社会稳定具有重大意义。

保持国际市场的稳定和持续供应对于确保我国粮食安全至关重要。首先，国际市场能丰富国内市场的粮食品类与结构。其次，国际市场能拓宽我国粮食购销渠道，缓解国内压力。最后，国际市场能提升产出效益。对于国家而言，粮食要完全自给必将占用大量的自然资源和资本，从而减少对工业等产业的资源分配。

（二）粮食安全调控中五对要素的矛盾辨析

1. 市场与行政的矛盾

首先，决策权的分配。粮食安全一方面要求政府尽量放权、减少市场干预，让资源分配效率最大化；另一方面又要求政府通过行政手段来确保粮食的安全与稳定。其次，价格体系的决定。在市场竞争下，粮食价格通常由市场供需关系决定，但政府往往需要通过行政手段进行价格调控。最后，资源分配与利益分配。市场推动优胜劣汰，资源向效率高的生产者转移，因此政府在必要时刻需要通过行政手段干预资源分配，以确保贫困地区和弱势群体的粮食生产。

2. 效率与公平的矛盾

首先，在有限的资源下，如果所有的资源都用于提高产量，可能会导致社会上其他领域可利用资源的匮乏。其次，过度追求效率可能会导致环境破坏和农业生态系统的退化，进而影响粮食生产的长期可持续性。最后，追求效率与追求公平之间的矛盾还表现在利益分配上。追求效率可能会导致区域差距扩大与阶层分化，加剧社会的不平等现象。

3. 经济与社会的矛盾

首先，经济与社会之间的矛盾在粮食安全中体现为经济效益与社会福利的矛盾，如何公平合理有效地分配资源成为经济与社会之间的主要矛盾之一。其次，经济与社会之间的矛盾还体现在粮食生产与可持续发展之间的冲突。另外，经济与社会之间的矛盾还表现为农民权益与市场机制之间的冲突。

4. 一般时期与特殊时期的矛盾

首先，二者的调控目标有所不同。一般时期调控往往更加重视粮食生产的品质安全性、品种多样性与分配合理性。特殊时期的粮食安全调控旨在确保粮食的数量和可获得性，平抑市场波动并缓冲因市场波动而对社会与政治的后续冲击。其次，二者调控的策略有所不同。最后，二者的衔接过渡存在阻滞。

5. 国内市场与国际市场的矛盾

首先，过度依赖进口可能会危及国家安全。其次，国际粮食价格的波动传导可能会引发国内市场风险。最后，部分国际规则会对国内政策制定产生上位约束。

二、粮食安全调控政策的"三重均衡"解释框架

（一）市场与行政——运行均衡

市场与行政在粮食安全中有着不同的职责和作用。市场和行政之间的均衡需要建立健全的信息共享、政策协调和参与合作机制，以沟通和合作实现共同的目标。明确两者之间的分工和互补关系，是平衡市场与行政的必要前提，市场与行政之间实现均衡的关键在于权力和责任的有效分配。要确保政府从粮食安全的公共安全特性出发，在紧密联系数量安全、营养安全、环境安全等基础目标的前提下采取特殊的灵活性措施和应对策略，保障好一般时期与特殊时期之间的矛盾与均衡问题。总之，在实现粮食安全的过程中，市场与行政之间的矛盾和均衡需要通过权力和责任的分配、沟通和协调机制的建立以及监测和评估机制的应用来逐步实现。

（二）效率与公平——目标均衡

在解决效率与公平之间的资源配置矛盾时，需要探索和发掘资源配置的最优均衡。这意味着不能只追求粮食的生产效率，忽略经济和社会其他领域的公平需求。要在实践中通过科技进步和创新，提高资源利用效率，同时注重其对公平的影响，保证粮食的合理分配。而在利益分配上，需要通过政府的引导和调节来实现公平。总的来说，粮食安全政策需要综合考虑公平与效率两个方面，但追求效率与追求公平之间存在一定的矛盾。这使得在实现粮食安全的过程中，需要在资源配置、利益分配和食物供应链等方面找到均衡点，科学合理地安排粮食生产、供应和储备策略。

（三）经济与社会——价值均衡

为解决经济与社会之间的这些矛盾，需要做到以下几点的均衡：首先，坚持经济效益与社会公平的均衡。在资源分配上，既要考虑经济效益，也要注重社会公平。其次，坚持粮食生产与可持续发展的均衡。在粮食生产上，要通过科技创新和环境保护等手段，实现粮食生产与资源环境的协调发展。再次，坚持农民权益与市场机制的均衡。在农民收入和生计保障方面，要加强对农民权益的保护，提高农民的收入水平并改善其生活

质量。同时完善市场机制，提高市场的稳定性和可预见性，减轻农民在市场波动中的风险。最后，需保持粮食安全战略定力，协调国内市场和国际市场，着力处理好粮食国内生产与国外进口的矛盾，在保障国内粮食供应和需求平衡的同时充分利用国际市场的资源和优势实现粮食安全，以实现在经济发展的同时保障社会稳定。

三、粮食安全调控政策的"三重均衡"应用导向

结合上述分析，不难发现，在种粮收益低下、购买能力弱化与生产行为短期化的现实背景下，单是市场化的粮食产业并不必然保证农业增产和农民增收，因此势必增加政府调控变量以平稳市场波动并克服市场失灵。以效率或以公平为原则的不同农业政策设计将对粮食生产过程的资源配置效率产生或抑制或提高的不同影响，进而对多重价值取向下粮食安全的保障程度施加未知影响。作为发展过程中无法绕开的重大命题，实现粮食安全本身同样会对经济发展与社会进步作出贡献，但二者无法等同，存在贡献上的异质性。

在这一理论视角下，对粮食安全调控中的具体发生条件的认识以及未来的粮食安全政策制定需要从粮食本身具有的经济职能、社会职能与时空特征出发，结合时间和空间两个层面运用好粮食安全调控中存在着的运行均衡、目标均衡和价值均衡三重均衡，并需要注意以下三个方面：

首先，均衡实现仅存在于理论，在现实世界的大多数情况都是偏离均衡的情况。因此，面对粮食安全调控过程中存在的不同要素的多种均衡，应采取具有综合性、系统化、多层次的粮食安全调控体制机制，以应对粮食安全调控中普遍化的均衡偏离状况。在政策制定、制度供给以及理念沿革中，均要注重调控结果向均衡趋近的一般化结论，以满足粮食安全调控本身的价值取向与结果追求。

其次，由于粮食安全调控具有多维度性，每一维度的均衡均是必不可少的组成部分，体现出粮食安全调控活动的复杂性与精准要求。因此，针对不同的子均衡，应分类施策，充分考虑粮食本身的经济职能、社会职能与时空特征，实施有目的的精细化调控，最大限度地促进各子均衡的均衡实现。

最后，在解释性框架下，有关粮食安全调控的综合性与复杂程度呼之欲出，同时也为今后的粮食安全调控政策制定与粮食安全运行状况的观测能力提出了更高要求，但这恰恰有利于提高我国在实现粮食安全这一重要战略目标的操作水平，有利于我国粮食市场的平稳有序运行与多重价值目标的实现，为进一步推进国家现代化建设打下坚实根基并提供根本保障。

第二章　四川粮食安全政策
演进的历史逻辑分析

　　四川省是我国 13 个粮食主产省之一，改革开放以来，四川省为保障粮食安全、提升粮食生产能力落实和制定了一系列政策措施。本章以改革开放为起点，各个时期的政策文件为依据，梳理了过往我国和四川保障粮食安全的政策，将保障粮食安全的政策演进划分为四个阶段——以"隐性消费补贴"政策为主保障粮食安全阶段、以"活跃流通"政策保障粮食安全阶段、以"生产补贴"政策保障粮食安全阶段以及以供给侧结构性改革保障粮食安全阶段。这对于四川省未来制定落实新的粮食安全政策具有重大的指导意义。本章先简单介绍每一阶段的时代背景；其次细数每一阶段四川落实的粮食安全政策；然后对每一阶段取得的成果以及遇到的新问题进行简要概述；最后，总结四个阶段的共同性和差异性，并探索阶段之间政策演进的底层逻辑，进而对"三重均衡"理论加以检验。

一、以"隐性消费补贴"政策为主保障粮食安全阶段（1978—1992 年）

　　新中国成立后，随着工业快速发展以及城市人口扩张，对粮食的需求迅猛增长，粮食短缺问题开始日益凸显。1953 年 11 月，为平衡粮食供求状况，国务院颁布了《中央人民政府政务院关于实行粮食的计划收购和计划供应的命令》，标志着统购统销政策的正式施行，开启了以国家强制力量来保障农村和城镇居民粮食安全的新阶段。这一颇具社会主义色彩的政策在施行初期收到了良好的效果，有效缓解了粮食供求的紧张局势，但在统购统销中后期的二十余年，粮食工作遭遇了严重阻碍，粮食的供求矛盾未能有效解决。直到十一届三中全会的顺利召开，中国开启了全面改革开放的进程，在农业领域也制定了一系列政策，改变了粮食供需失衡的紧张局面。

（一）政策措施

在粮食生产环节，国家着重对生产关系进行了改造，家庭联产承包责任制毫无疑问是这一阶段最为显著的成果，它有效提高了农民的种粮积极性，进而带动了粮食产量的提高。在储备环节，1990年国务院发布了《关于建立国家专项粮食储备制度的决定》，要求必须以不低于粮食保护价的价格敞开收购农民余粮。在消费环节，政府通过统销制度和粮票制度，规定了城镇家庭每个月的粮食配额，基本保障了城镇居民买得起、买得到基本的消费口粮。这一时期在粮食流通环节做出的改革最为深刻，为缓解由于城市人口扩张而进一步加剧的粮食供求矛盾，1985年1月1日中央发布"一号文件"，其主要内容是取消了粮食统购，改为合同订购和市场收购并行的"双轨制"，但由于国家调低了粮食的增产部分的征购价格，农民的生产积极性受到损害，致使粮食产量一直徘徊不前，1990年又将合同订购改为国家订购，实质上提高了订购价格，同时采取加大粮食订购优惠、以工补农等方式提高了农民种粮积极性，粮食产量才有所增长。

四川向来是农业农村改革的先头兵。从1978年开始，广汉县金鱼公社就开始实行"分组作业、以产定工、联产计酬"这一具有联产承包责任制性质的农业经营体制，随后几年家庭联产承包责任制迅速推广到全省农村各地，为粮食产量的提升奠定了制度基础。四川在粮食流通环节的改革也敢为人先，在全国实行"双轨制"之前，四川就进行了一系列改革使粮食流通初步具备了市场化因素①。从1978年开始，四川采取了一系列敢为人先的措施来恢复粮食市场。首先是逐步开放了全省的粮食集市，一年在粮食集市成交的粮食达到了10亿公斤，极大地活跃了农村经济和方便了农民的生活。其次是在1979年恢复了粮食议购议销制度，既增加了消费者购买粮食的渠道，又保障了生产者出售余粮的利益。然后在1983年解除了粮食出售渠道的限制，凡是完成国家统购任务的农民，不仅可以多渠道出售余粮，甚至可以离开本省销售余粮。此外在1984年，四川率先在资阳县实行

---

① 胡俊波. 四川农业农村改革40周年：回顾与思考 [J]. 农村经济，2019（3）：15-22.

粮价"倒三七"① 比例计价，后来"双轨制"实行后全国都吸取了四川的经验，采用"倒三七"计价。

（二）成效评述

总的来说，这一阶段最大的成就是极大地提高了粮食产量，实现了粮食供需的低水平均衡。我国粮食产量从 1977 年的 28 273 万吨增长到 1992 年的 44 266 万吨，人均粮食占有量从 1977 年的 298 公斤增长到了 1992 年的 377 公斤，基本解决了全国范围内的温饱问题。而四川从 1982 年起人均粮食占有量就达到了 400 公斤，超过全国平均水平，以全国 7%的耕地养活了全国 10%的人口，这是改革开放初期四川在粮食工作上取得的伟大成就。

然而，国家在不断提高征购价格的同时，销售端的粮价并没有相应提高，本该向消费者增加的购粮负担转移到了国家财政上，本质上对消费者给予了一种隐性补贴，其带来的结果就是粮食产量提升的同时国家财政压力不断上升。从 1978 年到 1984 年，国家在粮食征购端的补贴净额从 31.7 亿元飙升到 209.2 亿元，1984 年补贴的净额甚至占到了当年 GDP 的 3%，严重影响了整个国家的经济运行②。此外，粮食市场上违规赚取差价和骗取政府补贴的现象逐渐层出不穷，这些都将是后续改革要考虑的问题。

二、以"活跃流通"政策保障粮食安全阶段 （1993—2003 年）

1978 年以来的改革经验证明，如果长期维持对粮食的高水平征购价格会加大各级政府的财政压力，影响整个经济社会的运行。如何在保障粮食产量的前提下减轻财政负担，成为摆在党中央面前亟待解决的难题。1992 年伴随着党的十四大的顺利召开，我国确立了社会主义市场经济体制改革的目标，这为农业以及粮食流通领域的市场化发展奠定了政治基础。1993 年全国范围内进行了第二次工资制度改革，极大地优化了分配制度，城镇

---

① "倒三七"比例计价即 30%按统购价，70%按照超购价。

② 钱煜昊，曹宝明，武舜臣.中国粮食购销体制演变历程分析（1949~2019）—基于制度变迁中的主体权责转移视角 [J].中国农村观察，2019（2）：2-17.

居民可支配收入显著提高，为放开粮价提供了社会条件。1993 年 2 月 15
日，国务院发布了《关于加快粮食流通体制改革的通知》，决定在销售端
逐步放开粮价，这标志着粮食市场体系的逐步形成。

（一）政策措施

在社会主义市场化经济体制的建设过程中，国家在粮食领域特别是流
通环节建立和完善了一系列重大的改革制度。1993 年国务院发布了《关于
建立粮食收购保护价格制度的通知》，要求对于原国家定购和专项储备的
粮食品种，由地方政府来制定最低收购价或最高销售价来防止粮价波动。
1994 年 5 月，为抑制全国恶性通胀，国家不得不恢复粮食的国家订购，国
务院发布《关于深化粮食购销体制改革的通知》，规定由国家确定定购任
务内的粮价，国家定购任务外的粮价随行就市。1997 年 8 月，国务院发布
《关于按保护价敞开收购议购粮的通知》，要求粮食部门在完成定购粮收购
任务后，要按保护价敞开收购农民议购粮以保护农民的种粮积极性。1998
年 5 月，为达成促进农民增收和实现政府减负的双重目标，国务院发布
《关于进一步深化粮食流通体制改革的决定》，强调必须坚持"三项政策，
一项改革"①。2001 年国务院发布的《关于进一步深化粮食流通体制改革
的意见》中明确提出，要充分发挥市场机制对粮食购销和价格形成的作
用，逐步建立适应社会主义市场经济发展要求和我国国情的粮食流通
体制。

在国家粮食价格和经营渠道逐步放开的背景下，四川的粮食工作也发
生了深刻的变化。为促进粮食生产稳定增长，实现供求基本平衡，四川省
多次发布相关政策提高农民余粮收购价格以确保种粮农民的生产积极性。
例如，1994 年 6 月 4 日四川省政府印发了《关于认真做好粮食购销价格改
革的通知》，决定从 6 月 10 日起提高粮食的收购价格，由此农民的种粮积
极性被充分调动，促使次年四川省粮食总产量达到了 4 511.7 万吨，并且
人均粮食占有量连续 5 年超过了 400 公斤。粮食工作行政首长责任制为粮
食流通环节带来了新的活力，四川各级政府都把保障居民的"菜篮子"
"米袋子"作为重要目标，并且加强了政府对粮食市场的管理与调控。四
川省政府于 1994 年 12 月 19 日印发《关于深化粮食购销体制改革的通知》，

---

① 国有粮企按保护价敞开收购余粮、粮食收购资金封闭运行、粮食收储企业顺价销售以及
改革国有粮食企业。

要求各级政府采取有效措施确保粮油市场普通粮食品种的供应和粮油价格的基本稳定，严格执行国家和省的有关规定，不得擅自涨价和变相提价，并建立了省级粮食风险基金，有效降低了成本费用，使粮食购销企业的亏损逐月减少，大大减轻了国家财政负担。

（二）成效评述

此阶段粮食安全政策表现出极其明显的过渡性特征，最突出的特点就是市场化改革总体性前进和阶段性后退并存，大体上完成了粮食流通体制由"计划"向"市场"的转轨，这是此阶段粮食政策改革所取得的最重大的成就。此外，该阶段改革还有两大重要贡献。一是我国完善了粮食储备体系，建成了多级粮食储备体系，进一步加强了我国的粮食调控能力；二是2001年我国加入了世界贸易组织并签订了一系列农业支持保护协议，为新世纪的进一步粮改提供了制度条件。

然而由于目标的复杂性，此次改革中最受瞩目的"三项政策一项改革"没有达到预期的效果。从粮食产量角度来说，1998年至2003年间，粮食种植面积减少了2.16亿亩，粮食产量下降了1 632亿斤，这主要由于按保护价敞开收购干预了市场的均衡价格，人为放大了对粮食的需求，扭曲了粮食市场价格，造成资源配置效率低下，进而降低了农民的种粮积极性[①]。

三、以"生产补贴"政策保障粮食安全阶段 （2004—2013年）

对粮食流通环节的一系列支持政策并没有收到预期的效果，最直接的体现就是粮食种植面积的下跌以及粮食产量的不断下降，为了遏制粮食的连年减产的势头，政府不断寻求新的改革方式。2001年，中国加入了世界贸易组织（WTO），开启了融入全球贸易潮流的进程，农业领域自然也打开了对外开放的大门。根据世界贸易组织《农业协议》的规定，对种粮农民直接进行补贴不会扭曲贸易与价格，被称为"绿箱政策"，是国际上的

---

① 陈祥云，李荣耀，赵劲松. 我国粮食安全政策：演进轨迹、内在逻辑与战略取向 [J]. 经济学家，2020，(10)：117-128.

通行做法。2002 年 9 月开始，我国开始在世界贸易组织的政策边界内实施粮食直接补贴改革，同时选取了安徽和吉林两省进行改革试点①。经过为期两年的试点评估，2004 年国务院发布《中央财政支持农业发展的若干意见》，明确提出在全国对粮食生产者进行直接补贴，由此标志着对农业的补贴正式由流通环节转向了生产环节。

（一）政策措施

面临保障粮食安全的严峻形势，国家自 2004 年开始，陆续出台了一系列鼓励粮食生产的政策。首先是 2006 年在全国范围内全面取消了农业税，结束了中国两千年来"交皇粮"的历史，从此农民"种多少粮，入多少仓"，种粮积极性被进一步解放。其次是全面实施了粮食直接补贴制度，其补贴的内容主要包括：种粮农民直接收入补贴、良种补贴、农资综合补贴，粮食直接补贴制度的全面实施为促进粮食增产、农民增收、农业增效发挥了重要作用。最后是实行了最低收购价政策，2004 年 5 月国务院发布了《关于进一步深化粮食流通体制改革的意见》，规定了在粮食产需形势有重大变化时，为同时兼顾市场粮食供给和农民种粮收益，可在粮食主产区对短缺的重点粮食品种实行最低收购价格政策，2008 年 11 月，国家发展改革委发布的《国家粮食安全中长期规划纲要（2008—2020 年）》对粮食最低收购价政策做出了进一步的完善，指出要理顺粮食价格，使粮食价格保持在合理水平，确保种粮农民获得较多收益。

四川为贯彻该阶段国家的各项粮食政策，在粮食生产、流通、储备各环节全面开花，深入改革。首先在生产环节四川于 2002 年就开始进行农村税费改革试点，取消了屠宰税等专向农民收取的税费。在 2003 年在全国率先取消了农业特产税，2006 年 1 月 1 日又全面停止了农业税及附加的征收，相较于全国提前了一年停征农业税。然后在粮食流通领域，四川深入贯彻实施《粮食流通管理条例》，于 2009 年修订完善了《四川省〈粮食流通管理条例〉实施办法》，实现了全省粮食收购市场主体多元化，销售市场全面放开，粮食流通市场化格局基本形成，截至 2010 年 9 月，全省共办理了粮食收购许可证 7 923 个。同时，四川在深化国有粮食企业改革上持续发力，为确保粮食资金专款专用，维护粮企职工合法权益，印发了《关

---

① 周静. 我国粮食补贴：政策演进、体系构成及优化路径 [J]. 西北农林科技大学学报（社会科学版），2020，20（6）：88-93.

于深化国有粮食企业改革妥善处理有关问题的通知》等文件，有效推动国有粮食企业的现代化产权制度改革。此外，在这一阶段四川的粮食储备工作也颇有成效，地方储备粮管理制度逐步健全完善，基本建成了省、市、县三级的地方粮食储备体系，并且考虑到四川广大高原山区和民族地区的饮食特点，适当补充调整了大米、青稞等储备品种，充实了地方粮食储备。

（二）成效评述

这一阶段粮食产量显著上升，农民生活质量明显提高，到 2013 年，中国粮食产量达到 6.3 亿吨，粮食单产为每公顷 5 376.8 千克，人均粮食占有量达到 460.8 千克，农民年人均可支配收入为 8 896 元，粮食产量从过去的"紧张平衡"实现了"连年增产"的重大转变，对保障粮食安全和社会稳定发挥了重大作用[①]。除此之外，另外一项重大收获就是粮食直接补贴制度的建立和全面推行，极大地促进了中国农业的发展，并使中国的农产品流通体制更好地与世界农业发达国家接轨。

但在粮食产量不断上升的同时，粮食的进口量也连年攀升，2013 年中国的大豆进口量达到了 6 340 万吨，占全年粮食总进口量的 79%。伴随着粮食产量、粮食进口量的双量齐增，粮食储备系统的收储压力也越来越大，至 2014 年，中国的粮食储备系统已到了无粮库可收粮的地步，新一轮的粮食安全政策的改革刻不容缓。

四、以供给侧结构性改革保障粮食安全阶段
（2014—2023 年）

2014 年我国粮食产量超过了 6 亿吨，实现了"十一连增"的重大成就。然而，由于我国粮食储备体制弊端初现，并且国际粮价普遍低于国内粮价，在粮食产量节节攀升的同时，我国粮食库存总量与粮食进口量也迅猛增长。从 2004 年到 2014 年的国内粮食产量年均增长率不到 3%，但库存增长率则超过 8%，部分粮食品种出现阶段性过剩的情况；2014 年我国粮

---

① 韩杨. 中国粮食安全战略的理论逻辑、历史逻辑与实践逻辑 [J]. 改革，2022 (1)：43-56.

食进口首次突破 1 亿吨，2015 年上半年，我国累计进口包括小麦、玉米、大麦在内的谷物及谷物粉达到 1 629 万吨，同比增长超过 60%。粮食产量、库存量、进口量的"三高"问题日益严峻，迫使党和政府不得不探索新的改革方案。新一轮的改革从粮食供给端发力，充分运用市场机制，明确了改革目标，取得了瞩目的成就。

（一）政策措施

这一阶段在粮食领域的供给侧结构性改革相当亮眼。一方面，针对不同的粮食品种，国家采取了不同的政策使种植结构更加合理。首先是改大豆的临时收储政策为目标价格政策，当大豆的市场价格低于该价格时，对大豆生产者进行直接补贴，有效地发挥了市场机制的作用；其次是针对稻谷和小麦，根据 2017 年 11 月发布的《关于全面深化价格机制改革的意见》，进一步完善稻谷和小麦的最低收购价，促使农民的粮食种植倾向得以调整并变得更为合理；最后是降低玉米的临时收储价格水平，并将东北地区的玉米临时收储政策调整为"价补分离"机制，有效推动了玉米巨大库存量的消耗，同时吸引了多元市场主体的参与。另一方面，国家对"三项补贴"政策进行进一步完善，2016 年农业部颁布的《关于全面推开农业"三项补贴"改革工作的通知》，将农业"三项补贴"政策调整为"农业支持保护补贴"，政策目标调整为耕地地力保护和支持适度规模经营[①]，为保障粮食安全提供了重要的制度基础。

党的十八大以来，四川加大农业供给侧结构性改革力度，深刻落实习近平总书记"打造新时代更高水平的天府粮仓"的嘱托，采取一系列富有成效的措施来保障粮食安全。一是制定了粮食种植优惠补贴政策，实施粮食大县奖补激励政策；实施耕地地力保护补贴，面积 50 亩以上的耕地平均每年每亩补贴 70 元；对成都平原区种粮大户每年每亩补贴 100 元，对丘陵地区种粮大户每年每亩补贴 150 元等。二是加大对粮食种植的物质及资金投入，大力发展农田水利等农业基础设施建设，打牢提升粮食综合生产能力的物质基础，对购买大型农业物质装备进行补贴，逐步改善四川广大丘陵山地地区依靠落后机械或人力的粮食生产面貌。三是深入贯彻落实"藏粮于地、藏粮于技"战略，一方面加大对耕地的保护，严防耕地"非农

---

① 周静. 我国粮食补贴：政策演进、体系构成及优化路径［J］. 西北农林科技大学学报（社会科学版），2020（6）：88-93.

化"以及永久农田"非粮化"现象的出现，加强高标准农田建设；另一方面强化农业生产科技创新和示范推广，加大优良品种培育研究力度，推进新型农业科技服务体系建设，加快农业科技进村入户。

（二）成效评述

农业领域的供给侧结构性改革有效解决了玉米领域"三量齐增"的问题。从国内来看，各种玉米加工补贴政策的发布极大地促进了推动玉米产能的消耗，玉米库存压力大的严峻形势日益缓解；从进口来看，通过调整国内外市场的玉米价格逐渐趋于一致，收缩了玉米非必需进口量的增长空间，这为优化其他粮食品种的种植结构问题提供了重大的借鉴意义。以四川为例，党的十九大以后，四川粮食种植结构得到有效调整——水稻作为四川居民的主粮，其种植面积稳中有进，产量也一直保持在四川粮食总产量的40%以上；小麦在四川属于弱势粮食作物，种植面积长期被调减，产量占比也一直处于下降状态，2022年占全省粮食总产量7.1%，相对于1978年下跌了8.4%；玉米种植面积及产量占总产量波动上升，2022年占全省粮食总产量29.8%，比1978年增加了14.7%。

进入乡村振兴的新发展阶段，中国保障粮食安全的政策又面临新的挑战——长期以来粮食利润较于工业品利润的不相匹配、居民对粮食品种消费需求的快速变化与粮食种植结构转变缓慢的现实矛盾、政策出台赶不上国内外粮食市场的瞬息万变等，这些问题都还需在今后不断深化改革中逐步解决。

五、四川粮食安全政策演进的内在逻辑

纵观改革开放以来粮食安全政策，表现出极其明显的阶段差异性，不同阶段的政策目标截然相反，对粮食的职能追求也迥乎不同，由此导致了对粮食的调控手段也不尽相同。总结而言，经济社会的迅猛发展，导致各个阶段都难以长久实现粮食安全政策的"三重均衡"。因此，为适应经济社会发展，每一阶段的粮食安全政策都不断被修改甚至颠覆，力求实现从"不均衡"到"均衡"，推动粮食安全政策不断向前演进。

（一）目标均衡：粮食安全政策的效率目标和公平目标在不同时期的交替切换

粮食安全政策目标并不是一成不变的，不同历史阶段会有不同的政策目标，甚至同一历史阶段的政策目标也并非是单一的，这是由于政策的制定和施行都必须适应粮食的供求形势。粮食安全政策具有目标双重性，其包含效率目标和公平目标——效率目标是指提高粮食产量以保障粮食有效供给和稳定粮食价格以保障粮食有效消费；公平目标则是指同时保障粮食生产者、粮食消费者以及政府这三方主体从粮食中得到的收益。

然而，粮食安全政策目标的双重性却蕴含了目标之间的矛盾性。粮食安全作为"国之大者"，任何时候提高产量同时稳定粮价都最为重要，然而现实情况是，一方面为了防止"谷贱伤农"，政府往往会提高粮食的收购价格以促进农民的种粮积极性，而另一方面为避免"米贵伤民"，在粮食收购价提升的同时销售价格却难以相应提高。这意味着为实现效率目标，政府往往需要支付高额的补贴来弥补购销倒挂的差价，这极大地增加了政府的财政支出，使整个粮食系统的运营难以为继。粮食安全政策目标的矛盾性决定了我们难以实现效率目标和公平目标的兼顾，必须根据经济社会发展需要做出取舍，由此导致了效率导向和公平导向的粮食安全政策不断交替出现，推动着粮食安全政策向前发展。

（二）价值均衡：对粮食社会职能的永恒追求与经济职能的相机选择

粮食安全政策的价值均衡和目标均衡是相辅相成的。当政策目标是追求粮食生产效率时，是为了实现粮食的社会职能；而政策目标是为了追求粮食产业价值链上各主体的收益对等时，则转换为挖掘粮食的经济职能。但在实际操作中却又略有不同——粮食安全政策的效率目标和公平目标难以同时实现，因而在实操中是完全替代的关系；而对粮食的社会职能和经济职能的追求可同时实现，只不过不同时期各有侧重。

作为准公共物品，粮食的公共物品属性决定了其必须承担的社会职能——粮食不仅是一种关乎主权安全、国防安全等国家安全的重要战略物资，而且还应该满足广大民众生活与生存的基本需求；而粮食的私人物品属性决定了其应该承担一定的经济职能——在粮食经济系统追求以最节约的运行方式为消费者提供最终消费品。具体而言，就是在生产环节提高农民的种粮收益，在流通储备环节降低粮食的运营和仓储成本，在消费环节满足消费者对平价粮食的需求。必须强调的是，粮食的核心职能是其社会职能，无论何时粮食的社会职能必须得到优先重视，而粮食经济职能必须依附于其社会职能，在粮食的社会职能基本实现的前提下追求粮食的经济职能无可厚非。一旦过度追求整个粮食运行系统的经济减负而不能实现粮食基本的供需均衡时，必须调转车头关注粮食安全。

（三）运行均衡：粮食产需形势变化时行政调控和市场调控的相互补充

受外部自然环境以及社会经济形势的影响，粮食的供求形势几乎每年都会发生变化。区别于工业品单纯依靠市场或政府调控来实现政策目标，固定单一的市场手段或者行政手段都难以有效调节粮食产量以实现目标均衡和价值均衡的目的，经常出现"一管就死，一放就乱"的现象。因此，具有相似特点的各个阶段对粮食产量的调控方式不尽相同，甚至截然相反，必须将市场手段和行政手段相互配合和补充起来，找到市场调控和行政调控的平衡点，实现运行均衡。

以隐形消费补贴阶段和生产补贴阶段这两个阶段为例，它们都具有粮食供不应求的相似背景，但分别采取了不同的调控方式。1978 年，为满足不断扩大的消费需求，借助改革开放的东风，粮食领域也逐渐引入了市场化因素，例如通过开放粮食市场、允许粮食多渠道销售以及实行粮食购销"双轨制"等政策，有效提高了农户的种粮积极性，逆转了粮食生产的颓势。时间来到 2004 年，由于上一阶段粮价下跌和面积调减带来了粮食产量的不断下降，若借鉴统购统销时期的政策去放大市场的力量可以调节粮食产量，但同时也存在弊端：一方面，会导致购销倒挂，加重粮食运营系统的负担；另一方面，根据蛛网理论，市场会导致每年的粮食产量出现剧烈波动，粮食作为一种关系国计民生的重要物资，这种情况是不可被接受的。于是从 2004 年开始，政府主导出台了一系列政策，例如取消农业税及附加、农业直接补贴、托市收购等，粮食产量得到快速增长，后来更是实现了粮食生产"十九连丰"的伟大成就。

第三章　新的历史时期四川落实粮食安全责任的重要性与面临的挑战

党中央始终高度重视粮食安全问题，在我国粮食安全水平不断实现阶段性提升的同时，随着人们生活水平的日益提升，人民的饮食要求也不仅仅局限于主粮"吃得饱"，开始向"吃得好、吃得健康"转变。2022年，习近平总书记指出，"要求拉大食物观，从更好满足人民美好生活需要出发，掌握人民群众食物结构变化趋势，在确保粮食供给的同时，保障肉类、蔬菜、水果、水产品等各类食物有效供给"。这说明，新时代的粮食安全已经不是确保所有人在任何时候都能够获取食物满足基本生活需求，而是确保所有人在任何时候都能够从多元化食物供给体系中获得更全面、均衡的营养来满足人民日益增长的美好、健康生活需求。这就要求食物来源不能单依靠主粮，而是要向耕地草原森林海洋、植物动物微生物要热量、要蛋白，全方位多途径开发食物资源。

一、落实粮食安全责任的重要性

从古至今粮食始终是一项重要的战略物资，关系到国家安全和社会稳定。"天府粮仓"四川是中国重要的粮食生产省份，通过落实粮食安全责任保障国家粮食供应，在当前国际形势下可以为中国的国际粮食安全责任贡献自己的力量。四川省独特的地理位置和资源优势，自抗战历史时期起，就一直是中国的大"粮仓"。全面抗战爆发后南京国民政府西迁，四川为确保战时粮食安全，作出了巨大的历史贡献，对支持抗战和发展经济都起到了积极作用①。今天，作为国家战略大后方和全国十三个粮食主产区之一的四川省在全国的粮食安全格局中仍居于重要位置，四川省落实粮食安全责任，对于保障全国的粮食安全具有非常重要的意义。此外，四川省还可以通过担稳粮食安全责任实现农业大省向农业现代化强省的跨越，以保障本省粮食安全，达到夯实四川经济社会实现持续稳定增长的目的。

（一）复杂多变的国际形势下维护粮食安全的重要性

1. 规避世界经济态势不稳定的风险传导

当前粮食贸易的金融化特征日益显著，世界粮食市场兼具了金融属性，贸易风险提升，而欧美等发达国家一直以来在金融市场中占据着优势地位，粮食贸易的金融化无异于使他们拥有了更多主导粮食贸易的权利。近年来，欧美主要发达经济体都面临着高位通货膨胀的威胁，全球经济态势受此影响不稳定性加剧，粮食市场也因此产生频繁波动，经济态势的不稳定性传导给粮食市场的不稳定性给诸如我国的发展中国家形成了巨大的威胁，我们很难仅依靠国际粮食市场及国际粮食贸易保障自身粮食供给。

2. 避免国际粮食问题政治化

为确保国内粮食安全，我国储备了大量粮食，此举引得以美国为首的西方国家指责我国囤积了全球半数以上的玉米和小麦，威胁全球粮食安全，加剧了全球粮食危机，不断将粮食问题政治化，试图借国际舆论压力迫使我国对全球粮食安全采取更多的行动②。此外，中美关系近年来持续紧张，粮食和能源进口充满不确定性。确保国内粮食安全，做到自给自足，摆脱进口依赖，才能更好地避免我国受到外界制约，并挫败某些西方国家试图通过粮食制裁我国以达到政治目的的阴谋。

3. 减轻国际局势动荡产生的影响

当今世界正经历百年未有之大变局，国际局部战争的爆发深刻影响到了国际粮食供给。俄罗斯与乌克兰是全球粮食出口大国，俄乌冲突的爆发使得两国粮食生产、运输都受到了严重影响，粮食出口量大幅减少，因此国际粮食市场上的粮价持续上升，粮食安全问题加剧，国际性的局势动荡

① 符必春，李丽杰. 抗战时期四川农仓建设研究［J］. 粮食科技与经济，2022，47（6）：77-82.

② 张应良，徐亚东. 新形势下我国粮食安全风险及其战略应对［J］. 中州学刊，2023（3）：52-61.

使得粮食运输与供应也面临着随时中断的可能性。高涨的粮价与脆弱的粮食供应链对于依赖于大量进口粮食的国家产生着根本性的影响，只有提升粮食自给率，保障国内自身粮食安全，才能将动荡的国际局势带来的负面影响减至最小。

4. 积极应对国际突发公共危机事件

此前面对疫情冲击、公共卫生事件肆虐全球等突发事件，为应对疫情带来的粮食减产，物流困难等粮食供应链中断问题，各个国家都采取了类似禁止或减少贸易出口等措施以确保自身粮食安全供给，以致国际粮食市场一度出现短缺，国际粮价上涨，对我国粮食安全产生影响。除此以外，全球日益频发的极端天气和一些国家暴发的生物灾害导致农业产量下降，农作物质量水平下滑，不断冲击着全球粮食安全。因此，只有切实保障自身粮食安全才能更好应对各种突发事件带来的粮食供需及价格不稳定问题。

（二）国家层面保障粮食安全的重要性

1. 社会稳定的重要基础

半个多世纪以前，我国尚处于很多人吃不饱饭的时代。时至今日，我们已经完成了从"吃不饱"到"吃得饱"再到"吃得好"的飞跃。粮食关系着老百姓的生存问题，古往今来，关于粮食安全问题，我国有着血的经验教训，饥荒会造成社会矛盾激化，引发社会动荡。为维持社会稳定，要始终秉承"食为政首"的历史传统，尽管如今已经是21世纪的现代社会，但对于拥有十四亿多人口的中国来说，吃饭问题依然是不容忽视的大问题①。

2. 国家安全的关键保障

粮食安全对于国家的稳定和发展有着重大意义，是保证国家安全的关键因素。党中央、国务院高度重视粮食安全问题，始终把解决人民吃饭问题作为治国安邦的首要任务。当前我国面临着百年未有之大变局的挑战，以习近平同志为核心的党中央确立了"以我为主、立足国内、确保产能、适度进口、科技支撑"②的国家粮食安全战略，提出了"谷物基本自给、

---

① 齐廉允，徐畅. 确保"中国人的饭碗任何时候都要牢牢端在自己手上"：新时代中国共产党粮食安全战略布局研究［J］. 鲁东大学学报（哲学社会科学版），2023，40（1）：82-89.

② 《十八大以来重要文献选编》（上）［M］. 北京：中央文献出版社，2014.

口粮绝对安全"① 的新粮食安全观，以维护国家安全大局，推动经济高质量发展、社会平稳前进。可见粮食安全战略始终是确保国家自立的全局性战略问题。

3. 世界大国的责任担当

我国作为拥有十四亿多人口的大国，"谁来养活中国人"历来是全球关注的重点。如今，作为世界第一大粮食生产国和第三大粮食出口国，中国以实际行动承担起了养活且养好世界五分之一人口的责任，切实为全球粮食安全作出了贡献。面对日益严峻复杂的粮食安全形势，我国只有首先保障自身长期可持续的粮食安全，才能够维护世界和平与发展，更好构建起人类命运共同体，消除饥饿，为"建设没有饥饿贫困的世界"贡献出更多积极力量，承担起世界上最大的发展中国家的责任。

4. 优化国内各类资源配置

全方位夯实粮食安全根基是农业强国的底线目标，实现农业现代化建设农业强国就要牢牢把握粮食安全的主动权。目前国内粮食生产受到资源环境的约束亟需从粗放生产转向可持续生产。为保障国家粮食安全，我国要更多利用自有资源生产满足需求，这将会反向促进各级市场与耕地资源、劳动力、科技等各类生产要素在生产中实现更高效合理的配置，以及资源管理能力的提升，并吸引更多资源投向粮食生产，从而推进粮食产业高质量发展，使得保障粮食安全与建成农业现代化产业、生产体系之间形成相互促进的良性循环体系。

（三）省级层面落实粮食安全责任的重要性

1. 推进"天府粮仓"建设

四川作为我国人口大省、粮食消费转化大省，粮食需求量很高，确保粮食安全不仅是满足自身需要，解决好吃饭问题，同时也是建设"天府粮仓"、推进农业现代化、加快农业强省建设的头等大事。在实现粮食安全和食物供给保障能力强的同时，实现农业基础强、科技装备强、经营服务强、抗风险能力强、质量效益好和竞争力强的目标，是建设"天府粮仓"、实现农业强省的重点。

---

① 《十八大以来重要文献选编》（上）[M]. 北京：中央文献出版社，2014.

2. 助力省内经济健康发展

强国必先强农，强省必先强农。农业与国民经济高质量发展息息相关，粮食安全直接影响着全省经济发展及社会稳定，要绷紧粮食安全这根弦，不断夯实农业农村现代化基础，持续推进乡村振兴，激发乡村建设新活力，满足全省农民实现生活现代化的需求，探索出符合四川实现城乡共同富裕的路径，才能更好助力城市化进程，推动经济发展。

3. 实现省域粮食生产与消费的双安全

一方面，四川作为位于长江上游的重要粮食产区，在全国农业版图中具有重要战略地位，是我国重要的战略后方与腹地，种植扩面、增产稳产，保障粮食安全是四川作为农业大省应该扛牢的政治责任。另一方面，作为人口众多的粮食消费大省，人多地少，资源环境约束使得四川省保障粮食安全的任务更加艰巨。如何在粮食需求刚性增长，自然灾害频发的情况下确保省内粮食安全，保障民生，使得省内经济社会平稳发展，强化大局意识是四川作为西南地区唯一粮食主产省不可推卸的责任。

二、面临的挑战及问题

四川省要更好地扛起战略大后方责任和维护全国粮食安全责任，就必须持续解决粮食生产前、中、后各环节所面临的挑战和问题，打造新时代更高水平的"天府粮仓"，完成好党和国家赋予的新历史使命。

（一）农业生产基础薄弱

1. 农村劳动力结构失衡

作为我国人口大省，四川拥有丰富的农村劳动力资源，然而近年来受粮食比较收益下降的影响，从事粮食生产的人口日益减少。《四川统计年鉴》数据显示，省内大部分州县常住人口城镇化率以每一年1%~2%的幅度持续上涨，为追求更高的收益回报，越来越多的农村人口选择进入城市从事非农生产，不再依赖农业生产生活，粮食产量因此减少。而滞留在农村的大多为劳动力低下的老年群体或是妇女儿童，2021年有调查数据显示，在选取调查的174个村民小组中，常年外出劳动力占村民小组总人口的近五成，60 岁以上的劳动人口占近四成[①]。农村的劳动力结构严重失衡，劳动力出现严重短缺，贫乏的劳动力难以从事繁重的农业生产，即使有从事农业生产也仅满足自身生活所需，而不发挥粮食作物的经济效用，粮食生产效率极低。

2. 耕地面积及质量下降

同样受到种粮收益的影响，越来越多从事农业生产的农民不愿意种植粮食作物而转向于生产水果、蔬菜、茶叶等经济效益更高的作物，粮食播种面积不断减少，"非粮化"现象日益显著[②]。随着耕地保护政策的出台，《四川农村年鉴》数据显示，截至 2021 年，全省的农作物总播种面积较 2016 年出现了 1% 的增长，达到了 14 999.9 万亩，其中粮食作物播种面积增加 99.6 万亩，增长 0.2%，而经济作物播种面积却增长了 659.7 万亩，平均增长了 2.6%，经济作物播种面积增长远超过粮食作物播种面积。根据 2022 年公布的《中国统计年鉴》数据排列，在十三个粮食主产省中，我省农作物总播种面积位列第四，粮食作物播种面积则排至第七位。再加上四川有一部分耕地地理位置不便，土地零散分布于山地、丘陵等地区，难以形成规模化生产，管理困难，部分耕地存在"撂荒"情况，致使土地肥力低下，自然灾害频发致使土地出现水土流失，土地质量下降，难以对粮油作物种植产生贡献。

3. 部分农业基础弱项制约着农业生产

尽管持续不断改善，四川省农业农村基础设施仍然存在着诸多短板，诸如农田水利基本建设不全面，老化损毁现象严重，维修不及时等问题。受地形因素制约，许多大型现代化机器设备难以引入或不便操作，农业机械化水平相对较为低下，农机化服务能力弱，现代化程度低于全国平均水平。从农业机械总动力来看，远低于全国，根据《中国统计年鉴》2021 年的数据，在十三个粮食主产区中，四川省的农业机械总动力仅位列第八。《四川农村年鉴》数据显示，虽然 2022 年主要农作物综合机械化水平较之前提升了 2%，但在水稻机械化插秧、玉米籽粒机收、马铃薯机播机收等薄弱环节仍然有待提升。另外，基础设施建设资金支持不足，部分欠发达地区地方财政困难，很难在建设上给予支持。部分金融机构提供的资金支

---

① 田骏涛. 川粮：产需平衡仍受制约 [J]. 四川省情，2022 (2)：48-50.

② 刘振兴，蔡臣，贺红宇等. 新时期科技支撑四川粮食安全的对策建议 [J]. 农业科技管理，2022，41 (1)：38-40, 86.

持不足，业务范围较为狭窄，这些都约束了四川省的粮食生产能力。为适应我省丘陵山区农田的宜机化改造，以"良机"为牵引的"五良"融合全程机械化建设行动还需持续开展。

4. 种业企业实力不足

四川是全球生物多样性的热点地区，是农作物种质资源最为丰富的地区之一，已保存农作物种质资源近 6 万份，居全国前列。其中，主要粮食作物种质资源 4 万余份。但与丰富的资源相比较，四川省的种业企业实力却比较薄弱。四川省拥有农作物种业企业 349 家，但无一家农作物种业企业在主板上市，也无一家企业销售利润进入全国前十，在全国的整体实力已从 2011 年的前 2 位下降到目前的第 8~9 位。近年来，川种种业、宜字头种业等 7 家企业先后被省外企业兼并收购，而省内种业企业中无一例整合，兼并省外企业也极少，呈现出数量多、规模小、竞争力弱的特征。此外，我省种业企业真正投入粮食种业相关技术研发的数量少且能力弱，品种原始创新动力不足、现代育种技术滞后、品种同质化严重。

5. 粮食加工企业状况不佳

四川省粮食企业发展面临诸多制约，粮油生产效益较低。《中国粮食年鉴》截至 2018 年的数据显示，四川省与同为十三个粮食主产区的其他省份相比各类粮油加工企业的数量都较少，成品粮油加工企业中，小麦粉加工企业数量位列第七，大米加工企业数量位列第九，粮食深加工企业中的淀粉企业数量同样排名位列第九，且大部分存在着"散小弱"特征。粮油加工企业生产的组织化及规模化都不高，导致粮油企业微利，甚至出现严重亏损的情况，进而对粮食加工行业高质量保供产生了较大影响。其次，部分企业对于品牌建设认识不足，品牌建设浮于表面，对自身缺乏准确的定位和建设规划，很难发挥品牌效应，消费者的"黏度"不高，对目标消费人群的定位也较为模糊，难以通过品牌建设达到价值提升的目标。

（二）粮食储备体系亟待升级

1. 粮食储备结构不合理

粮食储备是保障粮食安全的一大重点。四川省部分农产品缺口较大，人均占有量在全国排名靠后，储备数量尚未到国家要求标准。根据《四川农村年鉴》和《中国粮食年鉴》中的数据，四川省粮食作物人均占有量低，在全国位列第十六。2022 年全省收购粮食达到了 281 万吨，而肉类、油料类人均占有量高，油料人均占有量位列全国第六，表明粮食储备结构出现差距，品种结构性矛盾突出。

2. 仓储设施发展较滞后

四川省内部分地方仓储存在库容量偏小、分布散乱等问题。部分仓储设施设备现代化程度比较低，精细化管理体系欠缺，电子设备、高科技仪器设备覆盖率较低。部分地区还存在承储仓库老旧失修的情况，导致粮食储存能力有限，存在储粮安全问题。为储藏超出容量的粮食，部分储粮企业采用异地仓储的方式，这不仅提升了仓储成本，耗费大量时间与人力物力，同时还给粮食储存增加了新风险。

3. 储备粮技术人才不足

随着农业现代化进程推进，仓储设施设备的改造升级是必然趋势，但行业专业人才队伍普遍存在老龄化的状况，人员结构失衡，使得现代化的设施设备利用率不高，甚至出现闲置情况。其次，行业比较缺乏掌握专业技术的仓储保管、质监、管理人才，对粮食储备的信息收集以及决策能力有限。从《中国统计年鉴》2022年的数据来看，在十三个粮食主产区的仓储业就业人员中，四川省的就业人员排名第九位，而在从事仓储行业的13 665人中还有极大一部分属于仅从事装卸搬运的非技术型人员。

4. 管理体制亟待优化

随着现代化仓储技术的应用推广，以前的仓储管理制度与之出现无法适应的情况，各地的规范化管理水平亟待提升。然而参与粮食储备的部门众多，需要多个部门实施协同管理，由于层级、步骤繁复，信息流通不畅，极为影响指令实施效率。部分地区管理基础较为薄弱，管理制度难以得到有效实施，反而容易出现仓储混乱的现象。另外，部分企业监管体制不到位又使得仓储作业对粮食质量和环境产生不小的影响，诸如储粮出现劣变，粮食出入库作业造成粉尘污染等。

（三）流通路径仍待拓宽

1. 物流网点基础薄弱

受地理环境影响，省内物流网点下沉不足，尤其是偏远地区及山区，不仅缺乏仓储设施，物流中转站也极为少量，这使得粮食往往需要多次中转，增加了流通中断以及滞留的风险。再加上粮食运输的空间格局合理规划不足，运输方式拓展不开，一些地区的物流设施简陋，容量少，难以实现高效操作，导致流通过程效率低下。

2. 流通设备发展滞后

四川省一些地区粮食流通环节的发展相对来说较为滞后，无法满足现代化流通需求。诸如自动化装卸设备、温度、湿度控制设备等存在着不同程度的缺失和不完善，这给粮食流通过程中的存储、包装、装卸、运输等环节都带来了不小的困难，既增加了人力成本和不当操作带来的风险，同时也限制了粮食的保鲜能力从而影响到粮食的质量安全。

3. 物流渠道较为单一

四川省的粮食物流渠道更多还是依赖于公路运输，粮食运输渠道有限，缺乏多样化的物流渠道。对于铁路、水路等其他运输方式的利用程度相对较低导致粮食运输的灵活性和效率受限。2022 年《四川统计年鉴》的数据显示，与省内铁路营业里程呈持续扩张的趋势相比，公路里程自 2020年到 2021 年仅增加 0.5 万千米，内河航道里程更是数年没有变化，2021年航空里程在 2020 年的基础上甚至出现下降趋势。从运输总量上看，铁路、公路的货物运输总量呈稳定上升趋势，水路运输总量持续下降，航空运输整体没有大幅变动。此外，交通枢纽之间的连接不紧密也影响到粮食流通规模，尤其是在远程运输和大量的粮食调度方面的影响更加明显。一些突发性事件也对物流渠道产生影响，如遇到季节性因素影响，雨季、气象灾害等导致公路交通的中断，物流渠道的稳定性和可靠性很难得到保证。

4. 粮食运输成本较高

当前四川省的粮食运输还是以散粮运输为主，没有形成规模化经营。散粮运输不仅容易出现粮食数量的减损，还会出现粮食质量的损耗，导致粮食运输成本升高。四川省地形分为山地、丘陵、平原、高原四种类型，其中丘陵地区占 35%，盆周山区占 17%，高原占 17%[1]，道路修建难度大，耗时长，因此部分地处丘陵山区，农特产品资源极为丰富的地区却相对交通条件较差。截至 2021 年，四川省超过 84% 的公路被评定为四级公路，还有 3.5% 属于等外公路，比全国四级公路 73% 的占比高出十一个百分点[2]。复杂的地势为远距离交通运输增加了难度，除了耗费更多的时间和人力之外，大比例的低等级道路对车辆造成的磨损、燃油消耗等也会延长

---

① 相关数据来源于《中国县域社会经济年鉴》。
② 相关数据来源于《中国第三产业统计年鉴 2022》。

运输时间，极大地增加了运输成本。

（四）消费环节矛盾突出

1. 供需缺口持续增大

四川省人多地少，随着经济社会发展，粮食供需缺口持续扩大，粮食供求呈紧平衡态势。根据 2022 年《中国统计年鉴》的数据，四川省主要粮食作物产量在十三个粮食主产区中居于末位，仅为排名第一的黑龙江省的六分之一。作为生猪养殖大省，肉类产量也仅位于第四，奶及奶制品产量则位列第八，而四川省的人口却在十三个省份中位列第四。加上近年农民工回流创业就业，人口基数持续增长，粮食需求量不断提升，超出本地产能，使得粮食供应压力增加，持续扩大的供需缺口可能会导致粮食价格出现上涨，对于粮食安全产生威胁。

2. 品种结构升级消费多元化

城镇化的不断推进使得城乡居民收入水平与消费能力持续提升，膳食结构快速升级。从《四川统计年鉴》2020 年与 2021 年的数据对比来看，粮食与油脂类食品消费量基本保持在稳定水平，蔬菜和菜制品的人均消费量增加了 3.62 公斤，肉类的人均消费量增长了 8.82 公斤，蛋类、蛋制品和奶、奶制品分别增长了 0.05 公斤和 1.45 公斤，瓜果类则增长了 3.5 公斤左右。人们对于肉蛋奶等高蛋白类食物消费增加，对于食品质量要求提高，导致饲料用粮及加工用粮增加，使得粮食的产需缺口进一步扩大，品种结构的升级和日趋多元化的消费使得粮食供应面临更加复杂的局面，同时也加大了粮食安全供给压力。

3. 消费信息共享机制不健全

粮食消费总量、粮食细分品种消费量及相关预测量缺乏权威口径的信息发布，且存在信息发布不准确、不及时等问题，市场消费信息的不完善加剧了粮食供需呈紧平衡、不匹配的趋势。由于尚未建立起健全的信息共享机制，无法为消费者和供应者、宏观政策决策者提供准确的数据，难以制订出合理的消费、供应计划，这些情况都会对粮食市场价格的稳定造成很大影响。

4. 粮食浪费现象较严重

居民生活水平的提高使得部分消费者出现超量购买、冲动消费、丢弃浪费等行为。由于消费数量的难以预估，餐饮行业食材和食物的浪费现象尤为严重。2024 年四川省公布的餐饮浪费典型案例显示，部分餐饮店存在诱导消费者超量点餐，造成食物浪费的现象。某学校食堂甚至出现一顿餐食供应结束后，倾倒剩饭剩菜约 500 斤的现象。《法制报》公布的一批餐饮浪费典型案例中有餐厅借营销之名吸引顾客进行"大胃王挑战"，挑战失败后造成的剩饭剩菜全部倾倒，导致大量食物浪费，同时也使得生活垃圾增多，破坏了生态环境。

第四章 四川落实粮食安全政策的绩效评估

结合粮食安全的双重属性以及三重均衡，并考虑各项粮食安全政策的多重目标性和深度互动性，在本章中，将通过相对绩效评价方法对四川省粮食安全政策的实施绩效展开评估。本章利用 2008—2020 年同粮食安全状况和粮食安全政策实施绩效密切相关的宏观数据①，构建了包括中国 13 个粮食主产区省份在内，共 30 余项具体指标的粮食安全政策实施绩效指标评价体系。然后利用该指标体系，从生产安全、储备安全、流通安全和消费安全四大维度对四川省的粮食安全状况展开多方位评价，从而为四川省客观综合评估粮食安全政策的实施绩效以及进一步优化与"天府粮仓"建设相关的政策提供参考和依据。

一、粮食安全政策绩效评估指标体系构建

（一）政策绩效评估指标体系构建的原理和方法

1. 政策绩效评估指标体系构建的原理

本指标体系的构建主要采用相对绩效评价方法，选取中国另外的 13 个粮食主产区省份（河北、内蒙古、黑龙江、吉林、辽宁、江苏、安徽、江西、山东、河北、河南、湖北和湖南）的粮食安全状况作为四川省粮食安全政策实施绩效评价的参考体系。此外，在评估中不仅比较了粮食主产区省份之间的横向绩效，还从时间维度上展开了纵向评估，从而形成了对四川省粮食安全政策绩效的多维分析。

---

① 该数据 3 年 1 组，2023 年的数据尚未公开发布。

2. 政策绩效评估指标体系构建的方法

本研究使用 CRITIC 方法构建指标体系的权重矩阵。借鉴相关研究经验，采用综合指数法将各项指标进行加权求和，分别计算各个指标层次以及最终"粮食安全"总层次的综合指数得分[1]。在此之前，为解决各指标变量之间衡量单位不一致问题，利用 MIN-MAX 标准化方法对各项指标进行了标准化处理。在包含 n 个指标的某一体系中，指标 i 的权重 w_i 计算公式如下：

$$w_i = \frac{C_i}{\sum_i^n C_i}, \ i = 1, \ 2, \ \cdots, \ n$$

$$C_i = \sigma_i \sum_j^n (1 - r_{ij}), \ i = 1, \ 2, \ \cdots, \ n$$

其中，σ_i 为指标 i 的标准差，r_{ij} 为指标 i 与指标 j 之间的相关系数。

（二）数据来源

考虑到数据完整性和可得性，本研究从 2008 年至 2020 年期间，每三年选取一组中国十三个粮食主产区省份的宏观面板数据进行分析。相关数据的主要来源包括历年国家各部门、各机构以及十三个粮食主产区省份统计年鉴、2016 年第三次全国农业普查公报等公开资料。针对其中某些指标的数据缺失问题，本研究首先通过检索国家及各省市政府官方网站发布的公开统计资料对数据进行补充。其次，本研究对各省历年统计公报和政府工作报告进行了文本分析。再次，对仍然存在的个别缺失数据进行了适当的插补。最终，本研究建成了 2008—2020 年十三个粮食主产区省份，包含三十余项评价指标的粮食安全政策绩效的省级面板宏观数据库。

（三）指标体系构建

如表 8 所示，本研究构建起了衡量四川省粮食安全政策实施绩效的四级指标体系。总体层为"粮食安全"，代表了某一省份粮食安全的总体水平，数值越大，代表该省份粮食安全指标体系得分越高，粮食安全政策实施的绩效也越好。在第二层级中为粮食生产安全、粮食储备安全、粮食流通安全和粮食消费安全四个环节[2]。第三层为各个环节的具体方向，基础

---

① 杨建利，雷永阔. 我国粮食安全评价指标体系的建构、测度及政策建议 [J]. 农村经济，2014（65）：23-27.

② 蔡海龙，吕之望，马铃，等. 全面准确把握大食物观科学内涵 [J]. 农村. 农业. 农民（B 版），2023（4）：5-6.

层则为具体的衡量指标，共 32 项。

表 8　粮食安全政策实施绩效指标体系

总体层指标	二级指标	三级指标	基础层指标	指标属性
粮食安全	生产安全	数量安全	粮食总产量	正向
			粮食播种面积	正向
			耕地面积	正向
		持续性安全	农用化肥施用量	负向
			农药使用量	负向
			地膜使用量	负向
		要素投入安全	农用机械总动力	正向
			有效灌溉面积	正向
			每亩总成本	负向
			农业生产资料价格总指数	负向
			农村用电量	正向
		基础设施建设安全	农村居民个人固定资产投向农业数量	正向
			高标准农田示范工程	正向
			水土流失治理面积	正向
			农业综合开发县总数	正向
			农村宽带接入用户	正向
			农业气象观测业务站点数	正向
		社会支持安全	农林水事务支出	正向
			农业保险收入	正向
			农业保险赔付支出	正向
	储备安全	粮油物资储备安全	粮油物资储备管理事务支出	正向
		人力资本发展安全	粮食行业取得国家职业资格证书人员人数	正向

表8（续）

总体层指标	二级指标	三级指标	基础层指标	指标属性
粮食安全	流通安全	调控安全	国有企业原粮收购量	正向
			国有企业原粮销售量	正向
		供应链安全	乡道里程数	正向
			村道里程数	正向
		加工安全	粮油加工产品大米产量	正向
			粮油加工产品小麦粉产量	正向
			粮油加工产品食用植物油产量	正向
	消费安全	消费结构安全	粮食人均占有量	正向
			副食人均消费量	正向
		价格安全	粮食类居民零售价格指数	负向

为了进一步反映四川省粮食安全"效率与公平""行政与市场""经济与社会"三重均衡的表现情况，本研究在上述指标体系的基础上进一步拓展，并同样采用相对绩效分析方法展开评价。某一省份的某一重均衡水平通过该重均衡两项指标之间位次差异来反映，若相对绩效越接近，则说明该省份在该重均衡方面表现越好。具体方法如下。

（1）效率与公平。在粮食安全政策的效率指标构建上，选择消费结构安全中的"居民粮食人均占有量"和价格安全指标进行合成。公平指标通过城镇居民和农村居民的主粮及肉类消费量之比衡量。

（2）行政与市场。行政指标用一省农林水事务支出同该省当年财政总支出之比衡量。市场指标通过"合作社统一组织销售农产品总值"体现[①]。

（3）经济与社会。经济指标选择"农村居民家庭人均可支配收入"和"粮食作物总产值"两项指标。社会指标综合考虑社会安全、环境保护和社会公平，选取"公共安全支出""粮食生产农药化肥用量"同前述公平指标进行合成。

---

① 农业农村部农村合作经济指导司，农业农村部政策与改革司. 中国农村经营管理统计年报（2022年）［M］. 北京：中国农业出版社，2023.

二、四川省落实粮食安全政策的绩效评价结果

（一）粮食安全政策总体绩效情况

首先，利用上一节的绩效评价体系，本研究得到了四川省粮食安全政策绩效的总体得分以及其在粮食主产区省份中的相对位次变化情况，结果如表9所示。从时间维度来看，四川省粮食安全相对绩效出现先上升后下降的趋势，且波动较大。从2014年开始粮食安全状况持续好转，上升到粮食主产区省份中的中上游位置，但是在2020年出现了一定下滑，在粮食主产区省份中居于中游偏下位置。

其次，分别考察每一年的绩效情况。从总体绩效的得分情况角度看，四川省同处于领先位置的省份之间仍然存在不小的差距。同各年中表现最好的省份相比，所考察年份中四川省分别落后51.51%，46.94%，35.95%，38.75%，41.30%，这表明四川省的粮食安全政策仍然存在一定的提升空间，但是也应当看到，尽管2020年相对位次表现有所下滑，但是得分差距并未出现严重扩大，这表明总体而言粮食安全政策绩效仍有一定程度的提升。

表9 2008—2020年粮食主产区省份粮食安全总体得分及相对位次

省份	2008年		2011年		2014年		2017年		2020年	
	总体绩效	相对位次	总体绩效	相对位次	总体绩效	相对位次	总体绩效	相对位次	总体绩效	相对位次
四川	0.3499	7	0.3477	7	0.4502	5	0.4910	4	0.3529	9
河北	0.2781	10	0.2939	9	0.3806	9	0.2478	13	0.3310	10
内蒙古	0.4206	5	0.3871	6	0.3471	10	0.3056	11	0.2976	11
辽宁	0.2476	11	0.2858	10	0.2733	12	0.3225	10	0.2214	12
吉林	0.5410	3	0.4534	4	0.4871	3	0.6499	2	0.4426	4
黑龙江	0.7215	1	0.6553	1	0.7030	1	0.8017	1	0.5022	3
江苏	0.4114	6	0.4532	5	0.4902	2	0.4830	5	0.5059	2
安徽	0.3424	8	0.3213	8	0.4364	7	0.5238	3	0.4128	6
江西	0.2188	12	0.2428	12	0.2713	13	0.2817	12	0.1976	13
山东	0.4220	4	0.5393	2	0.4649	4	0.3717	8	0.4135	5

表9（续）

省份	2008 年		2011 年		2014 年		2017 年		2020 年	
	总体绩效	相对位次	总体绩效	相对位次	总体绩效	相对位次	总体绩效	相对位次	总体绩效	相对位次
河南	0.551 9	2	0.525 2	3	0.281 9	11	0.481 5	6	0.601 2	1
湖北	0.339 0	9	0.272 0	11	0.436 9	6	0.390 6	7	0.387 1	8
湖南	0.172 9	13	0.188 2	13	0.398 9	8	0.363 6	9	0.399 0	7

（二）粮食安全政策分级绩效情况

表10展示了各年份在第二、三级指标层的粮食安全政策的绩效情况，表中数字为四川省在粮食主产区省份中的相对位次，数字越小排名越靠前。

表 10 四川省粮食安全绩效评估结果（相对位次）

项目	2008 年	2011 年	2014 年	2017 年	2020 年
生产安全：	3	3	3	3	6
数量安全	4	4	5	8	7
持续性安全	8	7	7	10	10
要素投入安全	7	11	10	9	13
基础设施建设安全	1	4	5	1	1
社会支持安全	1	1	1	1	3
储备安全：	9	10	9	8	7
粮油物资储备安全	6	6	5	5	5
人力资本发展安全	7	8	7	8	7
流通安全：	6	6	6	7	11
调控安全	11	11	11	11	10
供应链安全	1	1	1	2	1
加工安全	10	10	11	11	11
消费安全：	10	9	3	1	5
消费结构安全	13	13	5	5	8
价格安全	6	8	3	1	5

237

在生产安全维度。2017 年之前四川省粮食生产安全稳定位于第 3 名，但是在 2020 年则出现一定程度的弱化，相对位次由第三位下滑至第六位，这在一定程度上影响了四川省粮食安全总体绩效的表现。但是四川省粮食生产安全仍然能维持在主产区省份中游位置。从细分指标来看，基础设施建设安全和社会支持安全相对而言表现较好。基础设施建设安全在经历了短暂小幅度下滑后继续维持领先位置。社会支持安全也始终在主产区省份中保持领先，但在 2020 年出现较小幅度下降。数量安全及持续性安全均处在中游或中下游位置，但其排名同样在 2017 年和 2020 年出现不同程度的下降。要素投入安全在粮食生产安全相对绩效中表现相对较差，且呈现出与其他粮食主产区省份差距进一步拉大的趋势，应成为今后政策重点关注的方向。

在储备安全维度。四川省粮食储备安全情况及其细分指标在相对位次上均居于主产区省份的中下游，但正在稳步转好。粮油物资储备安全稳定在 5~6 名的位置。人力资本发展安全指标在 7~8 名之间小幅波动，这表明四川省人才建设尚存在一定的提升空间。

在流通安全维度。总体而言，四川省粮食流通安全在粮食主产区省份中处于中游位置，但受到调控安全和加工安全两项指标的影响，在 2020 年出现了一定的下降。同其他粮食主产区省份相比，四川省粮食加工安全和调控安全承压较为严重。四川省在供应链安全方面持续处于全国领先位置。四川省乡道、村道里程数在粮食主产区省份中持续处于领先，显著增强了四川省粮食流通能力[1]。

在消费安全维度。四川省粮食消费安全相对绩效在 2014 年取得显著进步，二级指标及三级指标都从下游位置跃升到上游乃至领先位置，尽管2020 年出现了一定程度的下滑，但整体而言仍然是四大维度中进步最为显著的部分。这和其两项三级指标变动趋势都密切相关。尽管 2020 年出现一定波动，但是消费结构安全名次提升较为显著。价格安全表现相对较好，从 2014 年开始进步明显，但是同样在 2020 年出现了一定下降。2020 年的结果表明，为应对不利的粮食外部供求冲击时，四川省尚需要提升紧急情况下维护价格稳定的能力。

① 尚永高，陈家明，陈思燕. 自贡自流井区：落细"三抓联动"助力产业转型升级［N］. 四川经济日报，2022-5-6（3）.

（三）从三重均衡视角审视四川省落实粮食安全政策的绩效

通过分别计算三重均衡涉及的六方面指标的得分情况，并利用相对绩效评估法进行评估，表11展示了四川省相应的位次情况。从表中可以看出，从效率与公平角度来看，四川省总体位于中上游位置，且两者之间保持相对均衡状态。这说明，四川省的粮食市场能够在一定程度上发挥价格机制对供给和需求的调节作用，粮食安全政策并未对市场造成严重的资源配置扭曲和效率损失，粮食安全政策在解决居民粮食消费不公平方面发挥了积极的作用。

表11　四川省粮食安全政策绩效在三重均衡方面的表现

指标	四川	河北	内蒙古	辽宁	吉林	黑龙江	江苏	安徽	江西	山东	河南	湖北	湖南
效率指标	6	9	1	11	2	4	5	8	12	13	3	10	7
公平指标	6	9	1	8	13	4	3	2	7	5	11	10	12
行政指标	5	9	2	12	3	1	13	4	7	11	8	10	6
市场指标	5	8	9	12	13	11	6	10	7	1	2	4	3
经济指标	13	8	7	9	11	2	1	5	12	3	4	10	6
社会指标	2	6	3	4	10	7	1	8	5	11	13	9	12

行政与市场方面。四川省在行政与市场指标的相对绩效表现居于中游位置，且两者之间维持相对均衡状态。从行政指标上来看，四川省在农业方面的财政投入占财政总支出的比重居于粮食主产区省份中的中游位置。在市场方面，合作社统一组织农产品销售总额的增加在一定程度上有利于以粮食为代表的农产品市场的完善。行政和市场接近的相对位次则说明四川省总体上保持了行政与市场的均衡。

经济与社会均衡中，四川省的粮食安全相对绩效则表现出较大的不协调状况，且经济指标表现相对较差，但社会指标居于领先位置。与经济指标领先的省份比较，江苏省作为东部沿海的发达省份，经济发展状况位于全国前列，其社会发展也在本绩效评价体系中表现突出，因此江苏省实现了经济与社会在较高水平上的均衡。四川省经济与社会均衡的较低水平可能由于同发达省份相比，其在农村经济发展方面仍然存在一些差距和不足。结合构成经济指标的具体内容来看，四川省未来应当着力提升粮食经营农户的种粮收益，拓宽农户的收入来源渠道，多方位提升农户的收入水平。

三、四川省落实粮食安全政策的总体评价及未来优化路径

从上述分析可知，虽然四川省既有的粮食安全政策效力正在不断持续显现，但在近年来也持续面临较大压力，部分粮食安全政策还存在一定的优化空间。

（一）创新优势政策，助力巩固夯实粮食安全基石

四川省在基础设施建设安全、社会支持安全和供应链安全的所有考察年份均表现突出，持续居于领先位置。分析其背后的政策，为提升粮食生产的基础设施建设安全，四川省深入落实"藏粮于技"和"藏粮于地"，在保证粮食种植面积的同时，注重耕地质量的改善。在对农村的社会支持上，四川省统筹协调省级财政和地方各级财政，加大支农扶农力度，农林水事务支出保持在合理较高水平。四川省加快农业保险高质量发展，在扩大保险覆盖范围的同时降低农户的保险税费负担，合理制定农业保险保费补贴管理办法。对于供应链安全，四川省大力发展农村仓储、冷链、物流、电商等行业的发展，有效推动了农村产业升级。综合来看，以上政策成效显著，相关指标表现优秀。在总结优良经验的基础上，四川省可以从加快农业基础设施建设向数字化、信息化方向发展转型；从做好粮食生产和流通的现代化转型；从以发展农业保险为基础发展农村普惠金融等方面入手，引领政策创新，不断夯实粮食安全基石。

（二）把握重点政策，提质增效筑牢粮食安全屏障

部分政策虽然在一定时期对四川省粮食安全作出了突出贡献，但是其效果存在一些波动，因而需要及时优化调整以保证其适应粮食安全复杂形势的变化，这些政策是影响四川省粮食安全的重点所在。从政策绩效中可以看到，粮食生产环节的数量安全及持续性安全曾出现了阶段性弱化，但是最近一个考察期出现了一定的扭转或保持稳定。储备环节的粮油物资储备安全和人力资本发展安全正在逐渐进步，而消费环节的消费结构安全和价格安全却在提升之后出现了一定的下降趋势。

农业支持保护补贴在未来的政策调整中应当注重补贴对象的精准性，

使之能有效发挥保障粮食生产的功能。持续性安全指标的发展趋势表明四川省各类绿色农业和可持续农业的政策在实施上仍需落实。粮油物资储备安全和人力资本发展安全两项绩效均在持续进步，但是目前与发达省份仍然有一定的差距，如何促进四川省粮食行业人才培育和人才积累，加强四川粮食行业的知识密集程度是未来政策需要重点解决的一个问题。为保障消费结构安全，四川省出台了一系列防止粮食浪费的政策和规范，但可能需要提升落实效果。四川省可以对相应政策作出如下改进：一是大力发展新型粮食经营主体和建立健全粮食经营的农业社会化服务体系。二是坚持绿色农业的发展方向①。三是继续提升粮食行业的人才储备和人才培育能力。四是加大对消费环节粮食浪费的整治力度。五是建立应对突发情况的粮食价格调控机制。

（三）突破难点，着重发力补齐粮食安全短板

政策绩效评估结果也显示了四川省粮食安全仍然存在较大不足的方面，是四川粮食安全的短板，主要包括生产环节的要素投入安全，流通环节的调控安全和加工安全。要素投入安全一方面表明四川省农业机械化和农业现代化水平仍然有待提升，相关政策引导和补贴支持可能存在不足。另一方面也表明粮食生产面临较大的成本压力，因而可能造成对农业补贴政策的持续依赖。调控安全则从另一个方面反映了紧急情况下调控能力的不足。加工安全反映了粮食加工行业可能发展落后于发达地区。针对上述三个存在较大不足的难点，四川未来粮食安全政策的优化可以从以下几个方面展开：一是因地制宜推动农业机械化和农业现代化。二是平衡好粮食价格市场形成机制和行政调控之间的关系。三是大力发展粮食加工产业，扶持一批粮食加工企业发展。

---

① 钟钰. 从粮食安全看"藏粮于地"的必然逻辑与内在要求 [J]. 人民论坛·学术前沿，2022（22）：78-85.

第五章　四川保障粮食安全的
政策目标及基本原则

一、政策目标

在不同时期，粮食安全有着不同含义和不同标准，粮食安全政策目标也随着现实中宏观经济形势不断变化[1]。新形势下，粮食产业链、供应链不确定性增加，粮食安全从传统的食物供给问题上升为战略安全问题，超越了原本公共物品的领域，粮食属性变得多元化[2]。粮食安全政策作为建设"天府粮仓"农业政策的核心部分，政策制定实施需要进一步拓宽视角，审时度势，兼顾平、急两种情况，增强粮食产业链韧性。

（一）正常的经济社会条件下粮食安全的政策目标

一是要保证粮食生产的稳定进行。在生产要素方面，要严守耕地家底，注重增强土地利用总体规划刚性约束作用[3]，注重可持续农业粮食体系建设，保证代际之间的公平。通过合理轮作，提高土地质量和复种指数，从而提升单产能力，实现粮食生产效率与公平的目标均衡。从经营主体来看，农民作为粮食生产者，处于"牛鞭效应"最末端，掌握市场信息

---

① 周洲，石奇. 目标多重、内在矛盾与变革循环：基于中国粮食政策演进历程分析 [J]. 农村经济，2017 (6)：11-18.

② 朱晶，李天祥，臧星月. 高水平开放下我国粮食安全的非传统挑战及政策转型 [J]. 农业经济问题，2021 (1)：27-40.

③ 陈颖，李继志. 我国粮食生产支持政策的历史演变、现实迷失及政策优化 [J]. 农业经济，2021 (5)：3-5.

能力较弱，极易陷入蛛网困境①。因此，需要提高粮农种粮的比较利益，深入调研粮农合理诉求，通过政府调控和市场机制均衡运行，保障农民在种粮上不吃经济亏，增强农民种粮积极性。从粮食产销区域来看，要注重不同区域粮食供需平衡，尤其是平衡好粮食主产区、主销区之间利益，建立好粮食主产区补偿机制，提高粮食主产区的种粮积极性。

二是要保证粮食储备的合理轮换。粮食储备具有公共产品的属性，在具有安全储备的后备性质外，也具有作为周转储备的商业性质②。这就决定了粮食储备安全责任不能完全依靠市场，也需要政府加以矫正，对预防市场失灵承担起更多的责任。基于储备粮储量需要动态调整，储备点要强化粮食流通的统计管理工作，增强调控工作的前瞻性和精准性，通过对粮食市场信息进行监测预警，合理引导社会预期，促进粮食收购工作的顺利进行。通过合理分配政策粮和市场粮储量，及时推陈出新，适时轮换，政府财政对轮换盈亏兜底的同时，可利用市场竞价销售、定向销售等措施进行库存消化，保证粮食储备在数量和质量上双量齐增③。并鼓励增加商业储备和民间储备，"官方"储备和"民间"储备都有后备储备和周转储备的作用④。

三是要保证粮食流通的有序实施。一方面，立足于四川省各地方粮食品种结构与市场的需求度及相关性，增强当地市场敏感度高的粮食品种的收储，从而提高流通效率。另一方面，利用现有的交通设施条件和现代科学技术更新改造粮油基础设施，在坚持以保障粮食安全为前提下，建设粮食流通基础设施要尽可能谋求兼得化，不仅能够在正常社会运行状态下使用，紧急状态下作用也能得到充分发挥，以此来提高使用效率。因此，政府要整合专项资金用于加强流通基础设施建设，建设粮食专用通道，平急两用。同时加强区域合作联系，利用成渝经济圈的发展红利，加强与邻省、邻市以及本地区粮食主产区和主销区之间的合作，建设一批粮食物流

---

① 周洲，石奇. 市场扭曲、目标多重与"三量齐增"：关于我国粮食价格政策改革的理论思考 [J]. 价格理论与实践，2017（1）：67-69.

② 卞靖，陈曦. 新时代粮食安全保障需提升三重能力：基于对粮食"三重属性"的分析 [J]. 宏观经济管理，2020（12）：17-23，30.

③ 李雪，吕新业. 现阶段中国粮食安全形势的判断：数量和质量并重 [J]. 农业经济问题，2021（11）：31-44.

④ 蒋和平，朱福守. 我国粮食储备管理现状和政策建议 [J]. 中国农业科技导报，2015，17（6）：8-14.

节点。节点就是枢纽与市场，能够有效提高粮食流通率。着重发展"四散化"粮食现代物流体系，粮食布局尽可能扩面化，覆盖周边尽可能多的地区，降低正常社会状态下的流通成本，提高粮食流通效率，也能保障紧急突发状态下各地区间及时调粮①。

四是保证粮食消费的正常开展。随着生活水平提升，人们的饮食需求已经由原来的"粮菜型"转变为"粮肉菜果"多元型，对于粮食质量安全问题也越来越关注。因此，要坚持"大食物观"，均衡饮食结构，丰富粮食品种②，同时严格落实粮食质量安全工作，严防不合格粮食产品流入口粮市场，坚持把优质粮食从农田端到餐桌。此外，四川省作为产酒大省，工业用粮消费量巨大，饲料粮需求也因畜产品需求增长，呈现紧张态势。政府部门要积极举措，不仅口粮能够正常消费，其他用途用粮消费需求也要兼顾，保障各种用途粮食都能正常消费。

（二）紧急突发状况下粮食安全的政策目标

速水佑次郎将粮食紧急危机分为四大类，一是战争或者自然灾害导致的偶发性危机，二是气候变化导致的粮食歉收的周期性危机，三是贸易制裁或者粮食禁运导致的政治危机，四是人口增长过快导致的马尔萨斯危机。四川省因为地理位置的特殊性，自然灾害较多，在紧急突发事件发生后，四川省各层面要能够及时根据突发事件初判级别、预期影响后果和本级应急处置能力等，综合研判确定本层级是否启动响应和启动响应的级别及采取的应急处置措施，具体见表12。

表12　风险等级划分及分级标准

风险等级	分级标准
特别重大	省内7个以上市（州）出现粮食应急状态情况，存在粮食供应困难、脱销断档、粮价大涨或大肆抢粮等问题
重大	2个以上市（州）或者省会城市（成都）出现粮食应急状态的情况，出现粮食应急状态情况，存在粮食供应困难、脱销断档、粮价大涨或大肆抢粮等问题

①　张书冬. 不忘初心、牢记使命，做好四川新时代粮食流通工作 [J]. 粮食问题研究，2017 (6)：4-8.

②　李国祥. 新时代国家粮食安全的目标任务及根本要求：学习习近平关于国家粮食安全论述及十九届六中全会相关精神的体会 [J]. 中国农村经济，2022 (3)：2-11.

表12（续）

风险等级	分级标准
较大	1个市（州）出现粮食应急状态情况，存在粮食供应困难、脱销断档、粮价大涨或大肆抢粮等问题
一般	1个以上县（市、区）出现粮食应急状态的情况，出现粮食应急状态情况，存在粮食供应困难、脱销断档、粮价大涨或大肆抢粮等问题

注：内容来源于《四川省突发事件总体应急预案（试行）》（川府发〔2021〕5号）。

一是粮食生产要具有可持续性与应急性。此时要着重依托在正常社会状态下建立起来的上下信息反馈机制，用来指导粮食生产。规划的应急粮田应着重使用生产周期短、复种指数高的粮食品种，保证粮食尽快生产能够及时用于供应，同时也要注重循环、梯次利用，提高粮食综合利用率。

二是粮食储备具有稳定性与充足性。政府要严格落实四川省《粮食应急预案》，通过精准研判风险等级，对紧急突发事件进行风险防控、应急准备工作，并做好监测预警和恢复重建等工作。在紧急突发事件发生以后，要建立好各部门的应急工作协调会商机制，以此减少具体工作中的沟通协调障碍，加强粮源组织调度，合理利用正常状态下所规划的粮食储备点布局优势进行粮食调运，按照公平原则对不同地区有序投放，在重点地区和重要时段做好粮食供应工作，确保当地粮食供应充足，能够保证每个人都能得到维持生存健康所必需的口粮①。必要时，政府可有偿征用粮食经营者粮食，企业、私人商贩此时也要积极主动加入应急工作，以社会效益为重，服从政府管理安排，履行社会责任。

三是粮食流通具有快速性与可达性。在紧急状态下，四川省应急管理厅要快速成立关于粮食流通的应急工作指挥部，一方面，牵头好交通部门和粮食储备部门等，做好粮食库源选择、调运路线等工作。按照储存安全、相对集中、调度便利的原则，围绕重点地区布局，保障粮食正常供应。另一方面，依靠现有信息流、物流平台，利用遥感等技术完善应急商品投放网络建设，协调好交通部门，准备调度应急运力，做好应急粮食的运输组织工作。抢修因突发事件遭到损坏的交通、水利、通信等公共设施，对于短时间难以恢复的，制定实施临时过渡方案，必须优先保障社会生产生活基本需要。

---

① 蒋和平，杨东群，王晓君. 新时代我国粮食安全导向的变革与政策调整建议［J］. 价格理论与实践，2018（12）：34-39.

四是粮食消费具有保障性与公平性。紧急突发事件发生后，要按照公平原则全方位做好群众的基本生活物资消费保障工作，对于受灾地区，能够提供食品、饮用水、衣被、燃料等基本生活物资，建设好群众临时住所，必须保障好人们基本口粮的绝对安全，保证人人有饭吃。根据不同地区风险等级情况，合理投放国家储备粮食，必要时，实施粮食限量、限价销售和供应等应急措施。

二、基本原则

尽管在建设"天府粮仓"的不同时期粮食安全政策目标有所不同，但是在制定粮食相关政策目标时皆应该坚持"均衡原则"。在正常经济运行情况下，坚持市场主体作用，政府进行一定程度监管，同时为紧急情况做必要规划；在紧急突发情况下，政府主体作用强化，市场要服从安排，始终把保障公众生命安全作为主要任务，按照公平原则来统一调度使用应急资源，建立完善高效的协调联动机制，快速反应、高效有序应对紧急突发事件发生[1]。

（一）正常情况下"效率优先，兼顾公平"

在社会经济正常运行背景下，坚持市场为主，政府为辅的均衡运行机制。通过正常发挥市场配置资源的基础性作用，平衡粮食主产区主销区利益、粮农与非粮农利益，提高粮食经营主体种粮积极性。在粮食消费结构方面要做到价值均衡，在满足基本口粮问题基础上，适应现阶段多样化的饮食需求，工业用粮、饲料粮等用途需求也能得到满足，社会效益与经济效益齐增[2]。在粮食生产要素方面，不单纯追求粮食产量，也兼顾生态平衡，提高耕地质量，注重可持续发展，保证代际之间公平[3]，以此实现兼顾效率与公平的目标均衡。同时加强市场信息预警，"两只手"协调配合，

① 湛礼珠. 政府计划到市场调节：粮食价格政策演变及启示 [J]. 价格月刊，2021（12）：10-17.

② 仇焕广，雷馨圆，冷淦潇，等. 新时期中国粮食安全的理论辨析 [J]. 中国农村经济，2022（7）：2-17.

③ 赵予新. 我国粮食政策优化的目标和重点任务 [J]. 经济纵横，2016（9）：78-83.

提高市场和行政效率，减少粮食市场价格波动。

（二）紧急情况下"公平优先，兼顾效率"

在紧急突发情况下，坚持政府为主、市场为辅的调控机制，粮食的经济职能必须服从于社会职能。按照公平优先的原则，坚持以保障人人有饭吃为底线，分配应急储备粮食。在储备粮源出现紧张状态时，坚持按逐级动用原则调度政府粮食储备来进行应急供应。原本地方承接储备任务的企业和商贩应主动履行社会责任，坚持政府统一领导、社会整体联动，动员社会力量广泛参与，形成以专业应急救援队伍为主力，以驻川解放军和警队力量为突击，以各类社会力量为辅助的应急组织体系，快速反应、协调联动，有序应对突发事件。

第六章 四川保障粮食安全的政策体系建构：基于产业链的视角

粮食安全涉及粮食生产、储备、流通、消费等多个环节，本章基于粮食产业链的视角，讨论如何从粮食生产、储备、流通与消费环节来构建保障粮食安全的政策体系，才能够更加明确地落实"天府粮仓"建设过程中各环节、各主体的粮食安全责任。

一、粮食生产政策

一是保护和调动粮农粮食种植积极性，落实粮食种植面积。从当前情况来看，粮农仍大多保持传统的以自需为目的的生产取向，必须将粮农的生产潜力从家庭内部释放出来，以适应现阶段粮食安全产量需求。在生产要素方面，要夯实土地资源基础，保护好耕地面积①。对于部分农村地区存在的土地撂荒现象，要加大土地流转力度，充分盘活闲置土地资源。同时，因为化肥等生产要素的过量使用，土地开始出现投入递减效益，耕地质量不断下降的情况，后备耕地资源不足的劣势突出。现阶段要注重土地可持续发展，通过发展绿色生态农业，提高耕地质量，在耕地面积有限的既定情况下，配合完善农业基础设施，推动复耕，实现农田姓农、良田粮用②。另外要发挥粮食生产功能区优势，在成都平原"天府粮仓"核心区重点发展水稻油料种养，盆地丘陵地区重点推广粮经作物生态立体种养，

---

① 李慧强. 关于防止"非粮化"政策演变、问题及建议的思考：基于政策文本的分析 [J]. 中国国土资源经济, 2023, 36（1）：26-33, 81.

② 潘海平, 张雄, 周评平. 夯实科技支撑确保粮食产能：强化四川省粮食安全保障的建议 [J]. 四川农业科技, 2022（10）：1-4.

盆地周边山区主要发展特色粮食和种养循环模式，攀西地区利用独特的光温气候条件优势，发展高档优质水稻和马铃薯等产业，川西北地区稳定好青稞面积，发展高原特色养殖，推动农牧循环发展，以此来提高农业综合生产能力[①]。同时，注重挖掘非耕地资源的利用潜力，为耕地资源释压，向非耕地要粮食，科学利用盐碱地等非耕地资源发展设施农业[②]。在生产补贴政策方面，推广实行粮食目标价格政策。粮食托市、临储收购价政策首先要通过中储粮或委托库点收购，农民在其中未必能够真正受益。而粮食目标价格政策则是将差价补贴直补给农民，减少了中间环节，补贴效率更高[③]。

二是完善粮食生产经营方式，着力培育新型农业经营主体和社会化服务组织，促进适度规模经营，将小农户与现代农业发展衔接起来。首先新型农业经营主体要加快组织化、规模化发展，转变自身个体发展的局限性[④]。种植大户等经营主体可带动粮农"抱团"发展，来实现规模化种植、信息共享和创新技术应用，提高农业增产增收潜能。其次，粮农生产性社会化服务组织要为粮农提供良种和生产技术，解决粮农耕种过程中遇到的真难题，在人力、物力和财力上减少粮农的种粮成本，提高种粮的比较利益。通过明确各粮食主产区生产性社会化服务供给主体的职能定位，建立"一主多元"生产性社会化服务供给结构，形成以政府为主导，市场力量广泛参与的多种方式并存的生产性社会化服务供给体系。粮食是属于国家的战略物资，是人民安居乐业的基础，所以政府要作为粮食生产性社会化服务供给的带领人，积极引导和鼓励涉农企业参与服务供给，给粮食产业注入新的活力。

三是加强粮油作物种子资源保护与利用。种子是农业生产的"芯片"，由于西南地区粮油作物机械化生产起步较晚，四川省宜机品种选育相对滞后，生产上缺乏宜机的粮油作物专用品种。而且因为地形等因素影响，种

---

① 林旭，谢纬. 农业机械化助力四川粮食生产高质量发展 [J]. 四川农业与农机，2023（1）：13-15，37.

② 樊胜根. 大食物观引领农食系统转型全方位夯实粮食安全根基 [J]. 农村·农业·农民，2023（4）：10-12.

③ 詹琳，蒋和平. 粮食目标价格制度改革的困局与突破 [J]. 农业经济问题，2015，36（2）：14-20，110.

④ 朱晶，臧星月，李天祥. 新发展格局下中国粮食安全风险及其防范 [J]. 中国农村经济，2021（9）：2-21.

植业结构复杂，经济作物品种多样，粮食作物套作普遍。因此，种子选用要从四川省不同地区土壤类型、水热条件、耕作制度等方面考虑，进行适配性研究。针对碎片化的丘陵种植区域，应加以改造，建成宜机农田，采用宜机的优良作物新品种，通过应用先进的栽培管理技术和农业生产机械进行生产过程管理，提高优质粮食产量①。同时依托农业科研院所以及农技推广部门，打造西南种子中心，攻关种源"卡脖子"难题，攥紧用好"中国种子"，把握住粮食安全的主动权，推进育种技术走上新台阶。在推广良种过程中，最大的问题是农户购买种子时的供需信息不对称。农户面对复杂的种子市场时，种子的商品特性使农户无法通过种子预判其产量和质量。农户挑选种子往往是凭借自身种粮经验、亲友介绍或者听信种子经销商的宣传引导，而有些经销商为了营利，诱导农户购买利润高的品种，从而影响优质高效的粮油作物新品种的推广。因此，政府要组织农业农村主管部门对选用的粮油作物种子进行现场实打验收、科学评估，选出主推粮油作物新品种，并将主推粮油作物新品种予以公示和宣传，促使粮油作物新品种更新换代，使粮油作物新品种展示在农户面前，打破信息差，帮助农户及时准确地掌握粮油作物新品种的优良特性。最后要切实维护好种子研发企业的合法利益，加强对种子知识产权的保护，对市场上制售假种、套牌侵权等违法行为进行严厉打击，净化种子市场秩序。

四是推动粮食产业转型升级，在保障粮食生产安全的基础上适应消费者需求变化。依托四川省省级产业体系建设，打造标准化生产基地和完善农业全程农事综合农事服务，不断健全农产品质量追溯体系，培育出一批地域特色突出的区域公用品牌，打响"川"字号农业金字招牌，实现四川省农产品优质优价转型。在以提高粮食生产能力为重点工作的基础上，突出生态农田建设，围绕低碳循环，以绿色生产推动粮食产业转型升级。通过秸秆还田再利用、动物粪污资源化利用，发展沼气资源、有机化肥等相关产业，充分发挥资源补缺和产业关联效应，促使上下游产业实现联动②。一方面，政府要积极对接，提升农业生产领域的技术效应，发挥农业园区集聚农业生产要素的优势，推动生产要素对流，改变传统劳动密集型的农

---

① 杜志雄. 确保粮食安全，推进国家安全体系和能力现代化［J］. 中国农村经济，2022（12）：11-13.

② 张卫建，严圣吉，张俊，等. 国家粮食安全与农业双碳目标的双赢策略［J］. 中国农业科学，2021，54（18）：3892-3902.

业生产方式，逐步转变为技术密集型。在涉农生产数据方面，推进上下联通、共建共享。另一方面要引导粮食生产企业拉长产业链条，向粮油精加工方向转化，把四川省不同区域农产品差异性体现出来，错位竞争，成都平原以"西部粮谷"为核心，川南四市以"通江达海粮油产业集聚区"为核心，川东北地区以绿色生态粮油供给基地为核心，三州地区以特色粮油产业园区为核心，在保证口粮绝对安全的基础上，进行差别化发展，生产多样化的绿色优质的健康粮油产品，推动四川省特色粮油食品产业化，适应现阶段粮食和食品供给由"吃得饱"到"吃得好"的转变。

二、粮食储备政策

一是要合理规划粮食储备基础设施的布局，粮食储备点的合理布局能够有效减少粮食流转次数，降低粮食交易成本。依托四川省粮食直属储备库建立一级省级粮食物流枢纽，在加强对下属分库储备粮情监管的同时，根据本省粮食的生产量和市场需求量优化新建周转仓容，完善相应现代物流设施，提高流通效率。二是围绕四川省粮食主产区建立二级粮食物流枢纽，以川南地区的宜宾黄桶庄国家储备粮库、川北地区的广元国家储备粮库、川中地区的南充川北粮油批发中心、川东地区的达州国家储备粮库为依托，形成粮食主产区结构多样化、联结省内外的物流框架体系，整合周边仓储库房，建立四散化的设施平台，发挥各自的辐射和吸纳作用。三是围绕市州物流配送中心建立三级物流枢纽，在市、州政府所在地中心城市的物流配送中心附近，布局一批粮食储备点，既有利于应急流通准备工作展开，又能够有效提高政府行政效率。甘孜、阿坝、凉山自治州地区，地震等自然灾害频繁，且人口居住分散化现象普遍，相对于川内其他地区而言，粮食储备点布局及建设难度大。短期来看，三州地区可合理利用地广人稀的高原优势，适度规模种植青稞、薯类等作物，在加强退牧还草等工作的同时，发展适度规模的养殖业，储备适当肉类。同时逐步完善这些条件困难地区的物流基础设施建设，既能够在正常条件下吸引更多的旅游资源，又能够在紧急突发情况下便于应急粮食供应，顺畅粮食流通渠道。

二是在国有粮食储备企业与非国有粮食储备企业之间进行储备规模、品种结构上的合理配置。仓廪实，天下安，政府、社会和农民等多方主体需要共同承担粮食储备责任，以此提高粮食供给韧性①。在全省要建成一个统一的粮食收购信息管理系统，本省的国有收储粮库能够实时监管非国有粮食储备企业收储工作，同时实现与市、县级平台业务数据互联互通，有效实时掌握非国有粮食储备企业粮食收购品种、数量、价格、质量等动态信息。针对收储企业可能出现的不良行为，能够尽早进行规范管理。鼓励在粮食储备点附近布局相关粮食加工企业，根据需要密化、细化粮食储备点和加工点，建立完整的粮食收储网络和加工点布局。另外，注重提升粮食储备点和当地粮食批发市场中品种结构与市场需求的相关性，储备一定量的粮食经济作物，增强市场敏感度高的粮食品种收储、适销对路，保障储粮安全的同时提高经济效益。

三是完善各级粮食储备的运营管理制度，理顺粮食流通监管体制和机制。为了提高粮食监管效率，四川省政府要建立分类分级监管机制，落实不同部门行政监管责任以及地方政府属地管理责任。对于各级粮食经营者储备活动要定期检查，重点检查收购资格，以及收购原粮是否符合国家标准和有关规定，是否建立粮食经营台账，执行国家粮食流通统计制度等②。关于政策性粮食收购销售工作必须面向全社会监管，完善粮食收购市场准入和退出制度，对于涉粮涉储违法行为，坚决零容忍，依法严肃查处。另外，要建设可视化监管系统，能够全面直观掌握地方各级粮食储备点粮食在库情况，并动员发挥群众力量，可借助于 12325 监管热线，举报相关不法行为，提高储粮管理的现代化水平。

三、粮食流通政策

一是建立健全粮食仓储、加工、批发、零售等流通环节基础设施。一方面，储备库中的粮食在任何时点都要保质保量，适时轮换更新，轮换出的粮食要通过粮食市场参与市场运作，实现低成本的轮换更新。粮源可以通过粮食批发市场进行购进，也可以与农民签订粮食订单进行收购。针对

---

① 曹宝明，黄昊舒，赵霞. 中国粮食储备体系的演进逻辑、现实矛盾与优化路径 [J]. 农业经济问题，2022（11）：25-33.

② 吴国勇. 新形势下粮食行政管理部门的职能定位 [J]. 中国粮食经济，2017（9）：36-37.

部分地区仓容不足等问题，通过给予贷款优惠等措施鼓励增加社会储备①。新建储备仓库在正常社会状态下可进行对外租用，签订代储合同，既增加了储备粮仓容又有助于企业增加经济收益，减少还贷压力。种粮大户可以将生产出的粮食抵押给粮食收储公司，政府给予一定贴息的贷款，也可以以粮食保护价格直接出售给粮食收储公司，种粮大户不仅能够获得再生产资金，而且也稳定了用于储备的粮源。在加工环节，鼓励相关粮食加工企业进行粮食精加工，政府定点发展一批粮食加工厂，负责统筹正常和应急情况下粮食的快速优质加工工作，重点高质量打造"成绵广德眉乐"粮食加工产业带，发挥好辐射周边的作用②。在批发环节，在搭建粮食信息化物流网络基础上，推广粮食散化流通技术，配套专用的运粮汽车、火车专列等散粮运输工具，提高粮食"四散化"运输水平，以便紧急突发情况时推进粮食"四散化"流通作业③。在零售环节，要注重做好粮食质量安全工作，通过建立可追溯的质量安全责任机制，落实粮食安全责任，在更广泛的意义上确保粮食安全。

二是统筹正常状态下与紧急状态下的粮食物流运输与分发保障机制。无论是在正常情况还是在紧急情况下，都要加强区域联系，以便粮食流通工作的展开。现阶段，成渝经济圈区位优势明显，而且中欧铁路和长江水道贯穿四川本省，粮食流通的区域合作更具有优势，要主动融入"北粮南运"的粮食流通格局中来。正常社会状态下，政府主要围绕粮食流通基础设施建设工作来展开，同时做好日常维护以及培训演练等工作，预防紧急事件发生。尤其是做好粮食应急加工、应急供应、应急储运工作，在出现粮食应急状态能够第一时间立即作出反应，及时报告上级有关情况并迅速采取相应措施应急。在紧急状态发生后，坚持省政府统一领导，通过研判粮食安全风险等级，应急工作由省和市、州三级人民政府按照粮食事权各负其责，具体流程见图6。

---

① 王国敏，张宁. 中国粮食安全三层次的逻辑递进研究［J］. 农村经济，2015（4）：3-8.

② 张书冬. 做好新时期四川粮食流通工作的几点指导建议［J］. 粮食问题研究，2018（2）：4-12.

③ 张应良，徐亚东. 新形势下我国粮食安全风险及其战略应对［J］. 中州学刊，2023（3）：52-61.

紧急情况发生

分级负责
属地为主

事后信息监测与传达　紧急事件上报　事发地预先处理

信息研判，确定等级

特别重大、重大风险等级：省政府指挥应对，省粮食和
储备局牵头组织指导协调或者具体组织应对。
较大风险等级：本级辖区迅速启动市级粮食应急响应。
一般风险等级状态：应迅速启动县粮食应急响应

做好信息发布工作，正确引导社会舆论

应急管理厅统筹部署

启动应急预警

启动应急响应

成立应急指挥部，负责组织、协调、指导、应对粮食
应急事件，协调好四个环节应急工作

事态控制

否

重新研判确定等级
逐级启动应急响应

是

应急结束，做好重建工作

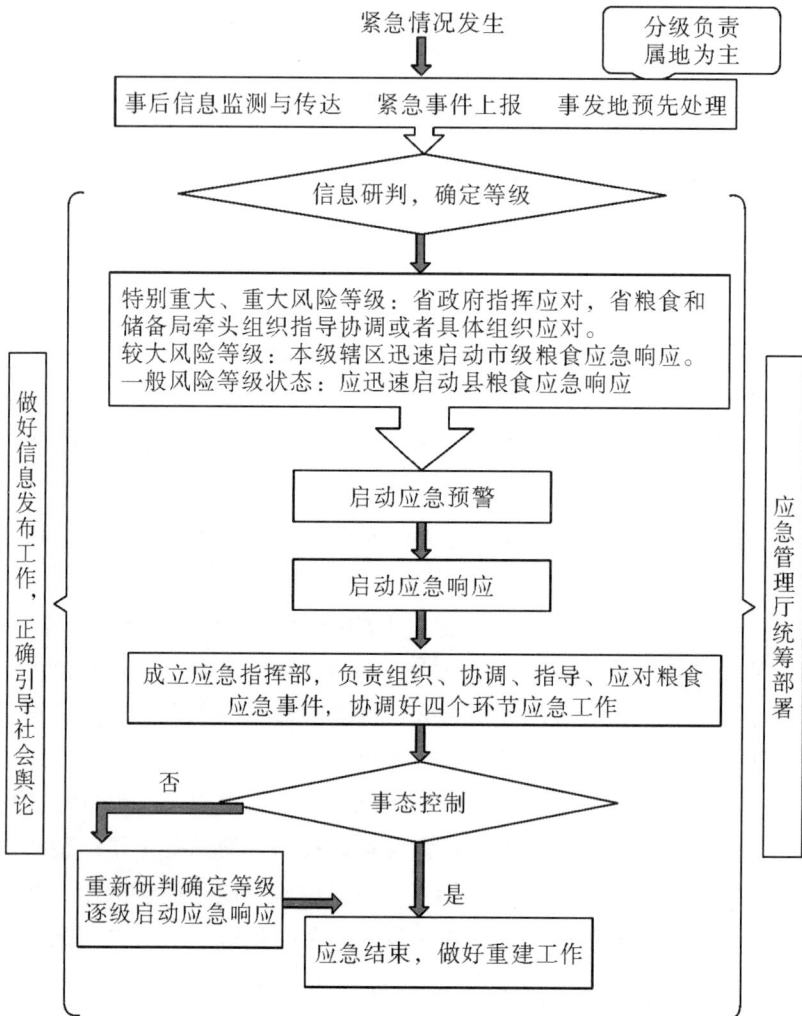

图6　粮食应急工作流程

新闻部门及时组织发布相关新闻，正确引导舆论走向，收集掌握有关粮食供求信息。对此时在粮食经营中投机、囤积等扰乱粮食市场的不法行为依法进行严厉打击，加强粮食应急措施的监督检查。

三是运用现代信息技术手段优化粮食流通环节，实现产销之间的合理对接。重点支持"川粮网"等优质电商平台建设，促进粮食各经营主体通过开展网上粮店新零售业态，将粮食生产由传统的以产品为中心转变为以市场为生产导向。利用电商经营的大数据技术，分析粮食网络零售交易整

体状况,以及消费者的粮食品种喜好、消费关注点、市场区域分布等交易特征,有针对性地提供适销对路的粮食品种,以需定产,合理安排生产节奏,调整生产策略,实现粮食生产的精准化,增强粮食产品供需匹配度,间接将粮食产业链、供应链等现代经营管理理念融入粮食产业,优化粮食生产布局和品种结构,实现粮食产业转型升级。政府要发挥"粮食经纪人"的作用,将重心放在农户的电商实践培养上,培育新农民,积极引进相关职业电商人才带动传统农民培训致富,并给予针对性较强的帮扶政策,以现代化信息技术武装粮食流通环节。

四、粮食消费政策

保障粮食安全,既要耕好"有形良田",也要扩增"无形良田","要在增产和减损两端同时发力",践行习近平总书记提出的保障粮食安全、端牢中国饭碗的"加减法"重要方法论①。首先要宣传、引导消费者改变消费习惯,通过行政、经济手段限制餐馆、酒店等餐饮娱乐行业的粮食浪费现象。随着生活水平的提高,人们在粮食日常消费中往往存在奢侈消费、随意丢弃等浪费行为,尤其是在餐饮行业,粮食浪费现象更是严重。因此餐饮行业需要转变经营理念,合理引导消费者文明用餐,重视点菜服务与消费提醒,通过给予"光盘"用餐者优惠券形式激励消费者节约用餐。餐厅要根据用餐人数主动推荐合理菜单,推行小份餐碟,并在厅堂、包厢醒目位置张贴和播放节约粮食的公益广告和短视频,做好餐后打包服务。政府可据此定期开展"节约餐饮示范"评选,对执行效果较好的餐馆给予税费减免。通过经济手段,辅以必要的行政手段惩罚粮食浪费以及食物质量不过关等违法行为,对典型事件立案予以曝光、批评,使公众理解粮食浪费行为的性质及其严重后果,引导公众摒弃面子意识,推崇宴请标准节约化,杜绝"舌尖上的食物浪费"。

此外,近年来由于国家对粮食相关产业精加工的支持,农产品产业链的延长使粮食用途更加广泛。除了口粮浪费外,四川省工业用粮、饲料用

---

① 薛建良. 深刻理解习近平新时代粮食安全观 [J]. 中国粮食经济, 2018 (5): 19-24.

粮等其他用途用粮消费量也占据较大比重。对于工业用粮、饲料用粮等粮食消费过程中可能出现的浪费现象，也要加以管制，从保证消费端浪费整治向保证粮食全产业链条浪费整治转变，减少粮食采收、储运、加工和销售各环节浪费损失。节粮就是增产，需要全方位践行粮食安全责任。

第七章　落实粮食
安全责任的激励约束政策

在市场化、国际化的背景下，要建设"天府粮仓"，确保粮食安全，首要任务是稳定粮食产量，而稳定粮食产量的关键则是确保种粮户的基本收益。只有稳定种粮收益，才能提高种粮户的生产积极性。同时，要激发粮食经营主体的活力，通过财政直接补贴、降低成本减少负债、优化业务引导合作、激励从业人员工作动力四方面来制定全面的粮食产业激励政策，为粮食产业提供更高品质的生产服务。最后，要明确政府部门职责，完善外在约束考核指标，构建经营主体自我监管体系。规范化发展整个粮食产业，确保粮食安全责任全方位地落实。

一、激励政策

为了落实粮食安全责任，应该从财政直接激励、降本减负激励、引导及优化激励、人员激励等多个方面实施政策激励。

（一）财政直接激励政策

1. 生产端

就种粮户经营情况而言，提高种粮直接补贴标准的效果立竿见影，粮食直接补贴方式主要有两种：按粮食实际种植面积补贴，可保障粮食耕地面积不减少；按粮农实际出售商品粮的数量补贴，让补贴更加精准、切实补到农户手中。提高种粮户生产积极性：首先，两种补贴方式缺一不可，需根据实际情况发放，要灵活有效，在农户资金周转压力大的情况下，补贴可提前发放；其次，补贴的形式要做到物化补贴和资金补贴结合，并将增量粮食补贴资金用于采购专业合作社的相关服务。此举可达"一箭双雕"的效果：一是切实保障补贴资金用于"补粮"，防止耕地"非粮化"；二是可以鼓励种粮农户间的专业合作，推动粮食生产的规模化经营，切实保障国家粮食生产安全。

非粮户数量增多将威胁粮食安全，财政直接激励非粮户复种粮食，将有效抑制耕地非粮化。这里非粮户指原本其耕地用于种植粮食作物，由于经济、资源等因素转为种植非粮作物，甚至用于非农用途，其现有经济作物可能在一定程度上取得了不错的经济效益，所以不能强制其转种粮食。通过"非粮化"复种补贴等财政支持，解决种粮户孩子上学困难、家人就医困难等问题，出台优惠政策，鼓励非粮户自发转回粮食生产。

2. 流通端

目前，大部分专业合作社并非粮食生产经营的主体，而是专注于为农户提供生产服务，旨在降低农户的成本投入和劳动强度。通过弥补小农户的劣势，专业合作社能够提升农户的生产积极性和单产水平，进而促进粮食安全。适当加大资金扶持力度，对现代标准农田建设、标准化生产与无公害基地建设、农产品市场营销、农业产业化、测土配方施肥及引进新品种、新技术等各项支农资金，可适当向农民专业合作社倾斜。

四川粮食物流具有很大的潜在市场。从调出来看，周边的云、贵、渝、西藏各省份需要四川主要的粮食产品；从调入来看，四川人口多又是全国最大的饲料和粮酒基地，是粮食的消费大省，需要从北方调入大量的玉米和优质小麦等。四川每年跨省粮食调入、调出流通总量在 500 万吨以上。所以政府应加大对粮食运输企业的财政补贴力度。让粮食物流企业享有一定的土地增值税的优惠政策。企业在进行专项设施建设、大型设备采购时给予财政投入、财政贴息、贷款担保等支持。还应加大对粮食主产区物流基础设施建设的投入，在资金运用的过程中，关键是要防止浪费和避免重复建设。建成一批适应"四散化"（散存、散装、散卸、散运）的粮食仓储和装卸现代化仓库至关重要。"四散化"各环节相互联系、相互牵制，只有当散存、散装、散卸得到充分发展时，散运才能成为粮食流通主体的优选。

3. 储备端

虫害、鼠害、霉变，装卸运输抛撒遗漏，造成我国每年损失的粮食至少在 350 亿公斤，相当于 2 亿人口一年的口粮。每年农户在储存环节损失粮食为 200 亿公斤以上。目前，大多粮食收储企业运转困难，财政补贴将有效减缓他们的资金压力，更好地保障粮食安全。其一，粮食储备经常性补贴，对地方粮食储备保管费用、储备粮轮换费用、粮油入库出库费用按每年每吨进行现金补贴，具体补贴标准参照省级储备粮补贴标准执行。国有粮食企业因承担政府储备粮油保管任务而获得的财政性补贴收入，根据相关政策规定，享受免征营业税的优惠待遇。其二，政策性负债全额支付政策，储备粮轮换销售产生的价差亏损、损失损耗亏损、轮换费用等亏损补贴，由各县财政全额支付（价差亏损：销售、轮换储备粮以入库成本价为底价计算价差，低于底价形成的亏损）。储备粮的保管自然损耗、运输损耗等出库损耗，在规定范围内的损耗予以确认，由各县财政负担，超耗部分由企业自负。按计划采购稻谷而进行的贷款，贷款利息实行据实补贴，也由各县财政解决。

4. 消费端

目前四川省粮食消费现状：口粮消费占比下降、饲料粮消费增加、工业用粮消费快速增长、种子用粮等其他消费稳中有增。但同时也面临口粮和饲料粮界限不明晰，粮食生产、加工、存储、物流和消费部门缺少协同工作机制，市场难以应对粮食消费日益多样的需求等挑战。政府需积极引导消费者改善消费结构：一是完善消费支撑政策，加大专项消费券、补贴等力度支撑民生需求激发消费活动；二是加强消费环境改善，改善消费环境和消费服务，促进消费者理性消费。

（二）降本减负激励政策

1. 解决以往债务

目前四川省仍有许多粮食企业被"老人、老粮、老账"等问题制约发展，严重影响粮食流通和粮食产业经济发展，亟待借鉴外省成功经验来进一步优化粮食企业改革。首先要严格核定现有的政策性粮食财务挂账数额，并坚决采取措施防止再产生新的挂账。解决"三老"问题的办法，要有利于粮企发挥主渠道作用、确保国家粮食安全，不强硬施加固定模式，鼓励各地大胆创新，大胆实践。其次，鼓励粮食企业通过上市来增强自身的融资能力，并同时倡导民间融资，以拓宽企业的融资渠道，结合企业自身实际，采取撤并重组、租赁承包、出售转让等多种形式，整合区域资源，优化粮食企业的布局和结构。最后，加速构建粮食储备银行和粮食投资银行，旨在为现代粮食流通产业提供信贷支持。通过各主体的协同发展，逐步解决国有粮食企业信用等级较低、收购资金筹措困难等问题。

2. 完善保险制度

在提高单产，降低自然风险方面，要多措并举，不仅要依靠科技进步、物质和劳动力的投入，同时还要依靠完善的保险制度和政策的创新。以科技为手段，以调动农户积极性为前提，以政策扶植为辅助，协同建立完善的农业保险制度。切实做好自然灾害的防御工作，为农民提供保障，减轻自然灾害造成的经济损失。

完善加工企业补贴政策及商业保险支持，企业在进行大型仓储建设或高端技术引进等高成本投入时，政府应根据项目实际情况采取"先建后补"的方式给予定额补贴，尤其是能对周边带动增收效果明显的项目给予大力支持。鼓励粮食加工企业的产品、设备与商业保险公司订立合同，为企业员工提供社保支持，降低企业生产经营风险，保障粮食加工企业长远发展。

3. 减免服务型收入税收

要实行税收减免政策，以减轻粮食生产经营主体的资金压力，并确保税收政策的公平性和全面性，覆盖地方企业及新型农业经营主体。为了切实满足小农户在生产、运输、储存和销售等方面的需求，必须完善社会化服务体系，这是引导小农生产融入现代农业发展体系的关键所在。为此，应积极培育并提升服务小农户的社会化服务主体，通过政策倾斜、资金扶持及激发合作社和带头人的创业热情等多措并举，营造小农户社会化服务体系建设的良好氛围。同时，对农业机耕、排灌、病虫害防治、植保及相关技术培训，以及家禽、畜牧动物的配种和疾病防治等服务性收入实施税收减免。激励新型农业经营主体进而满足小农户衔接现代化农业的现实需求，实现小农户的现代化生产方式。

（三）引导及优化激励政策

1. 优化粮食生产主体扶持政策

其一，部分种粮大户倾向采用掠夺性生产方式，忽视轮作、休耕和整体施用绿肥等保护性措施，从而损害了土地的可持续性。为引导农民在种植粮食时减少化学药剂使用，应实行优质换优价的粮食收购政策。在执行该政策时，除了水分和杂质，还应将营养含量、整精米率等能够反映质量差异的参数纳入考量范围。同时，对于存在重金属污染和地下水过度消耗等不适宜粮食生产的地区，不实施优质粮收购政策。其二，种粮大户粮食产量大，粮食储存、保管等成本较高，为有效缓解当下农村仓容压力，政府和有关部门应积极落实"藏粮于民"政策。一是要加强对种粮农户的宣传教育，利用广播、电视、微信等各种媒体，广泛宣传农户安全储粮知识，有效引导广大农民和新型粮食经营主体充分重视储粮安全；二是积极组织粮食仓储、保管、质检等专业技术人员深入到村镇、种粮农户当中，提供储粮技术支持和服务，指导农户搞好庭院储粮、科学储粮防害；三是加大对新型农业经营主体的扶持力度，充分利用粮食产后服务中心等服务设施，为农民提供统一烘干、统一加工、统一储存、统一销售等服务，满足农民特别是种粮大户日益增长的储粮需求；四是积极引导农户主动适时售粮，不断优化"市场定价、价补分离"政策，鼓励多元化收购主体入市，避免粮食价格扭曲，从长远角度推进粮食市场化改革，实现市场高质量发展，确保农民好粮卖好价，增产增收。

小农户的主要困境是难以形成规模经济效益，农业生产长期成本高，容易遭受市场波动带来的风险。因此，"引导农村土地经营权有序流转发展农业适度规模经济"此类政策意见，应给予重点扶持。考虑到当前适度经营规模发展还未到成熟阶段，且小农户众多，耕地作为维持农户农业生产和农民就业的重要基础，发展步伐需谨慎，不宜过急。2016—2017 年，全国粮食类家庭农场的适度经营规模标准设定为 13 ~ 14hm^2，各区域可根据实际情况灵活调整。在财政扶持、支农项目资金、农村信贷、工商注册优惠等方面，应向符合适度经营规模的种粮类家庭农场给予倾斜。同时，为应对市场风险，应组建专家团队，从供求安全、价格波动、进出口变动、国际粮食安全等多维度出发，研究并建立粮情预警模型，完善警情层级评估机制，以有效保障粮食价格稳定。提早公布价格信息，稳定市场预期，提高粮食消费预警信息发布时效性和覆盖面，及时、准确、无偿播发或刊载粮食预测信息，多方位保障粮食生产安全。

2. 优化粮食经营主体扶持政策

其一，提升农业经营主体外贸能力，当地市外经贸行政部门对有一定生产经营规模和出口实力的农业经营主体在登记办理对外贸易经营者备案时给予帮助支持，使其积极拓展国外市场。其二，重点围绕高品质粮食储备，兼顾地方优势特色品种，合理布局建设粮食产地储藏设施，采取"先建后补、以奖代补"方式，择优支持粮食主产区重点县开展整县推进。依托县级及以上示范家庭农场和农民合作社示范社、已登记的农村集体经济组织实施，重点支持建设通风贮藏设施、粮食烘干设施、气调冷藏库，以及环流熏蒸机和其他配套设施设备。其三，政府可以打造粮食交通运输绿色通道为粮食企业的发展减轻压力，对粮食运输的过桥费、高速路费、码头停驻费进行减免，在铁路站或港口开设直达"绿色通道"，减少粮食运输车辆在中途滞留和等待的时间。

3. 引导生产经营主体多方合作

参与粮食生产经营的企业，很少能从全产业链视角考虑粮食产销优化问题，粮食生产经营企业难以统一协同行动，粮食流量流向分散无序，达不到降低成本、提高效率的目的。为了促进粮食流通的顺畅进行，应当制定并出台相关政策，鼓励产销衔接体系的发展与完善。一是引导粮食主产区生产企业与粮食主销区经营企业发展产销合作，建立持久稳定的产销合作关系来调节粮食的供求。二是针对粮食加工企业分布散、聚集性差的现状，组建粮食产业联盟，打破区域、行业和所有制界限，盘活资本存量。按照产业联合、要素共享、利益联结、风险分担等方式，多渠道开发现有的设施用途，大力开展跨行业、跨地区的联合，推进上下游产品加工的联合，形成多个合作之间的粮食加工、销售一体化模式，逐步增强企业实力。大力延伸粮食生产加工产业链，联盟集中力量培育出几个名、优、新特色产品，在强化创新链、提升价值链上发挥带头作用，在多环节加工上增加收入。三是优化流通业务，积极引导粮食运输多路联运，针对季节性较强的特点，缓解单一路线（如铁路）运输紧张的矛盾，并有助于现有资源的优化和整合。积极引导部分中小粮食购销者联合，进行混合整编，采取集中收购、集中发送、集中运输的方式，这样可提高运输的整体效率，并有利于多路联运整车整船发运的要求。

（四）从业人员激励政策

1. 针对政府工作人员的激励

建立良好的激励机制是提高涉农部门公职人员工作积极性的重要保障。首先是薪酬激励，充足的工资待遇不仅能够吸引更多优秀的人才从事农业工作，避免其因经济压力而影响工作质量。同时还可以对粮食生产成效突出的地方政府及相关部门发放激励资金，激励资金用于发展粮食生产密切相关的工作。其次是晋升激励，及时组织公职人员参加培训，提供职业生涯规划和技能提升的机会，激励其不断提升自己的能力水平，以达到更高的职位地位获得更多的荣誉感和幸福感。对于粮食主产区的区县，进行干部培养、选拔要弱化行政考核中的经济指标，着重粮食安全责任考核的落实。再次是荣誉激励，为农业部门做出切实贡献的公职人员颁发模范干部、五一劳动奖章等荣誉奖励，以此激励自己不断提高工作能力。引导广大干部学习先进，追求先进，促进农业部门高质量发展。最后是成果激励，特别是要让公职人员感到自己工作取得了实在的成效，受到了上级重视。比如，加大对产粮大县转移支付奖补力度。将资金用于激发财政活力，如加大对化肥、农机等调控力度，稳定生产资料价格；提高公共服务水平，如义务教育、公共卫生、农田水利建设。这些措施能切实地为地方带来政绩和效益，同时也是对地方公职人员能力的最大认可。

2. 农业经营主体人才培养

人才是做好粮食生产经营组织的第一资源，面对职工年龄老化、文化水平较低、综合素质不高，缺乏现代化的专业技能等问题，实行职工素质培训鼓励政策。健全完善人才发现、培养、激励和评价机制，为组织快速发展实现转型升级提供强有力的人才支撑。

3. 提升农户素质

激励小农户自身素质的提升是持续推动发展的关键，这将从根本上激活农业人力资源要素。首先，相关部门大力开展培育新型职业农民，引导大学生、青壮年带着先进技术、思想等资源返乡，成为新型农业经纪人和农业职业经理人。其次，积极开办免费"农民夜校"帮助种植户提高文化水平、了解种植新政策、提高劳动技能、传播文明新风。同时对参与"夜校"学习的农村青年进行助学补贴。为小农户注入新鲜发展力量，切实提高小农户生产力。

二、约束政策

（一）明确政府部门职责，完善考核指标

1. 明确粮食安全职责任务

严格落实粮食安全党政同责，督促地方党委和政府领导班子及其成员履行粮食安全职责任务。细化农业、粮食等相关行政主管部门的责任，建

立健全责任追究机制。落实粮食补贴政策，补贴方式的多样性，提高种粮比较收益。执行粮食收购政策，科学布局收购网点。

2. 增强粮食综合生产、储备能力

守住耕地红线，划定基本农田保护面积。注重耕地质量保护与提升，构建耕地质量检测网络，将耕地质量按等级划分。登记高标准农田、农田水利设施等重大农业工程。确保粮食播种面积稳定、粮食总产量稳定。

加快仓储物流设施建设及维修改造升级，落实国有粮食仓储物流设施保护制度。确保地方储备粮数量真实、质量安全。完善轮换管理和库存监管机制，落实储备费用、利息补贴和轮换补贴。

3. 促进粮食产业提质增效

提升粮食生产科技水平。培育新型粮食生产经营主体及社会化服务体系。深化国有粮食企业改革，发展混合所有制粮食经济，培育粮食龙头企业。积极发展粮食物流网络，加强粮食产销合作。

4. 完善粮情预警及质量安全监管体系

落实粮食流通统计制度，加强粮食市场监测，及时发布粮食市场信息。完善粮食应急预案，粮食应急加工及供应的系统建设。加强粮食风险基金管理。

耕地土壤污染防治及重要农产品生产保护区划定。粮食质量安全监管及质量检测机构建设。严格实行粮食质量安全监管和责任追究制度。

（二）社会主体自我监督，构建监管体系

农产品质量安全监管体系搭建已经成为保护消费者权益、打造新时代更高水平"天府粮仓"的关键。不能仅依靠以政府部门为主体的外部监控来保障农产品质量水平提升，发展社会主体进行自我监督来减少政府在农产品质量安全监管中存在的局限性，才是根源性解决问题的答案，具体做法有：

1. 打造区域公用农产品品牌

发掘区域公用品牌建设与质量安全监管体系的互助机制及其相辅相成的辩证关系，打造区域公用农产品品牌，是深化农业供给侧结构性改革中的新思路。区域公用品牌可带领旗下子品牌不断提升市场影响力，严格把控产品质量，为省内所有与农业相关的生产经营主体提供水土环境质量检测、标准化种植养殖技术、保鲜贮运等科技支持，并在文创打造、标准管

理、渠道升级、营销推广、品牌孵化、大数据应用等多环节提供统筹服务。公司定时评选培育县级区域（企业）品牌，符合相关条件即可免费申请使用区域公用品牌统一标志，入选后全程监控产品的质量。区域公用农产品品牌建设能从内部提高农产品质量，加快农产品质量安全监管体系建设。

2. 制定农产品质量安全溯源方案

在农产品质量安全溯源方案中，射频识别（RFID）和二维条码（QR code）是主流的信息标识技术，选择时应综合考虑供应链各环节的环境条件与系统建设成本。核心是严格把控各主体在供应链各环节对过程溯源指标和安全溯源指标的上传及信息的准确性。具体来说，各环节需登记的关键指标包括：

生产环节：种植户需记录农田编号、责任人、种子来源、播种与采收日期、产品去向等过程信息，以及农药名称、残留量和化肥使用情况等安全信息。

流通环节：粮食加工企业要登记产品来源、进货日期、加工方式与产品去向等过程信息，以及检验检疫结果、加工程度等安全信息。粮食运输企业则需记录企业名称、运输工具、货品数量与规格、发货与收货方、责任人、运输路线与时间等过程信息，以及运输温度与湿度等安全信息。

储存环节：粮食储存企业及大型仓储中心需记录到货日期与数量、存储时间与方式等过程信息，以及检验检疫结果、暂存温度与湿度等安全信息。

消费环节：销售终端主体应登记供货单位、进货日期与数量、销售方式与上架日期及数量等过程信息，以及上架地点、温度和湿度等安全信息。

3. 构建粮食质量安全信用平台

首先，各地应积极搭建整合信用服务平台，各环节主体共同参与，在信用服务平台建立档案，即组织各农产品生产经营主体及社会组织建立完整的信用档案。信用信息要确保真实性、准确性、安全性、合法性、时效性和完整性，要求各地将原有纸质化信用档案逐步电子化。

其次，要组织信用评价，区分信用等级，根据"公平、公正、公开、科学"原则，既要考虑农产品质量安全工作的特殊性，又要能够真实反映出一个主体的综合信用水平。可采用加权求和法来呈现不同指标权重及重要性排名。将各主体信用等级分为优、中、下三等，优等可进一步细分为三级，以优 A、优 B、优 C 来区分，充分明晰各主体不同的信用状况。

再次，要进行信息公示，即信用服务平台要搭建"信用"网站来对信用信息进行公开公示，促进信息的不断交换、分享，巩固现有信息的同时产生新的信息，提高信用信息资源的利用效率，实现信用资源利用的价值最大化。

最后，鼓励各主体使用信用服务，信用服务是信用登记后的增值产品，其应用提高了粮食质量安全信用体系的持续性及有效性。各地要积极拓展粮食生产经营主体信用的多场景应用，例如主体可凭借在信用平台登记的信用等级在保险信贷、项目申报、产品认证、品牌建设等项目申请上获得"绿色通道"机会，充分发挥信用的作用和价值。

参考文献

[1] ANNE C. BELLOWS, MICHAEL W. HAMM. Local autonomy and sustainable developmentr Testing import substitution in more localized food systems. Agriculture and Human Values [J]. 2001, 18, (3): 271-284.

[2] B M MIRKIN, R M KHAZIAKHMETOV. Sustainable development—Food security—Agroecology [J]. Russian Journal of Ecology, 2000, 31 (3): 162-166.

[3] BAH, M, K KPOGNON, Public Investment and Economic Growth in ECOWAS Countries: DoesGovernance Matter [J]. African Journalof Science, Technology, Innovation andDevelopment, 2021, 13 (6): 713-726.

[4] CHRISTOPH D. The Changing Food Scenario and the Middle Classes in the Emerging Megacity of Hyderabad [J]. India. Springer Netherlands , 2009: 269-280.

[5] CILERO, M M, F THORNE, M WALACE, BREEN, et al. The Efects of Direct Payments on Technical Eficiency of lrish Beef Farms: A Stochastic Frontier Analysis [J]. Journal of Agricultural Economics, 2018, 69 (3): 669-687

[6] DANIELLE RESNICK, STEVEN HAGGBLADE, SURESH BABU, et al. Hendriks, David Mather. The Kaleidoscope Model of policy change: Applications to food security policy in Zambia [J]. World Development, 2018: 109.

[7] DEBDATTA S, SURESH B. Policy Reforms and Agriculture Development in Central Asia [J]. Springer , 2006, 28: 205-218.

[8] FAO. The State of Food andAgriculture 2021: MakingAgri-food Systems More Resilient to Shocks and Stresses [EB/OL]. https://www.fao.org/3/CB4476EN/online/CB4476EN.html.

［9］GARRONE M，D EMMERS，et al. Dobs and Agricultural Policy：lmpact of the Common Agricultural Policy on EU Agricultural Employment ［J］. Food Policy，2019a，87，101744.

［10］HEUCHER，A. Reconsidering Overlap in GlobalFood Security Governance ［J］. Food Security，2019（11）：555-558.

［11］ISMAIL CAKMAK. Plant nutrition research：Priorities to meet human needs for food in sustainable ways ［J］. Plant and Soil，2002，247（1）：03-24.

［12］V D. GONCHAROV，V. V. RAU. Perfecting the structure of the Russian food industry ［J］. Studies on Russian Economic Development，2007，18（5）：165-204.

［13］卞靖，陈曦. 新时代粮食安全保障需提升三重能力：基于对粮食"三重属性"的分析 ［J］. 宏观经济管理，2020（12）：17-23，30.

［14］蔡海龙，吕之望，马铃，等. 全面准确把握大食物观科学内涵 ［J］. 农村. 农业. 农民，2023（4）：5-6.

［15］曹宝明，黄昊舒，赵霞. 中国粮食储备体系的演进逻辑、现实矛盾与优化路径 ［J］. 农业经济问题，2022（11）：25-33.

［16］曾福生. 粮食大省的粮食安全责任及实现途径分析 ［J］. 湖南农业大学学报（社会科学版），2005（3）：1-6.

［17］曾福生. 粮食大省的粮食安全责任及实现途径分析 ［J］. 湖南农业大学学报（社会科学版），2005（3）：1-6.

［18］常素宁. 河南粮食产业高质量发展优化路径 ［J］. 当代县域经济，2023（9）：45-47.

［19］陈敏. 粮食安全与政府责任研究 ［D］. 杭州：浙江大学，2005：18-25.

［20］陈冬贵. 扛牢保障粮食安全的政治责任 ［J］. 新湘评论，2021（24）：48-49.

［21］陈军，杨来春，杨川，等. 粮食安全视角下川东北地区撂荒地整治优化路径研究：以 YS 县为例 ［J］. 农村经济与科技，2023，34（17）：15-19.

［22］陈美球. "藏粮于地"战略：路径依赖与实施策略 ［J］. 吉首大学学报（社会科学版），2023（1）：106-112，123

［23］陈楠楠. 中国政策性农业保险支持粮食安全问题研究［D］. 长春：吉林大学，2023：30-35.

［24］陈前恒，李军培. 贫困地区农民粮食安全状况与政策选择：基于西北 A 省、B 自治区两个贫困县农户调查问卷的分析［J］. 中国农村经济，2006（12）：20-24.

［25］陈祥云，李荣耀，赵劲松. 我国粮食安全政策：演进轨迹、内在逻辑与战略取向［J］. 经济学家，2020（10）：117-128.

［26］陈秧分，王介勇，张凤荣，等. 全球化与粮食安全新格局［J］. 自然资源学报，2021（6）：1362-1380

［27］陈印军，易小燕，陈金强，等. 藏粮于地战略与路径选择［J］. 中国农业资源与区划，2016，37（12）：8-14.

［28］陈颖，李继志. 我国粮食生产支持政策的历史演变、现实迷失及政策优化［J］. 农业经济，2021（5）：3-5.

［29］仇焕广，雷馨圆，冷淦潇，等. 新时期中国粮食安全的理论辨析［J］. 中国农村经济，2022（7）：2-17.

［30］初绽，韩静波，罗屹. 地方政府反食物浪费行动：成效、问题及对策：基于湖北、四川两省的调查［J］. 价格理论与实践，2023（10）：77-82.

［31］邓俊锋，赵全志，张朝阳. 扎根中原沃土，服务国家粮食安全：河南粮食作物协同创新中心发展纪实［J］. 河南农业，2019（35）：11-12+14.

［32］邓雪霏. 心系"国之大者"扛稳粮食安全重大责任［J］. 奋斗，2022（1）：37-40.

［33］杜涛. 聚焦贵州粮食安全和食物资源开发［N］. 中国食品报，2022-05-10（2）.

［34］杜兴端，吕火明. 四川实施"藏粮于地、藏粮于技"战略探析［J］. 四川农业科技，2021（3）：5-7.

［35］杜志雄. 确保粮食安全，推进国家安全体系和能力现代化［J］. 中国农村经济，2022，（12）：

［36］杜志雄. 如何准确理解贯彻"藏粮于地"战略？［N］. 学习时报，2022-8-22（04）.

［37］樊胜根. 大食物观引领农食系统转型全方位夯实粮食安全根基

[J]. 农村. 农业. 农民，2023（4）：10-12.

[38] 范玉博. 基于生态产品供给的耕地多功能开发利用规划研究[J]. 现代营销（经营版），2020（05）. 46-47

[39] 符必春，李丽杰. 抗战时期四川农仓建设研究[J]. 粮食科技与经济，2022，47（6）：77-82.

[40] 高鸣，姚志. 保障种粮农民收益：理论逻辑、关键问题与机制设计[J]. 管理世界，2022，38（11）：86-102.

[41] 高莹. 双循环格局下国家粮食安全保障能力提升的内在机理及路径选择[J]. 农业经济，2024（4）：122-124.

[42] 龚斌磊. 中国农业技术扩散与生产率区域差距[J]. 经济研究，2022，57（11）：102-120.

[43] 管延华，梁磊，马小非. 为粮食全程机械化作业减损增效贡献山东农机鉴定力量[J]. 山东农机化，2021（1）：16-18.

[44] 郭晓鸣，虞洪. 四川粮食安全问题新常态及其应对思路[J]. 粮食问题研究，2015（3）：8-11.

[45] 郭晓鸣，虞洪. 需要高度关注中国粮食安全的中长期挑战[J]. 中国乡村发现，2021（1）：100-106.

[46] 郭晓鸣. 打造新时代更高水平"天府粮仓"的思考与建议[N]. 四川日报，2022-08-08（010）.

[47] 韩杨. 中国粮食安全战略的理论逻辑、历史逻辑与实践逻辑[J]. 改革，2022（1）：43-56.

[48] 郝晓燕，亢霞，袁舟航. 实施"藏粮于地、藏粮于技"的内涵逻辑与政策建议[J]. 山西农业大学学报（社会科学版），2022（05）. 24-30.

[49] 何可，宋洪远. 资源环境约束下的中国粮食安全：内涵、挑战与政策取向[J]. 南京农业大学学报（社会科学版），2021，21（3）：45-57.

[50] 胡俊波. 四川农业农村改革40周年：回顾与思考[J]. 农村经济，2019（3）：15-22.

[51] 胡萍，丁伟. 安徽淮北深入推进高标准农田建设 坚定扛稳粮食安全责任[J]. 中国农业综合开发，2021（5）：35-36.

[52] 胡扬名，黄如意. 端牢"中国饭碗"为粮食安全贡献湖南力量

[EB/OL].（2020-11-09）[2024-12-04].https：//baijiahao.baidu.com/s？id=16828550681090555302.

[53] 黄悦，张社梅.四川省粮食产业供给特征及能力提升策略 [J].西南农业学报，2023，36（8）：1584-1593.

[54] 获得省市先进 内江市资中县奋力书写乡村振兴时代答卷[EB/OL].（2023-03-10）[2024-12-04].中国网.http://sc.china.com.cn

[55] 冀正欣，王秀丽，李玲等.南阳盆地区耕地利用效率演变及其影响因素 [J].自然资源学报，2021（3）：688-701.

[56] 贾晋.中国粮食储备体系：历史演进、制度困境与政策优化 [J].广西社会科学，2012（9）：97-102.

[57] 江琳莉.新时期粮食流通体系建设的价值诉求和发展策略 [J].中国商论，2022（9）：1-4.

[58] 蒋和平，杨东群，王晓君.新时代我国粮食安全导向的变革与政策调整建议 [J].价格理论与实践，2018（12）：34-39.

[59] 蒋和平，朱福守.我国粮食储备管理现状和政策建议 [J].中国农业科技导报，2015，17（6）：8-14.

[60] 金观平.当好粮食稳产保供压舱石 [N].经济日报，2023-09-30（1）.

[61] 阚莹莹.省农科院成果转化率稳定在80%以上 [N].四川日报，2023-04-07（2）.

[62] 阚莹莹.四川出台行动方案打造"天府良机" [N].四川日报，2023-12-04（2）.

[63] 阚莹莹.四川全面启动已建高标准农田提档升级 [N].四川日报.2023-1-17（8）.

[64] 阚莹莹.推广有机肥，四川未来如何发力？ [N].四川日报，2025-5-3（2）.

[65] 孔祥斌.耕地"非粮化"问题、成因及对策 [J].中国土地，2020（11）：17-19.

[66] 寇敏芳.从小酥肉"破圈"探寻农产品加工"延链" [N].四川日报，2023-08-20（2）.

[67] 赖星.守护天府粮仓，稳定粮食供应，四川人大这样做！ [N].人民权力报 2022-4-5（3）.

[68] 蓝红星，贺唯玮，胡原. 新时代打造更高水平"天府粮仓"的理论内涵与实践路径 [J]. 世界农业，2023 (10)：49-62.

[69] 李国祥. 新时代国家粮食安全的目标任务及根本要求：学习习近平关于国家粮食安全论述及十九届六中全会相关精神的体会 [J]. 中国农村经济，2022 (3)：2-11.

[70] 李慧强. 关于防止"非粮化"政策演变、问题及建议的思考：基于政策文本的分析 [J]. 中国国土资源经济，2023，36 (1)：26-33+81.

[71] 李丽云，朱虹，王红蕾. 发展黑土地新质生产力助推粮食产能稳步提升 [N]. 科技日报，2024-04-11 (3).

[72] 李雪，吕新业. 现阶段中国粮食安全形势的判断：数量和质量并重 [J]. 农业经济问题，2021 (11)：31-44.

[73] 林旭，谢纬. 农业机械化助力四川粮食生产高质量发展 [J]. 四川农业与农机，2023 (1)：13-15，37.

[74] 刘博文. "齐鲁粮油"引领山东粮食产业经济高质量发展 [J]. 中国粮食经济，2019 (6)：75-76.

[75] 刘慧，赵一夫. 粮食安全党政同责落实情况、制度完善与分区域保供路径 [J]. 中州学刊，2023 (1)：52-60.

[76] 刘慧. 做好应急保供 守护百姓粮仓 [N]. 经济日报. 2023-1-5 (5).

[77] 刘满仓. 粮食安全责任重于泰山 [J]. 中国国情国力，2005 (10)：63-64.

[78] 刘明月，普蕽喆，钟钰. 粮食安全省长责任制的党政同责机制构建研究 [J]. 湖南师范大学社会科学学报，2021，50 (5)：29-37.

[79] 刘松. 粮食安全责任考核贵在高效落地"三分"责任 [J]. 粮食问题研究，2019 (1)：14-17.

[80] 刘伟，陈聪，强勇等. 黑龙江：在黑土地上奋力闯新路、开新局 [N]. 新华每日电讯，2022-07-18 (1).

[81] 刘晓波. 粮食安全重任越扛越稳 [N]. 河南日报，2022-09-02 (3).

[82] 刘绪斌. 为何挺立潮头：来自山东粮食产业一线的调研启示 [J]. 中国粮食经济，2019 (8)：22-24.

［83］刘英，邓文，刘贝，等. 湖南粮食主产区水稻生产社会化服务现状调查与对策［J］. 农业科技管理，2020，39（5）：60-62，75.

［84］刘颖. 云南粮食生产再上新台阶［N］. 中国经济导报，2022-03-17（6）.

［85］刘振兴，蔡臣，贺红宇，等. 新时期科技支撑四川粮食安全的对策建议［J］. 农业科技管理，2022，41（1）：38-40，86.

［86］罗光强，邱溆. 中国粮食安全责任分解与评价研究［J］. 农业技术经济，2013（2）：40-50.

［87］罗光强. 粮食大省粮食安全责任及其实现机理研究［D］. 长沙：湖南农业大学，2011：37-63.

［88］吕火明，许钰莎，刘宗敏. 建设新时代更高水平"天府粮仓"：历史逻辑·理论依据·现实需要·实现路径［J］. 农村经济，2023（6）：11-20.

［89］马恩朴，蔡建明，林静，郭华，韩燕，廖柳文. 2000—2014年全球粮食安全格局的时空演化及影响因素［J］. 地理学报，2020（2）：332-347.

［90］马九杰，张象枢，顾海兵. 粮食安全衡量及预警指标体系研究［J］. 管理世界，2001（1）：154-162.

［91］马强. 中国粮食综合生产能力与粮食安全问题研究［J］. 农业经济，2006（8）：3-5.

［92］毛新伟. 农村耕地资源保护与政府责任［J］. 襄樊学院学报，2007（9）：11-15.

［93］米易县人民政府办公室.《米易县2022年度农业生产发展（耕地地力保护补贴）项目实施方案》的政策解读［EB/OL］.［2022-4-20］.http://www.scmiyi.gov.cn/zwgk/zcwj/zcjd/4194835.shtml

［94］苗珊珊，侯小燚. 人口密集粮食主产区新型城镇化路径选择［J］. 农村经济与科技，2020（1）：262-264.

［95］聂振邦. 2008中国粮食发展报告［M］. 北京：经济管理出版社，2009：25-46.

［96］农业农村部农村合作经济指导司，农业农村部政策与改革司. 中国农村经营管理统计年报（2022年）［M］. 北京：中国农业出版社，2023.

［97］潘朝松. 四川粮食仓储：问题及对策［J］. 粮食问题研究，2003

（1）：46-48.

［98］潘海平，张雄，周评平. 夯实科技支撑确保粮食产能：强化四川省粮食安全保障的建议［J］. 四川农业科技，2022（10）：1-4.

［99］庞增安. 我国粮食安全的政府责任［J］. 湘潭大学学报（哲学社会科学版），2009，33（6）：46-50.

［100］彭瑜，陈维灯. 三部曲："做大"粮田 优化品种 擦亮品牌［N］. 重庆日报，2022-03-21（3）.

［101］蓬安：建设高标准农田 为乡村振兴蓄势赋能［EB/OL］.（2022-12-31）［2024-12-04］. 四川在线 https://nanchong.scol.com.cn

［102］齐廉允，徐畅. 确保"中国人的饭碗任何时候都要牢牢端在自己手上"：新时代中国共产党粮食安全战略布局研究［J］. 鲁东大学学报（哲学社会科学版），2023，40（1）：82-89.

［103］钱煜昊，曹宝明，武舜臣. 中国粮食购销体制演变历程分析（1949—2019）：基于制度变迁中的主体权责转移视角［J］. 中国农村观察，2019（4）：2-17.

［104］邱敏，何灏，曹银贵等. 基于产权效应的耕地保护决策行为分析［J］. 中国农业资源与区划，2022，43（7）：74-84.

［105］人民网. 2023年黑龙江粮食总产量1 557.6亿斤 连续14年居全国第一［EB/OL］.（2024-01-24）［2024-12-04］.http://hlj.people.com.cn/n2/2024/0124/c220005-40724937.html.

［106］尚永高，陈家明，陈思燕. 自贡自流井区：落细"三抓联动"助力产业转型升级［N］. 四川经济日报，2022-05-06（3）.

［107］沈庆强. 关于临沂市粮食安全责任考核的实践和思考［J］. 中国粮食经济，2020（7）：44-46.

［108］省委办公厅省政府办公厅印发《关于全面推行田长制的意见》［N］. 四川日报，2022-7-20（1）.

［109］施小东. 粮食流通贸易与浙江粮食安全［J］. 浙江经济，2017（11）：56-57.

［110］史晓露. 四川种业"十四五"规划出炉 到2025年初步实现由种业大省向种业强省转变［N］. 四川日报，2022-2-26（1）.

［111］守住全省7841万亩耕地 四川正发力［EB/OL］.［2022-06-08］http://www.scspc.gov.cn/hyzt/cwhhy/1335/202206/t20220608_41661.html.

[112] 四川省人民政府. 强化责任担当 高质量做好第三次土壤普查工作 [J]. 农村工作通讯, 2022 (8): 20.

[113] 四川省自然资源厅宣教中心, 四川打造"空、天、地"一体化全覆盖耕地动态监测机制 [EB/OL]. [2021-6-21]. https://dnr.sc.gov.cn/scdnr/scywbb/2021/6/21/98ae4c7cfaf744ff865c61dd7a118ad6.shtml

[114] 宋敏, 张安录. 大食物观视阈下的耕地利用转型: 现实挑战、理论逻辑与实现路径 [J]. 中国土地科学, 2023 (8): 31-41.

[115] 宋廷明. 粮食安全是构建和谐社会的基石 [J]. 党政论坛 (干部文摘), 2008 (5): 20.

[116] 孙红梅. 政策助力农机合作社扛起湖南粮食生产重任 [N]. 中国农机化导报, 2021-08-09 (4).

[117] 孙娅. 当下中国粮食安全问题探析 [J]. 黑龙江粮食, 2023 (02). 34-36

[118] 田程晨, 李丹.《四川省畜禽养殖污染防治规划》印发 到 2035 年 畜禽粪污基本实现资源化利用 [N]. 四川日报, 2023-2-2 (5).

[119] 田骏涛. 川粮: 产需平衡仍受制约 [J]. 四川省情, 2022 (2): 48-50.

[120] 田天亮. "粮食安全的主动权必须牢牢掌控在自己手中": 学习习近平关于粮食安全重要论述 [J]. 党的文献, 2022 (4): 33-42.

[121] 王定祥, 彭政钦, 李伶俐. 中国数字经济与农业融合发展水平测度与评价 [J]. 中国农村经济, 2023 (6): 48-71.

[122] 王国敏, 张宁. 中国粮食安全三层次的逻辑递进研究 [J]. 农村经济, 2015 (4): 3-8.

[123] 王宏广. 中国粮食安全战略与对策 [M]. 北京: 中信出版社, 2020.

[124] 王明利, 王美桃, 杨春等. 构建我国"粮+经+饲+草"四元种植结构研究 [J]. 甘肃农业, 2013 (05). 3-5

[125] 王晓宇. 2023 丰收答卷背后的机械化"密码" [N]. 中国农机化导报, 2024-01-01 (004)

[126] 王雪娇, 李梁, 毛昭庆, 等. 云南构建区域粮食产业链及供应链对策研究 [J]. 中国农学通报, 2022, 38 (5): 157-164.

[127] 王月星. 浙江省保障粮食安全的实践与思考 [J]. 农业灾害研

究，2019，9（6）：117-118，123.

[128] 文露敏. 守住粮食生产的命根子 [N]. 四川日报. 2022-8-17（02）.

[129] 吴国勇. 新形势下粮食行政管理部门的职能定位 [J]. 中国粮食经济，2017（9）：36-37.

[130] 伍文安. 做好四川粮食仓储工作的对策建议 [J]. 粮食问题研究，2019（3）：7-12.

[131] 武舜臣. 粮食安全保障与稻麦"三量齐增"应对：中国玉米和日本稻米改革的经验启示 [J]. 经济学家，2018（4）：96-103.

[132] 习近平. 切实加强耕地保护 抓好盐碱地综合改造利用 2023. 11. 30. https://www.mee.gov.cn/ywdt/szyw/202311/t20231130_1057716. shtml

[133] 夏绿. 省农科院：科技兴农保障粮食安全 助力打造更高水平"天府粮仓" [N]. 四川日报. 2023-1-10（12）.

[134] 夏青. 现代仓储与粮食安全 [J]. 农经，2014（10）：18-24.

[135] 肖国安，粮食直接补贴政策的经济学解析 [J]. 中国农村经济，2005（3）：12-17.

[136] 辛翔飞，刘锐，王济民. 破除自给率越高粮食越安全的迷误 [J]，农业经济问题，2020，490（10）：19-31.

[137] 薛建良. 深刻理解习近平新时代粮食安全观 [J]. 中国粮食经济，2018（5）：19-24.

[138] 燕巧. 摸清天府良田"家底"有良策 [N]. 四川日报，2023-12-27（15）.

[139] 杨建利，雷永阔. 我国粮食安全评价指标体系的建构、测度及政策建议 [J]. 农村经济，2014（5）：23-27.

[140] 杨景峰，孔令孜，陆炳强，等. 广西加强粮食生产能力建设对策研究 [J]. 农业研究与应用，2022，35（3）：87-94.

[141] 杨鑫. 大食物观下消费者粮食安全社会责任的内涵及强化路径 [J]. 中国食物与营养，2023，29（10）：10-16.

[142] 姚成胜，杨一单，殷伟. 三大区域粮食安全责任共担的角色定位与推进路径：基于中国省域口粮自给率差异视角 [J]. 经济学家，2023（6）：100-109.

[143] 易弋力. 2021 年四川电商实现双突破！网络交易额、网络零售额分别首次突破 4 万亿元、7000 亿元大关［N/OL］.（2022-01-21）［2024-12-04］.https://www.thecover.cn/news/8649512.

[144] 虞洪. 双重结构转型对全国粮食安全的影响及对策研究［J］.农村经济，2020（4）：10-16.

[145] 詹琳，蒋和平. 粮食目标价格制度改革的困局与突破［J］.农业经济问题，2015，36（2）：14-20，110.

[146] 湛礼珠. 政府计划到市场调节：粮食价格政策演变及启示［J］.价格月刊，2021（12）：10-17.

[147] 张帆，宋豪新. 良田种粮好"丰"景［N］.《人民日报》，2023-10-18（11）.

[148] 张明海. 四川农业机械化之路怎么走［N］. 四川日报，2019-10-15（012）

[149] 张如祖，周静. 新形势下构建浙江粮食安全保障体系对策研究［J］. 中国粮食经济，2015（11）：42-46.

[150] 张书冬. 不忘初心牢记使命做好四川新时代粮食流通工作［J］.粮食问题研究，2017（6）：4-8.

[151] 张书冬. 做好新时期四川粮食流通工作的几点指导建议［J］.粮食问题研究，2018（2）：4-12.

[152] 张卫建，严圣吉，张俊，等. 国家粮食安全与农业双碳目标的双赢策略［J］. 中国农业科学，2021，54（18）.

[153] 张晓山. 中国的粮食安全问题及其对策［J］. 经济与管理研究，2008（8）：28-33.

[154] 张艳玲，四川化肥使用量连续七年实现负增长［N］.农民日报，2023-12-04（3）.

[155] 张应良，徐亚东. 新形势下我国粮食安全风险及其战略应对［J］. 中州学刊，2023（3）：52-61.

[156] 张英. 国外部分国家承担粮食安全的政府责任分析［J］. 粮食问题研究，2007（3）：38-41.

[157] 张云华. 关于粮食安全几个基本问题的辨析［J］.农业经济问题，2018（5）：27-33.

[158] 赵德余，顾海英，黄瑢. 粮食订单的缔约难题及其合约改进

[J]. 中国农村观察, 2005 (4): 2-13+81.

[159] 赵文欣, 吕火明. 天府之国的四川农业 [M]. 成都: 西南财经大学出版社, 2010.

[160] 赵予新. 我国粮食政策优化的目标和重点任务 [J]. 经济纵横, 2016 (9): 78-83.

[161] 赵倬晓, 韦冬媚. 建立耕地生态补偿机制推动农业发展方式转变 [J]. 农村实用技术, 2022 (10): 3-4.

[162] 浙江省统计局. "三农" 发展新篇章 乡村振兴新征程: 中国共产党成立 100 周年浙江经济社会发展系列报告 [R/OL]. (2021-06-12) [2024-12-04]. http://tjj.zj.gov.cn/art/2021/6/12/art_1229129214_4663379.html.

[163] 郑乃红. 关于河南省扛稳粮食安全责任的思考 [J]. 河南农业, 2020 (34): 41-42.

[164] 中共中央、国务院办公厅, 粮食节约行动方案, 2021.11.8. https://www.mee.gov.cn/zcwj/zyygwj/202111/t20211108_959455.shtml

[165] 中共中央党史和文献研究院, 习近平关于 "三农" 工作论述摘编 [M]. 北京: 中央文献出版社, 2019: 98.

[166] 中华人民共和国国务院新闻办公室. 中国的粮食安全 [R/OL]. (2019-10-14) [2024-12-04]. http://www.gov.cn/zhengce/2019-10/14/content_5439410.htm.

[167] 钟禾. 我省加快打造全程全面高质高效 "天府良机" [N]. 四川经济日报, 2023-12-05 (2).

[168] 钟洁. 广西壮族自治区粮食安全面临的形势及对策 [J]. 乡村科技, 2021, 12 (25): 58-60.

[169] 钟钰, 巴雪真, 陈萌山. 新时代国家粮食安全的理论构建与治理进路 [J]. 中国农村经济, 2024 (2): 2-19.

[170] 钟钰. 从粮食安全看 "藏粮于地" 的必然逻辑与内在要求 [J]. 人民论坛·学术前沿, 2022 (22): 78-85.

[171] 周晶, 李双喜. 粮食安全责任制考核研究 [J]. 粮食与油脂, 2022, 35 (8): 159-162.

[172] 周静. 我国粮食补贴: 政策演进、体系构成及优化路径 [J]. 西北农林科技大学学报 (社会科学版), 2020, 20 (6): 88-93.

[173] 周密. 黑龙江绿色发展的优势及粮食安全问题探讨 [J]. 粮食科技与经济, 2020, 45 (11): 40-41.

[174] 周小萍, 陈百明, 张添丁. 中国"藏粮于地"粮食生产能力评估 [J]. 经济地理, 2008 (3): 475-478.

[175] 周洲, 石奇. 目标多重、内在矛盾与变革循环: 基于中国粮食政策演进历程分析 [J]. 农村经济, 2017 (6): 11-18.

[176] 周洲, 石奇. 市场扭曲、目标多重与"三量齐增": 关于我国粮食价格政策改革的理论思考 [J]. 价格理论与实践, 2017 (1): 67-69.

[177] 朱晶, 李天祥, 臧星月. 高水平开放下我国粮食安全的非传统挑战及政策转型 [J]. 农业经济问题, 2021 (1): 27-40.

[178] 朱晶, 臧星月, 李天祥. 新发展格局下中国粮食安全风险及其防范 [J]. 中国农村经济, 2021 (9): 2-21.

[179] 朱天明, 张正军. 关于新时代下广元市粮食安全党政同责考核的实践和思考 [J]. 粮食问题研究, 2023 (5): 39-41.

[180] 朱喜, 史清华, 盖庆恩. 要素配置扭曲与农业全要素生产率 [J]. 经济研究, 2011, 46 (5): 86-98.

[181] 筑牢粮食安全"压舱石"书写"天府粮仓"南充答卷-南充市人民政府 https://www.nanchong.gov.cn

[182] 左丽君, 吴炳方, 游良志, 等. 地球大数据支撑粮食可持续生产: 实践与展望 [J]. 中国科学院院刊, 2021, 36 (8): 885-895.

[183] 左志安. 基于 RCEP 下云南粮食产业发展的思考 [J]. 粮食问题研究, 2021 (6): 18-21.

[184] 《粮食安全干部读本》编写组. 粮食安全干部读本 [M]. 北京: 人民出版社, 2021: 9-10.

[185] 《十八大以来重要文献选编》(上) [M]. 北京: 中央文献出版社, 2014.

后 记

　　课题获批立项、顺利结项，学术成果出版成书，一直是"四川落实粮食安全责任的实践研究"课题组最大的愿望，也是每一个科研人的愿望。回顾过去，有煎熬、有痛苦、有快乐、有兴奋。课题完成的过程，仿佛经历了一次漫长而充实的旅行。从对党的理论政策的深入探讨，到田间地头的一线调研，从一次次课题会的思维碰撞与灵感迸发，到奋笔疾书所思所想，感觉穿越了时间与空间的界限。从研究报告到图书出版，不仅仅意味着成果的转化和传播，也为后续研究提供了新的起点和方向。

　　在此感谢四川省哲学社会科学规划办公室对课题的支持，感谢四川省社会科学院对出版的大力支持，感谢四川省社会科学院农村发展所硕士研究生邹艳梅、李文达、刘钦阳、梁新宇、李鸿宇、李思懿、王健瑞、李霞、田洁、刘春宇参与课题调研与资料的收集整理。本书也是四川省社会科学院"中国特色'三农'理论与实践"科研创新团队的阶段性研究成果。同时，感谢出版社的编辑和照排等工作人员，他们在本书的出版过程中付出了大量的努力和精力，使得这本书的质量得到了保障。他们的专业知识和耐心工作为本书的成功出版提供了坚实的保障。

　　感谢阅读这本书的所有读者，希望这本书能为您提供有价值的知识和信息，激发您对相关领域的兴趣和研究热情，也希望您能提出宝贵意见和建议，以便课题组在后续研究中不断改进和完善。

　　未来，课题组将继续关注粮食安全、粮食领域科技创新的发展动态与前沿技术，不断充实与更新本书的内容。同时，也期待与更多的专家、学者、读者进行深入的交流与探讨。

虞　洪　赵利梅　胡俊波　林超群　刘宗敏